Elisabeth E. Kwan, Anna E. Röhrig
Frauen vom Hof der Welfen

Zu diesem Buch

Die Welfen, eines der ältesten und bedeutendsten Adelsgeschlechter Deutschlands, brachten über die Jahrhunderte viele berühmte Männer hervor. Doch es wäre ungerecht, darüber die bewegten und teilweise dramatischen Schicksale der Frauen zu vergessen, die dieser Familie entstammten oder das Leben welfischer Herrscher teilten. Oft genug waren ihre Leistungen widrigen Umständen abgetrotzt, mussten sie sich mit Geist und Witz in einer Welt behaupten, die ihnen wenig Möglichkeiten zu eigener Entwicklung zu bieten schien. Sie regierten in Zeiten erbitterter Religionsstreitigkeiten – wie Elisabeth von Braunschweig-Calenberg. Sie förderten Kunst und Gelehrsamkeit – wie Sophie von Hannover. Sie forderten ihr Recht auf selbstständige Lebensgestaltung ein – wie Elisabeth Kronprinzessin von Preußen, die dafür mit 71 Jahren Verbannung bezahlen musste. Ein buntes Kaleidoskop von Biografien, die unterschiedlicher nicht sein könnten und doch eines gemeinsam haben: ihre Verbindung mit den Höfen der Welfen in Deutschland und Großbritannien.

Elisabeth E. Kwan, geboren 1936 in Braunschweig, lebte einige Jahre in Malaysia und England. 1969 kehrte sie mit ihrem Mann und den drei Kindern nach Braunschweig zurück. Seit vielen Jahren ist sie Stadtführerin und Autorin zahlreicher Beiträge zur Heimat- und Stadtgeschichte.
Anna Eunike Röhrig, geboren 1962 in Pirmasens, lebt mit ihrer Familie in Hildesheim, wo sie als Bibliothekarin an der Dombibliothek tätig ist. Daneben arbeitet sie als Übersetzerin und Autorin, unter anderem des Romans »Die Macht der Puppen«.

Elisabeth E. Kwan
Anna E. Röhrig

Frauen vom Hof der Welfen

20 Biografien

Mit 34 Abbildungen

Piper München Zürich

Mehr über unsere Autoren und Bücher:
www.piper.de

Mix
Produktgruppe aus vorbildlich bewirtschafteten
Wäldern und anderen kontrollierten Herkünften
www.fsc.org Zert.-Nr. GFA-COC-1223
© 1996 Forest Stewardship Council

Ungekürzte Taschenbuchausgabe
Piper Verlag GmbH, München
August 2008
© 2006 MatrixMedia GmbH Verlag, Göttingen
Umschlag: Büro Hamburg. Anja Grimm, Stefanie Levers
Bildredaktion: Büro Hamburg. Alke Bücking, Charlotte Wippermann
Umschlagabbildungen: Ullstein Bild (oben), The Maas Gallery, London,
UK/Bridgeman Berlin (unten)
Satz: MatrixMedia, Göttingen
Papier: Munken Print von Arctic Paper Munkedals AB, Schweden
Druck und Bindung: CPI – Clausen & Bosse, Leck
Printed in Germany   ISBN 978-3-492-25043-6

Inhalt

Vorwort

Die interessanten und ergreifenden Lebensläufe der Welfenfrauen regen an zu weiteren Nachforschungen und Besichtigungen auf den Spuren dieser Damen, deren Wege von gebildeten Männern ihrer Zeit beeinflusst wurden. So fallen z. B. Namen wie Leibniz, Luther und Goethe. Die Frauen aber waren kaum weniger bedeutend für die deutsche Geschichte:

Sophie Kurfürstin von Hannover brachte dem Welfenhaus die Herrschaft über Großbritannien. In den von ihr gestalteten Herrenhäuser Gärten wandelte sie mit Leibniz bei geistiger Konversation und empfing den Zaren von Russland zu barocken Gartenfesten. Mit der Thronbesteigung Königin Victorias in Großbritannien endete die britisch-hannoversche Personalunion.

Das spannend-abwechslungsreiche Umfeld dieses Buches nehme ich zum Anlass, um auf eine Krankheit aufmerksam zu machen, die jeden treffen kann, egal wie geistig aktiv wir unser Leben gestalten. **Morbus Alzheimer** hat noch immer keine ausreichende Lobby in unserer Gesellschaft und landet meist in den Witzspalten oder bereichert Stammtischrunden. Wer einmal mit den Folgen dieser schrecklichen Krankheit konfrontiert wurde, kann über diese Scherze nicht mehr lachen. Von pflegenden Angehörigen, die ihre eigenen Bedürfnisse zugunsten einer 24-Stunden-Pflege zurückstellen, werden »Alzheimer-Witze« schmerzhaft empfunden.

Aus diesem Grund danke ich den Autorinnen und Heinrich Prinz von Hannover, mir diese Plattform zu bieten. Darüber hinaus freue ich mich, dass er einen Teil aus dem Bucherlös der gemeinnützigen **Gertrud-Foerstner-Stiftung** für Projekte zugunsten Alzheimer-Patienten spendet.

Seit einigen Jahren unterstütze ich das unermüdliche Engagement der **Gertrud-Foerstner-Stiftung**, die mit Fröhlichkeit und Musik Licht in das Dunkel von Alzheimer-Patienten und ihren pflegenden Angehörigen bringt. Aus diesem Grund habe ich auch gerne den Druck dieses Buches ermöglicht. Es wäre sehr schön, wenn es mit dieser Publikation gelingt, die Gesellschaft im Umgang mit **Morbus-Alzheimer-Patienten** und ihren pflegenden Angehörigen zu sensibilisieren. Vielleicht haben Sie in Ihrem näheren Umfeld einen lieben Menschen, der Demenz-Symptome aufweist. Haben Sie Geduld mit ihm/ihr und pflegen Sie weiter einen liebevoll-fröhlichen Kontakt, denn entgegen aller Vorurteile spüren diese Menschen sehr wohl, ob sie geliebt oder abgelehnt werden. Bitte vergessen Sie nicht, dass wir uns bis jetzt nicht vor dieser unheilbaren Krankheit schützen können!

Klaus Woyna
Vorstandsvorsitzender der **Sparda-Bank** *Hannover*

Vorbemerkung

Seit vielen Jahren beschäftigen wir uns mit der Geschichte bemerkenswerter Frauen, von denen gerade das Geschlecht der Welfen eine Menge aufzuweisen hat. Denn lange Zeit vertrat man die Meinung, Historie sei vor allem von Eroberungen und Entdeckungen geprägt, die weibliche Leistung hielt man aber für nicht erwähnenswert. Diesem Manko abzuhelfen, treibt uns immer noch an und führte dazu, dass wir erstmals ein gemeinsam verfasstes Buch vorlegen, nachdem jede von uns bereits einzeln publiziert hat.

Dabei möchten wir unbedingt darauf hinweisen, dass wir aus Platzgründen lediglich eine Auswahl an Lebensläufen bieten können und keineswegs Anspruch auf Vollständigkeit erheben. (Immerhin besteht ja die Möglichkeit, diesen Band fortzusetzen …!) Erfasst sind dabei die Jahrhunderte von der Renaissance bis zum viktorianischen Zeitalter. Wir berücksichtigten sowohl Frauen, die direkt der vielfach verzweigten Welfendynastie entstammten, als auch solche, die mit einem Welfenherrscher verheiratet waren oder als Mätresse an seiner Seite lebten.

Selbstverständlich hält sich alles, was wir schildern, im Rahmen der geschichtlichen Tatsachen, auch wenn wir um der besseren Lesbarkeit willen auf Fußnoten verzichtet haben. Die wichtigsten Literaturangaben zu jedem Kapitel finden sich im Literaturverzeichnis am Schluss des Buches. In den von uns benutzten Quellen treten mitunter Diskrepanzen in der Umrechnung der Daten alten und neuen Stils auf (in den deutschen protestantischen Ländern wurde der »Julianische Kalender« im Jahre 1700 durch den »Gregorianischen Kalender« ersetzt, in England geschah dies erst 1752).

Danken möchten wir unserem Verleger Heinrich Prinz von Hannover, der das Projekt mit nie endender Geduld und Umsicht begleitet hat. Peter Steckhan und Dr. Friedrich Winterhager haben uns mit Sachkenntnis und vor allem im Lektorat helfend zur Seite gestanden. Allen, die das Ergebnis nun in Händen halten, wünschen wir ebenso viel Freude beim Lesen, wie wir beim Schreiben hatten.

Elisabeth E. Kwan und Anna Eunike Röhrig

Glaubensspaltung in der Familie
Elisabeth Herzogin von Braunschweig (1510-1558)

Eine durchsetzungsfähige Frau, mitten hineingeworfen in eine Zeit politischer und religiöser Unruhen: das war Elisabeth von Calenberg (manchmal auch Elisabeth von Münden genannt), die nicht nur als Herrscherin, sondern auch als Schriftstellerin und Lieddichterin in Erscheinung trat. Wer sich mit ihrer Geschichte beschäftigt, sieht sich mit der unglaublichen Brutalität konfrontiert, mit der die Regierenden jener Epoche anders Denkende verfolgten oder Menschen, die ihnen irgendwie im Weg standen.

Herzog Erich I. und Elisabeth

Bei ihrer Geburt deutete noch nichts darauf hin, dass die Auseinandersetzungen um den rechten Glauben einst auch ihre Familie spalten würden. Elisabeths Eltern waren Kurfürst Joachim I. von Brandenburg und Elisabeth von Dänemark, die Tochter König Johanns II. Die beiden waren miteinander verheiratet worden, als sie 17 bzw. 18 Jahre zählten. Die nach ihrer Mutter benannte Prinzessin Elisabeth kam nach achtjähriger Ehe der Eltern 1510 in Berlin zur Welt und wuchs mit mehreren Geschwistern auf. Der Bruder Joachim (*1505) sollte später Nachfolger des Vaters werden, für den jüngeren Johann (*1513) wurde eigens ein kleines Herrschaftsgebiet um Küstrin geschaffen, damit seine Versorgung gesichert war. Elisabeths Schwestern Anna (*1507) und Margarete (*1511) wurden mit benachbarten Fürsten verheiratet. Schließlich war es auch für sie selbst soweit: Mit 15 Jahren verließ Elisabeth den Hof der Eltern, um mit einem Mann vermählt zu werden, der ihr Vater hätte sein können. Herzog Erich I.

von Braunschweig-Lüneburg (Calenberg) war 40 Jahre älter als seine jugendliche Braut, die er am 7.7.1525 heiratete; vom Wesen her ein besonnener, gutmütiger und auf Ausgleich bedachter Mensch. Sehr schnell bekam er einen Eindruck von der Willensstärke Elisabeths, als diese von ihm forderte, seine langjährige Lebensgefährtin Anna Rumschottel mit einer Pension von 1000 Talern jährlich abzuschieben. Mit Anna hatte Erich nach dem Tod seiner kinderlos gebliebenen ersten Frau, Katharina von Sachsen, zusammengelebt, sie aber wegen des Standesunterschieds nie geheiratet.

Herzog Erich erfüllte Elisabeths Wunsch; diese wiederum kam ihrer dynastischen Pflicht nach und schenkte in rascher Folge vier Kindern das Leben. Bereits 1526 kam die Tochter Elisabeth zur Welt. Im Jahre 1528 folgte der ersehnte männliche Erbe. Er wurde nach seinem Vater Erich benannt. Ihm folgten nacheinander zwei weitere Mädchen, Anna Maria und Katharina. Von den vielen Geburten erschöpft, wurde Herzogin Elisabeth gefährlich krank. Dazu kam grenzenloser Ärger, als sie herausfand, dass ihr Mann heimlich wieder die Beziehung zu Anna Rumschottel aufgenommen hatte. Elisabeth rächte sich bitter. Sie behauptete, Anna habe den Herzog durch Zauberkunst in ihren Bann gezogen und ließ einige ihrer Freundinnen verhaften und als Hexen verbrennen. Erich ermöglichte seiner Geliebten im letzten Moment die Flucht, doch alles war vergeblich. Elisabeths Häscher holten die verhasste Rivalin ein, und Anna Rumschottel wurde angeblich ohne viel Federlesens in Hameln auf dem Scheiterhaufen verbrannt. Zugleich forderte Elisabeth von ihrem Gemahl als Genugtuung die Vergrößerung ihres Leibgedinges (= Witwengutes), das ursprünglich nur das Amt Calenberg umfasst hatte, nun aber das Fürstentum Göttingen mit dem Amt (Hannoversch-) Münden beinhaltete. Dort übte sie schon zu Lebzeiten ihres Mannes (und nicht erst als Witwe) eine selbstständige Regierung aus.

Inzwischen hatte sich Elisabeths Familie in Berlin über die religiösen Streitfragen entzweit. Ihre Mutter, Kurfürstin Elisabeth, war durch den Leibarzt Ratzenperger auf Luthers Schriften aufmerksam gemacht worden und hatte sich mit Unterstützung ihres Bruders, König Christians II. von Dänemark, ganz der protestantischen Lehre zugewandt. 1527 nahm Elisabeth von Brandenburg zu Ostern erstmals öffentlich das Abendmahl in beiderlei Gestalt und musste vor dem Zorn ihres Mannes, der weiterhin katholisch bleiben wollte, nach Torgau fliehen. Erst 1545 kehrte sie wieder nach Spandau zurück, mittlerweile durch eifriges Studium der Bibel und reformatorischer Schriften im Ruf, sie könne »manchen schriftgelehrten Doctor beschämen«. 1538 besuchte die streitbare Mutter, begleitet von ihrem Sohn Johann, ihre nach Braunschweig verheiratete Tochter. Elisabeth ließ sich von den Glaubenspositionen der beiden überzeugen und holte auf Anregung ihres Bruders den lutherischen Pastor Anton Corvinus zum Predigen nach Münden. Seine Pfarrei Witzenhausen lag nicht weit entfernt auf hessischem Gebiet, wo der ebenfalls evangelisch gesinnte Landgraf Philipp regierte.

Herzog Erich ließ seine Frau gewähren, selbst als sie öffentlich ihren Übertritt zum Luthertum bekundete: »Weil uns die Frau in unserem Glauben nicht hindert, so wollen auch wir sie in ihrem Glauben ungehindert und ungetrübet lassen.« Er selbst verspürte jedoch keine Lust mehr, sich in fortgeschrittenem Alter mit solchen Fragen auseinander zu setzen, wenn er auch beim Wormser Reichstag von Luthers Auftreten so beeindruckt worden war, dass er dem Reformator eine Silberkanne mit Einbecker Bier geschenkt hatte. »Mir frommet nicht mehr zu grübeln und zu forschen, was Lug ist und was Wahrheit«, meinte Herzog Erich, »in dem Glauben, in dem ich getauft bin und den der Herr bekennt, dem ich als Vasall gehorche [= der Kaiser], will ich sterben.«

Elisabeths Entscheidung war keine einsame. Im ganzen Land gärte es bereits: Die Städte Göttingen und Hannover hatten sich durch Zahlung einer hohen Summe Geldes an Herzog Erich (der stets knapp bei Kasse war) die Religionsfreiheit erkauft, 1539 tat die Stadt Northeim desgleichen. Es war beim Altersunterschied der Partner absehbar, dass Herzogin Elisabeth ihren Gemahl überleben und in Vertretung des noch unmündigen Sohnes regieren würde. Ihre Pläne, die Reformation dann im gesamten Herrschaftsgebiet einzuführen, reiften heran. Mit ihrer Konversion hatte sich Elisabeth allerdings einen mächtigen Gegner eingehandelt: Herzog Heinrich von Braunschweig-Wolfenbüttel, ihr unmittelbarer Nachbar und Neffe ihres Gemahls. Seit der Erbteilung Braunschweigs strebte jede der Linien danach, sich das Gebiet der anderen wieder anzueignen. Zu diesen politischen Querelen kamen nun auch noch religiös motivierte.

Heinrich von Braunschweig-Wolfenbüttel kam es weniger auf persönliche Überzeugungen an als auf seine Entscheidung, dem katholisch gesinnten Kaiser Karl V. als oberstem Herren der deutschen Fürsten treu zu bleiben. Der Protestantismus brachte in seinen Augen zuviel Umwälzung und Chaos mit sich – durch Auflösung von Klöstern und Bistümern wurden beispielsweise Herrschaftsstrukturen infrage gestellt.

Erich I. gedachte, neutral zu bleiben. Auf dem 1540 einberufenen Reichstag zu Hagenau wollte er seinen Standpunkt darlegen. Bevor er abreiste, machte der Herzog sein Testament und legte fest, dass im Falle seines Todes Elisabeth als Regentin fungieren solle; Philipp von Hessen, Heinrich von Braunschweig-Wolfenbüttel (den man trotz allem schlecht übergehen konnte) und Elisabeths Bruder Joachim II. von Brandenburg wurden als Vormünder für den kleinen Erich bestimmt. Als hätte er es vorausgeahnt, starb Herzog Erich I. noch während des Reichstages (26.7.1540). Wie immer war das Geld knapp, und so wurde sein Leichnam peinlicherweise ein ganzes Jahr lang in Hagenau zurückgehalten, bis die Mittel für eine Überführung eintrafen.

Erich II. war 12 Jahre alt, als sein Vater starb. Seine Volljährigkeit war für das Jahr 1546 zu erwarten. So blieben seiner Mutter Elisabeth einige Jahre zur Verwirklichung ihrer Vorhaben. Durch die Herrschaft in ihrem Leibgedinge hatte die Herzogin schon viel Erfahrung in Amtsgeschäften gewonnen und stützte sich auf ihr ergebene, tüchtige Berater. Auf ihre Bitten hin schickte Philipp von Hessen Pfarrer Corvinus, mit dem Elisabeth eine Kirchenordnung ausarbeitete, die im Mai 1542 veröffentlicht wurde. Des Weiteren schrieb Corvinus eine Ordnung zur Pfarrbesoldung, zur Verwaltung des Kirchenvermögens und eine Schulordnung. Im November 1542 folgte eine umfangreiche Klosterordnung. Die Konvente wurden nicht wie andernorts aufgelöst, sondern in Stifte umgewandelt und ihr Besitzstand gewahrt (noch heute stellen diese Klöster und ihre Ländereien den Grundstock der Klosterkammer-Stiftung in Hannover). Die Ordenstrachten wurden abgeschafft, die Mönche und Nonnen konnten jederzeit das Klosterleben aufgeben, ohne sich an lebenslange Gelübde gefesselt zu fühlen. All dies überwachte Corvinus, der als Landessuperintendent seinen Sitz in Pattensen eingerichtet hatte, durch eine große Landesvisitation, die vom 17.11.1542 bis zum 30.4.1543 dauerte. Herzogin Elisabeth begleitete ihn dabei, so oft sie konnte. Ihr war daran gelegen, dass auch das – nicht unbedingt schriftgelehrte – Volk seine religiösen Bräuche umstellte. Bislang hatte man am 6. Dezember, dem Tag des heiligen Nikolaus, die Weihnachtsgeschenke ausgetauscht. Selbst Luthers eigene Kinder feierten noch an jenem Datum Bescherung. Doch Herzogin Elisabeth drängte darauf, dass in ihrem Herrschaftsbereich an Heiligabend beschert werden sollte, wobei das Christkind und nicht Sankt Nikolaus als Gabenbringer geehrt wurde. Sie ging dabei mit eigenem Beispiel voran: »Was das Krist Kindelein gebracht hat meiner Tochter von Hennen Berck Anno 1558 ...« ist in Elisabeths Handschrift im Hauptstaatsarchiv Hannover erhalten.

Natürlich strebte die Regentin danach, auch aus ihrem Sohn einen mustergültigen Protestanten zu machen. Zu Neujahr 1545 widmete sie ihm ein selbst verfasstes Handbuch mit Ratschlägen für eine gute und gerechte Regierung. Zunächst enttäuschte Erich die Mutter nicht. Bei einem Treffen mit Luther befragte dieser den 16-Jährigen nach seinen Katechismuskenntnissen und freute sich über Erichs Wissen. Zugleich bemerkte er aber auch die Beeinflussbarkeit des jungen Mannes und warnte davor. Der Reformator sollte schneller Recht behalten, als es Herzogin Elisabeth lieb war.

Eigentlich war Erich II. als Baby mit Agnes, einer Tochter Philipps von Hessen, verlobt worden. Jahre später ersetzte man diese durch ihre Schwester Anna. Doch als der 17-jährige Jungfürst bei einem Besuch in Dresden Sidonia von Sachsen kennen lernte, löste er schleunigst diese Verbindung. Seine Umgebung wunderte sich, denn Sidonia, am 8.3.1518 in Freiberg als Tochter des Herzogs Heinrich von Sachsen und der Katharina von Mecklenburg geboren, war ganze zehn Jahre älter als ihr jugendlicher Verehrer. Unbeirrt setzte Erich die Hochzeit durch, die am 17.5.1545 in Münden gefeiert wurde.

Ein Jahr danach wurde Erich II. mündig und übernahm selbst die Regierung seines Herzogtums. Seine Mutter Elisabeth konnte sich nun wieder privateren Dingen widmen und heiratete am 6.6.1546 ein zweites Mal; nun einen Partner, den sie aus Liebe gewählt hatte: den verwitweten Grafen Poppo von Henneberg (*1512), zwei Jahre jünger als sie selbst und damals 34 Jahre alt. Merkwürdigerweise wurde Elisabeth damit zur Schwägerin ihrer eigenen Tochter, Elisabeth die

Jüngere, die man 1543 mit Poppos Bruder Georg Ernst von Henneberg vermählt hatte. Poppo war daran gelegen, sich mit seiner Frau aus den ständig schwelenden Konflikten mit den Wolfenbütteler Nachbarn herauszuhalten, und schlug Elisabeth daher vor, ihr Witwengut zu verkaufen und mit dem Geld eine unabhängige Herrschaft einzurichten, die außerhalb des Einflussbereichs der Herzöge Erich bzw. Heinrich lag. Es bot sich dabei an, den verschuldeten Besitz einer Seitenlinie der Henneberger Grafen zu erwerben, deren Stammlande in Thüringen lagen. Elisabeth jedoch mochte sich mit diesem Gedanken nicht anfreunden und hielt an Calenberg-Göttingen fest.

Mitten in ihr neues, lang erhofftes Glück platzte die unglaubliche Nachricht, dass der junge Herzog Erich beim Reichstag in Regensburg zur katholischen Konfession zurückgekehrt war. Wie sich herausstellte, war dies eine vor allem politisch motivierte Entscheidung. Der Schmalkaldische Krieg brach aus, und Kaiser Karl V. siegte am 24.4.1547 bei Mühlberg über die abtrünnigen protestantischen Fürsten, so dass Erich II. auf der sicheren Seite stand. Dazu kam, dass der Kaiser ihm für seine Treue mit finanziellen Vergünstigungen winkte, die der Herzog – noch belastet von den Schulden des Vaters – nur zu gerne annahm. Von 1548 an hielt er sich häufig in Spanien an der Seite Karls V. auf. Auf diese Weise verschaffte sich Erich nicht zuletzt Urlaub von der Ehe, denn nachdem die erste Verliebtheit verflogen war, hatten ihn die zehn Jahre Altersunterschied zu seiner Frau immer empfindlicher gestört. Kinder, die die Verbindung gefestigt hätten, stellten sich keine ein. Dazu kam, dass Sidonia Erichs Glaubenswechsel weder mitmachte noch tolerierte. Und so weilte der Herzog immer öfter im Ausland, wo ihm keine argwöhnische Mutter auf die Finger sah. Eine bürgerliche Flämin, Katharina van Weldam, wurde Erichs langjährige Gefährtin und gebar ihm zwei Kinder, um die er sich vorbildlich kümmerte: Wilhelm (*1567), für den Erich in Italien die Herrschaft Occimiano erwarb, der aber schon 1585 in Pavia starb, sowie Katharina, die 1580 in die Familie des berühmten Genueser Söldnerführers und Dogen Andrea Doria heiratete.

Wenn er im eigenen Land weilte, suchte Erich II. die Beschlüsse des Interims durchzusetzen, das 1548 auf dem Reichstag zu Augsburg erlassen worden war. Den Protestanten wurden dabei lediglich der »Laienkelch« zugestanden (Empfang des Abendmahls für die einfachen Gläubigen auch in Gestalt des Weines) sowie die Gültigkeit bisher geschlossener Priesterehen – aber nur bis zum nächsten Konzil und seinen Beschlüssen. Ansonsten sollten sämtliche katholischen Anschauungen erneut für alle Untertanen verbindlich sein.

Anton Corvinus verfasste eine Erklärung gegen das Interim, das auf einer in Münden abgehaltenen Synode von 140 Pfarrern unterzeichnet wurde (19.6.1549). Nicht ganz fünf Monate später griff Herzog Erich durch und ließ Corvinus von kaiserlichen Soldaten aus Spanien verhaften. Die wertvolle, mühsam zusammengetragene Bibliothek des Reformators wurde verbrannt – zum Entsetzen des Bischofs von Bremen, der zwar ausrief, Bücher seien ohne Schuld, aber nichts mehr retten konnte. Corvinus wurde gemeinsam mit dem Pattenser Pastor Walter Hocker auf der Festung Calenberg eingekerkert und in Einzelhaft gehalten. Seine Frau durfte ihn nicht besuchen, und als herauskam, dass der Gefangene durch ein Fenster mit einem seiner früheren Schüler sprach, wurde dieses zugenagelt. Jahrelange Bemühungen seiner Parteigängerin Elisabeth um des Superintendenten Freilassung blieben fruchtlos. Erst Ende Oktober 1552 wurde Corvinus, nun ein kranker und gebrochener Mann, auf freien Fuß gesetzt (auch Pastor Hocker wurde freigelassen) und starb ein halbes Jahr später in Hannover.

Inzwischen hatte Herzoginmutter Elisabeth, ungeachtet aller Rekatholisierungsbestrebungen ihres Sohnes, für die Tochter Anna Maria eine Ehe mit einem protestantischen Fürsten angebahnt. Dabei war es ihr herzlich egal, dass sich ihr eigenes Schicksal im Leben der Tochter wiederholte. Die 24-jährige Prinzessin musste den 40 Jahre älteren Witwer Albrecht von Preußen heiraten. Spöttisch schrieb Herzog Erich an seine Schwester: »Was wollen Euer Liebden mit dem alten Mann tun? Er ist nicht so hübsch, wie man ihn malt.« »Lieber Bruder«, antwortete Anna Maria, »ich habe so mehr [= lieber] einen alten weisen Mann als einen jungen Narren. Er ist so christlich und ehrlich. Er bleibt ja bei mir [= ist mir treu], was Euer Liebden bei Eurer Gemahlin nicht tut.« Das saß. Offenbar hatte die junge Frau in ihren Anschauungen den Rat der Mutter beherzigt, die eigens für sie eine Abhandlung über Ehe und Familienleben verfasst hatte: »Mütterlicher Unterricht für Anna Maria«.

Die Befürchtungen des Grafen Poppo waren nicht unbegründet

gewesen. Heinrich von Braunschweig-Wolfenbüttel machte Herzoginmutter Elisabeth immer wieder Schwierigkeiten in ihrer Herrschaft Münden. Diese schmiedete Pläne, wie sie sich des verhassten Gegners ein für allemal entledigen könne und gewann einen Bundesgenossen, allerdings von zweifelhaftem Ruf: Markgraf Albrecht Alcibiades von Brandenburg-Kulmbach, ein Abenteurer, der bislang immer auf der Seite desjenigen gekämpft hatte, der ihm das meiste zahlte. Um die geplante Aktion zu finanzieren, versetzte Elisabeth fast ihren gesamten Schmuck.

Am 9.7.1553 kam es zur Schlacht bei Sievershausen. An der Seite Heinrichs von Braunschweig-Wolfenbüttel standen Philipp von Hessen und Moritz von Sachsen, der Bruder von Erichs II. Frau Sidonia. Der Wolfenbütteler besiegte seinen Nachbarn Erich und damit auch seine Erzfeindin, dessen Mutter Elisabeth, doch es war ein Pyrrhussieg, der einen unglaublich hohen Preis forderte. Sowohl zwei Söhne Heinrichs als auch der Sachse Moritz fielen im Kampf. Von nun an regierten Heinrich der Jüngere und Erich II. gemeinsam, nachdem Erich bereits im Frühjahr den Landständen Religionsfreiheit zugesichert hatte. Das Nachsehen hatte Herzoginmutter Elisabeth, der der Wolfenbütteler die Hauptschuld an den unglücklichen Ereignissen gab. Er verlangte von ihr die Aufgabe der Herrschaft in Münden. Sie floh mit ihrer jüngsten Tochter Katharina nach Hannover und blieb dort drei Jahre lang ohne ihren Gemahl Poppo, der in Henneberg festsaß. Ihres bisherigen Einkommens beraubt, musste Elisabeth nun von der Hand in den Mund leben. Sie bettelte bei den Stiften und flehte die Brandenburger Verwandten um Unterstützung an. Während ihr Bruder, Kurfürst Joachim II., achselzuckend meinte, sie sei selbst an ihrem Elend schuld, schickte der Schwiegersohn Albrecht von Preußen immerhin einmal zehn Ochsen, ein andermal Brennholz. In dieser misslichen Lage schaffte sich Elisabeth Erleichterung, indem sie dichtete. Es entstanden weltliche Gedichte, aber auch vielstrophige Kirchenlieder, als die fromme Fürstin Trost im Glauben fand.

Im März 1555 durfte die Herzoginmutter endlich Hannover verlassen, doch an eine Rückkehr nach Münden war nicht zu denken – das verweigerte Heinrich von Wolfenbüttel. Immerhin erhielt Elisabeth von ihrem Sohn als Entschädigung einmalig 5500 Taler und eine versprochene Jahrespension von 5000 Talern. Mit ihrer Tochter zog

Elisabeth nun nach Ilmenau in Thüringen, dem hennebergischen Verwaltungssitz ihres Ehemannes. Die befehlsgewohnte Frau konnte sich lange nicht damit abfinden, nun quasi nur noch die Hausfrau an der Seite ihres gräflichen Gemahls zu spielen. Wieder wandte sie sich der Schriftstellerei zu und verfasste ein Trostbuch für Witwen: »Eine Anzeigung und Trost aus göttlicher Schrift gezogen, wo von Witwen gehandelt wird, beide im Alten und Neuen Testament«.

Verstimmung in der Familie gab es wieder einmal, als Herzog Erich für Prinzessin Katharina eine Ehe arrangierte, ohne die Mutter ins Vertrauen zu ziehen. Er wusste wohl, warum, da er für das evangelisch aufgewachsene Mädchen einen katholischen Mann ausgesucht hatte, den böhmischen Grafen Wilhelm von Rosenberg. (Allerdings bestand Erich darauf, dass seine Schwester ihren Glauben behalten und sogar einen eigenen protestantischen Pastor beschäftigen durfte.) Elisabeth schmollte und kam auch nicht zur Hochzeit nach Münden. Dies jedoch war, wie sich herausstellte, durch eine plötzlich auftretende Krankheit bedingt – die Herzoginmutter hatte die Reise abbrechen müssen. Unwahr ist auch die Behauptung, man habe ihr einen falschen Termin genannt, und die Feierlichkeiten seien bei ihrer Ankunft bereits vorüber gewesen.

Katharina von Rosenberg überlebte ihre Hochzeit nicht lange. Schon am 10.5.1559 starb sie, fast ein Jahr nach ihrer Mutter. Elisabeth hatte der Streit um ihre Jüngste die letzten Kräfte geraubt. Physische Hinfälligkeit, fortschreitende Schwindsucht sowie zeitweilige geistige Umnachtung, die sich in Tobsuchtsanfällen äußerte, machten nicht nur ihr selbst, sondern auch ihren Mitmenschen das Leben zur Qual. Graf Poppo kümmerte sich rührend um seine Frau, die im Alter von 48 Jahren am 25.5.1558 starb. Sie wurde in der ehemaligen Prämonstratenserabtei Veßra beigesetzt, nach 1573 aber samt Grabplatte in die Schleusinger Sankt Johanniskirche überführt. Poppo überlebte seine Gattin bis 1574 und liegt neben ihr begraben, ebenso wie sein Bruder Georg Ernst mit Elisabeth der Jüngeren (Schwägerin der eigenen Mutter).

Der evangelische Glaube setzte sich schließlich im braunschweigischen Herrschaftsgebiet durch und wurde die Konfession der Mehrheit seiner Bewohner – ohne Befehl von oben, ein später Triumph Elisabeths. Der müde gewordene Herzog Heinrich von Wolfenbüttel hatte schließlich nichts mehr dagegen einzuwenden, und Erich II. hatte mit seiner Garantie von 1553 der religiösen Toleranz offiziell den Weg geebnet.

Elisabeth von Calenberg erlebte es nicht mehr, dass ihr Sohn zu ähnlichen Mitteln griff, wie sie selbst es einst getan hatte, um eine missliebige Person loszuwerden. Erich II., der sich seiner Frau Sidonia völlig entfremdet hatte, beschuldigte unbescholtene Menschen, die er bis zur gewünschten Aussage foltern ließ, ihn im Auftrag Sidonias vergiften zu wollen. Als die Herzogin zu Herzog Julius von Braunschweig-Wolfenbüttel floh (dem Nachfolger Heinrichs), ließ Erich weitere Leute, nun aus Sidonias Haushalt, anklagen und in seinem Beisein foltern. Alle Bürgerlichen unter ihnen wurden verbrannt; die adligen Gefangenen hingegen musste Erich auf Intervention Sidonias beim Kaiser hin an Julius ausliefern. Nachdem sie ihre Geständnisse widerrufen hatten, wurden sie freigelassen. Bevor Sidonia – die inzwischen nach Weißenfels übergesiedelt war – noch weiter für ihre Parteigänger eintreten konnte, starb sie am 4.1.1575, erst 40 Jahre alt. Damit war jede Aussicht auf Entschädigung für die Menschen dahin, die mit ihrer Gesundheit hatten zahlen müssen, weil ihre Landesherrin ihrem Mann unbequem geworden war.

Gefangene der Liebe
Eva von Trott (um 1506-1567)

Herzogin Marie trat aus der dämmrigen Hofkapelle heraus ins blendende Sonnenlicht. Über die Burgbrücke rollte just in diesem Moment eine Kutsche in den Hof. Ein fremdes Wappen prangte auf dem Schlag, den der Kutscher öffnete. Ein junges Mädchen, etwa 16 oder 17 Jahre alt, stieg langsam heraus und schaute sich um. Ihr Blick schweifte über das Kopfsteinpflaster an den hochstrebenden, von zahllosen Fenstern durchsetzten Mauern empor.

Eva von Trott

Dann sah sie die Damengruppe, unverkennbar in der Mitte die Herzogin. Diese kam dem jungen Mädchen entgegen. »Das wird das neue Fräulein aus Lispenhausen in Hessen sein«, sagte sie zu ihren Damen. Das Mädchen knickste höflich und schaute scheu zu Boden. »Ihr seid Eva von Trott?«, fragte die Herzogin. »Zu dienen, Durchlaucht«, antwortete das Mädchen. Sie war gut gewachsen, und die Reisekleidung war aus feinem Tuch geschneidert. Unter der Reisekappe lugte dunkles, mittig gescheiteltes Haar hervor. Ihr Gesicht war ein dem Rund zuneigendes Oval, die Nase sehr spitz, und die dunklen Augen schauten naivgläubig in die der Herzogin. Sie erfassten ein blasses, eher trauriges Gesicht, das erste Spuren vorzeitigen Alterns trug. Das Mädchen lächelte die Herzogin schüchtern an. Diese dachte erleichtert, dass die Neue ein gehorsames und unterwürfiges junges Ding zu sein schien, nicht so vor Einbildung und Stolz berstend wie einige ihrer Hofdamen. Freundlich sagte sie: »Willkommen am Hof zu Wolfenbüttel, Jungfer Trott. Fräulein von Steinberg wird Euch Eure Kammer zeigen.«

Eva nickte dem Kutscher einen Dank zu, dann folgte sie den Damen in das dunkle, kühle Gemäuer. Im zweiten Stock war ein Zimmer für sie vorbereitet; ein Bett, eine Kommode, zwei Stühle und ein kleiner Tisch füllten den holzverschalten Raum. Der Blick aus dem von schweren leinenen Vorhängen gerahmten Fenster fiel auf den gegenüberliegenden Flügel des Schlosses. »Genau da drüben schlafen Durchlaucht und seine Gemahlin, hinter jenen sechs Fenstern«, erklärte die Begleiterin. »Aber der Herzog ist nicht hier. Er ist noch immer mit seinem Krieg beschäftigt, wir haben ihn in den letzten drei Jahren kaum zu Gesicht bekommen.« Herzog Heinrich der Jüngere von Braunschweig-Wolfenbüttel hatte 1519 dem Hildesheimer Bischof den Fehdehandschuh hingeworfen und ihm einen Streifen seines Territoriums abgenommen, womit er seinen eigenen Herrschaftsbereich erheblich vergrößert hatte. Und das, obgleich er allen reformatorischen Bestrebungen energisch entgegenstrebte und treu am katholischen Glauben festhielt.

Eva fand freundliche Aufnahme am Hof. Sie schloss sich dem Tross der Damen an, die die Herzogin dreimal täglich zur Andacht in die Kapelle begleiteten. Hier betete die Herzogin für den Sieg ihres Gemahls über seine Widersacher, und dass der Teufel diesen Luther holen möge, dessen ketzerische Lehre sich wie eine Epidemie über das Land verbreitete. Nachmittags fanden sich fast alle Damen im Handarbeitskreis zusammen, stickten, häkelten und redeten lebhaft miteinander. Hier erwarb Eva ihr Wissen über die Wasserburg Wolfenbüttel, die Stimmung im Lande, die aufmüpfige Stadt Braunschweig, die vom Herrscher nichts wissen wollte, den Krieg, und besonders über die Leute am Hof. Keiner entkam dieser Runde der kritischen Betrachtungen. Der Herzog schien allen ein unsicheres Gefühl zu vermitteln. Es hieß, er sei unberechenbar. Manchmal fröhlich und laut, aber sein Temperament konnte von einer Sekunde auf die andere umschlagen und wüst und poltrig werden. Die Herzogin galt als duldsam, aber ein Hauch von Bitterkeit hatte sich langsam eingeschlichen. Ihr wurde vom Gemahl nicht der Respekt entgegengebracht, der ihr zustand. Es hieß, sie genieße kaum die Privilegien, die einer Dame ihres Standes zuständen.

Während dieser Zusammenkünfte stand stets eine der Damen an der Tür und spähte nach vorübereilenden Hofbeamten. Näherte sich die Herzogin, die den Kreis ihrer Damen öfter beehrte, wurde ein warnendes »St, st!« ausgestoßen, und alle neigten sich schweigend über ihre Arbeiten, wenn die hohe Frau eintrat. Sie hatte das Wort, sprach aber sehr wenig. Ihr Erstgeborener, Andreas, war 1517 gestorben, nun hatte sie noch zwei Töchterchen und betete um einen männlichen Erben.

Nach dem Abendessen spielte man Brettspiele oder Domino, das Kartenspiel wurde gerade sehr populär. Die Männer des Hofes saßen in einem anderen Zimmer und hielten sich an den Würfelbecher. Manchmal gab es auch Musikdarbietungen, oder Scharaden wurden aufgeführt. Selten kamen Gäste, aber dann wurde Wein ausgeschenkt und gefeiert.

Als Eva einige Wochen am Hof war, kehrte der Herzog zurück. Laut rasselte seine Kutsche über die Brücke, und seine Stimme erfüllte den ganzen Burghof. Einige Tage später wurde Eva ihm vorgestellt. »Ah, die Trottin«, rief er aus. »Willkommen in meinem Reich! Ihr Bruder« – er wandte sich an die Herzogin – »hat mir das Leben gerettet. Und das seine leider verloren. Seid nett zu ihr!« Er lächelte Eva gnädig-freundlich zu, aber Eva spürte etwas in seinem Blick, was sie befangen machte. Er vermittelte den Eindruck eines tatkräftigen Mannes, der wahrscheinlich genauso brutal sein konnte, wie man sich erzählte – der ganze Orte niederbrannte, ohne Rücksicht auf Frauen und Kinder zu nehmen. Ja, der aus Machtgier selbst gegen alte Kampfgefährten vorging. Aber – ein siegreicher Held!

Bei Kerzenschein kleidete Eva sich in ihr Nachtgewand. Dabei fiel ihr Blick auf die Fensterreihe gegenüber. An einem der Fenster saß der Herzog und schaute dem schwindenden Abendschein sinnend nach. Seine sonst so harten und entschlossenen Gesichtszüge schienen sanft und zugänglich. Einige Tage später begegnete Eva ihm in einem der langen, menschenleeren Korridore und wollte ihm knicksend Platz machen. Er blieb stehen, blickte sie an und fragte, ob sie arges Heimweh nach ihrer hessischen Heimat habe. Sie verneinte stotternd, er strich ihr sanft über den Arm und ging weiter. Sie war verwirrt. Von nun an beobachtete sie seine Fenster heimlich, um zu sehen, ob er herüberschaute. Aber sie sah ihn nur noch einmal, als er offensichtlich mit der Herzogin einen Streit hatte, denn beide gestikulierten heftig.

Als sie eines Abends in dem winzigen Park hinter der Burg frische Luft schöpfen wollte, stand der Herzog plötzlich vor ihr. Kein anderer Mensch schien in der Nähe zu sein. Ohne ein Wort griff der Herzog sie am Arm und zog sie hinter den Haselbusch. Dann presste er sie an sich und küsste sie wild. Zugleich strichen seine geübten Hände an ihrem Kleid entlang, bis sie ihre erstarrte Haltung aufgab und die Zärtlichkeiten erwiderte. Von diesem Moment an war sie ihm verfallen.

Schlagartig änderte sich ihr Leben. In den Nachmittagsrunden blieb sie still, horchte aber umso aufmerksamer auf die feinsten Bemerkungen, um zu hören, ob man ihrem Geheimnis auf der Spur war. Denn der Hof hatte Augen und Ohren überall. Ihre Liebesstunden mit dem Herzog blieben offensichtlich unbemerkt. Er kam nachts in ihre Kammer und blieb oft bis in die Morgenstunden. Sie besuchte die Andachten nun weniger häufig und vermied die Beichte. Dann begann sie, sich für Schwangerschaften zu interessieren, lenkte die Gespräche immer wieder darauf. Dass sie selber fülliger wurde, merkte anscheinend niemand; sie verstand es, ihre Gewänder geschickt zu drapieren. Eines Tages erbat sie Urlaub, um ihre Eltern im Hessischen zu besuchen. Zufällig fuhr der Herzog auch ein Stück südwärts und bot ihr seine Begleitung an.

Die Fahrt endete aber für beide recht bald hinter Seesen. Hier befand sich am Rande des Harzes, dem Vorbeireisenden durch Hügelkuppen und Baumwuchs verborgen, die Stauffenburg. Sie war von Elisabeth, der vor zwei Jahren verstorbenen Großmutter des Herzogs, von einer kalten, ungemütlichen Burg in eine äußerst behagliche Wohnanlage verwandelt worden und stand nun seit dem Tode der Fürstin ungenutzt.

Einige Bedienstete wohnten hier oben und versorgten den Besitz. Sie waren alle eingeweiht und zur Verschwiegenheit verpflichtet worden. Die Ehefrau des Burgamtmanns Dedekin, die »lange Mettel«, kümmerte sich von nun an um Eva. Sie stand ihr auch bei, als sie Ende Juli 1524 einen gesunden Knaben zur Welt brachte. Mettel gab ihn als ihr Kind aus, der Pfarrer aus dem am Fuß der Burg liegenden Gittelde taufte das Kind. Wenn es ein Knabe würde, so hatte der Herzog bestimmt, solle er den Namen Heinrich Theuerdank erhalten.

Sechs Wochen später erschien Eva wieder am Wolfenbütteler Hof.

Das Spiel setzte sich fort. Eva begleitete die Herzogin wieder öfter zur Kapelle, wagte es aber nicht mehr so recht, ihr in die Augen zu schauen. Sie hatte kein schlechtes Gewissen, weder Gott noch der Herzogin gegenüber. Der Herzog hatte sein Amt von Gottes Gnaden. Er stand dem Höchsten also sehr nahe. Er war Herr über Leben und Tod. Alles, was er tat, hatte die Kraft eines Gesetzes, es durfte nicht widersprochen werden. Wenn er sie, Eva, also auserwählte, ihm mit ihrem Herzen und Körper zu dienen, so musste das seine Richtigkeit haben. Sie fühlte sich auserkoren und geehrt, so ähnlich müsste es der Mutter Gottes ergangen sein, dachte sie. Aber reden durfte sie mit keinem Sterblichen darüber, nicht einmal mit ihren Eltern. Das hatte der Herzog ihr auf die Seele gebunden. Viele Leute würden darin leider etwas Sündhaftes sehen und ihm das Leben schwer machen. Es müsse ihrer beider Geheimnis bleiben.

In den nächsten vier Jahren gebar die Herzogin drei Söhne. Der Jüngste, Julius, hatte Klumpfüße, was ihn hinderte, das Laufen richtig zu erlernen. Er würde sein Leben lang herumgetragen werden müssen. Der Herzog meinte, das sei nicht so tragisch, einer könnte ja für die Kirche übrig bleiben, aus den beiden Älteren würde er prächtige Soldaten machen. Und Heinrich Theuerdank würde er mit dem ein Jahr jüngeren Carl Victor zur Erziehung nach Schöningen schicken, sobald er fünf sei.

Im Jahr 1529 sah Eva erneut Mutterfreuden entgegen. Wieder ging es auf die Stauffenburg. Ihr fünfjähriger Sohn, der kurz vor einem neuen Lebensabschnitt in Schöningen stand, erkannte sie nicht. Sie brachte ein Mädchen zur Welt, das auf den Namen Zifra getauft wurde, aber schon nach weniger als zwei Wochen starb. Wieder kehrte Eva an den Hof zurück. Von nun an hatte sie das Gefühl, argwöhnisch beobachtet zu werden. Aber der Herzog lachte sie aus. Seine Gemahlin wäre die Erste, die ihm Vorwürfe machen würde, wenn sie auch nur den leisesten Verdacht hegte.

Dann, nach Jahresfrist, war es wieder so weit. Eva musste zum dritten Mal den Weg zur Stauffenburg antreten. Der Abschied vom Hof war unangenehm gewesen. Dieses Mal gebar sie eine Tochter, die auch wieder Zifra, später Bransifra genannt wurde. Die Frau des Küchenschreibers Schmidt »adoptierte« das kleine Wesen. Der Pastor von Gittelde weigerte sich, es zu taufen. Er hatte Verdacht geschöpft.

Aber der Pfarrer Bartold aus Badenhausen erklärte sich bereit, die Taufe durchzuführen.

Wieder zurück am Hof, spürte Eva ganz deutlich, dass über sie getuschelt wurde. Die Herzogin würdigte sie keines Blickes mehr. Sie fühlte sich äußerst unbehaglich. Selbst wenn der Herzog bei ihr weilte, war sie ängstlich. Sie vermutete Lauscher vor der Tür. Jeder ihrer Schritte, so fürchtete sie, würde beobachtet. Dennoch wurde sie zum vierten Mal schwanger. Aber dieses Mal sah selbst der Herzog ein, dass eine andere Strategie verfolgt werden müsse. Bei dem Bilderschnitzer Simon Stappen in Braunschweig ließ er ein »Totenbild« schnitzen, das er heimlich nach Wolfenbüttel bringen ließ. Dann machte Eva sich wieder auf die Reise »nach Hause«. Küchenschreiber Schmidt begleitete sie. In Gandersheim wurde Halt gemacht und auf der Burg übernachtet. Eva erkrankte über Nacht, und der Burgamtmann Scharffenstein wurde informiert. Eine eingeweihte Pflegerin aus Gittelde war zufällig in Gandersheim, wo sie auch eine kranke Person pflegte, und sie erbot sich, das Fräulein Eva ebenfalls zu pflegen. Diese wurde zusehends kränker. Die Pflegerin ließ die lange Mettel aus Gittelde kommen, und beide erklärten, das Fräulein Eva habe die Pest – ganz eindeutig. Ihr Tod stünde bevor. Sie fertigten in der Nacht eine lebensgroße Puppe aus Lumpen und Stroh an, die mit einem geschnizten Kopf ausgestattet wurde. Am nächsten Morgen meldeten sie den Tod der Bedauernswerten und baten um einen Sarg. Dort hinein legten sie die Puppe, und da Pestleichen zugedeckt werden mussten, legten sie einen dicken Schleier über die Figur und trugen sie hinunter. Nur die Konturen eines Gesichtes zeichneten sich ab. In der Barfüßerkirche wurde eine Trauerfeier ausgerichtet. Die Mönche holten den nunmehr geschlossenen Sarg ab, der, begleitet von Weihrauchschwaden und Trauergesängen, unter der Empore in die Erde versenkt wurde.

Eva saß, als Magd verkleidet, auf der Burg und hörte ihr eigenes Totengeläut. Ein Jahr lang würde nun für sie in jeder Messe gebetet. Auch in Wolfenbüttel herrschte Trauer, als ihr tragisches Ende am Hof bekannt wurde. Die Eltern würden mit Bestürzung vom Ableben ihrer Tochter erfahren. Eva hatte eine kleine Kiste mit Kleidung aussortiert, die den Eltern zurückgeschickt werden sollte.

Sie kehrte mit dem »Pflegepersonal« zur Nachtzeit in die Stauffenburg zurück. Nun war sie eine lebendige Tote. Man würde sie für einen Geist, eine Wiedergängerin halten, wenn sie sich je in der Öffentlichkeit zeigte. Allmählich wurde ihr die Ausweglosigkeit ihrer Lage bewusst. Auf der Stauffenburg lebte sie nun in völliger Abgeschiedenheit. Nur drei oder vier Frauen waren eingeweiht, außer dem Amtmann und dem Küchenschreiber. Der Bruder einer der Frauen war Schneider in Gittelde. Er fertigte die Kleidung an, die auf der Burg benötigt wurde, die Maße wurden ihm jeweils in die Werkstatt gebracht. Es blieb wohl nicht aus, dass einige Kunden sich über die teuren Stoffe wunderten, die in seiner Schneiderstube immer wieder zu sehen waren. Dass er für einige Damen im Gandersheimer Stift arbeitete, glaubte ihm niemand so recht, denn dann wäre ja öfter mal eine Kutsche mit den Kundinnen vorgefahren. Trotz der Androhung höchster Strafen, sollte einer der Eingeweihten das Geheimnis verraten, sickerte hier und dort eine Bemerkung durch, die von den Dorfbewohnern gierig aufgesogen wurde, um als Gerücht wieder zu erscheinen.

Eva brachte in diesem ersten Jahr ihres Verschwindens, 1533, ihr viertes Kind zur Welt, eine Tochter, die Sidonia genannt wurde. Ein Jahr später folgte der Sohn Alexander und wiederum ein Jahr darauf Eitel Heinrich. Das siebte Kind, Simon, starb kurz nach der Geburt. Das achte Kind, Eva, überlebte.

Ein verschwiegener Kaplan hatte auf der Burg sein Amt bezogen, denn der Badenhausener Pfarrer war zögerlich geworden, und der Gittelder predigte leidenschaftlich »wider die Hurerey«, bis Herzog Heinrich ihn aus dem Amt warf. Nicht nur in Gittelde, im ganzen Land ringsum hatte das Volk Wind von der Sache bekommen. Der Herzog habe ein Liebesnest und fünf Kinder auf der Burg, sagten die einen, die anderen glaubten an die vorsätzlich unter ihnen verbreitete Geschichte, dass eine »witte Fru« da oben ihr Unwesen treibe. Davor fürchteten sich die Leute, und es hielt Neugierige fern. Viele berichteten, dass sie eine weiße Frau gesehen hatten, aber nicht nachts, sondern am Abend. Als einmal ein Jäger mit gebrochenem Hals nahe der Burg gefunden wurde, hieß es, die weiße Frau hätte ihm das Genick gebrochen. Dieses sorgfältig gesteuerte Gerücht sollte andere neugierige Jäger entmutigen.

Eva, oft weiß gekleidet, spielte mit ihren fünf Kindern im kleinen

Burghof, so oft das Wetter es gestattete. Gerne wäre sie auch mit ihnen durch den Wald getollt, hätte Blumen gepflückt und Verstecken gespielt. Immer mehr bedrückte sie das Joch der Gefangenschaft. Mit den Eingeweihten konnte sie nicht viel reden. Es waren schlichte Leute, die keinerlei Schulbildung hatten und deren Horizont äußerst beschränkt war. Briefe schreiben durfte sie auch an niemanden, denn sie war ja tot.

Der Herzog kam und ging, aber seine Aufenthalte wurden von Mal zu Mal kürzer, da er es sich nicht leisten konnte, allzu lange zu »verschwinden«. Es gab neue Probleme im Land. Martin Luther, der Reformator zu Wittenberg, hatte vom Doppelleben des Herzogs erfahren. Luther hatte großen Einfluss in ganz Europa. Längst war die Stadt Braunschweig evangelisch geworden, und auch in Heinrichs rigide katholisch verwaltetem Herzogtum rumorte es. Alle herzöglichen Vettern in benachbarten welfischen Teilherzogtümern hatten sich bereits der lutherischen Lehre angeschlossen. Nun veröffentlichte Luther seine Schriften »Wider Hans Worst«. Damit war Heinrich der Jüngere gemeint. Er schrieb: »... Aber von Anfang an hat keiner den Ehestand lästerlicher geschändet denn Heinz von Wolfenbüttel, als der seine schändliche, unbußfertige, verstockte Ehebrecherei unter dem schrecklichen Zorn Gottes schmücket und berget, dazu unter seinem Gottesdienst, der Messe und Vigilien, machet er eine Narrenkappe aus Gott und dem christlichen Glauben, als wäre der Tod, die Auferstehung, das ewige Leben ein Scherz ...«.

Die Herzogin, der sonst alles Lutherische ein Gräuel war, las diese Schriften mit wachsendem Zorn. Zusammen mit den zum Schloss hereingewehten Gerüchten und den Spottliedern, die auf den Straßen über Heinz, wie Herzog Heinrich genannt wurde, erklangen, machte sie sich ein ziemlich genaues Bild über die »Nebenbeschäftigung« ihres Gemahls. Sie hatte ihm elf Kinder geboren, auf Julius waren noch zwei überlebende Töchter und drei tot geborene Söhne gefolgt. Er schenkte ihr wenig Beachtung, hielt sie mit Geld derart knapp, dass sie sich vom Tische der Dienstboten miternähren musste. Er machte sich lustig über ihren Zorn. Als sie aber darauf bestand, den Sarg Evas öffnen und die Stauffenburg von ihren Hofleuten durchsuchen zu lassen, reagierte er schnell. Er ließ Eva mit ihren Kindern auf die Liebenburg bringen. Diese lag weiter östlich im Harzvorland; der

Herzog hatte sie in der Stiftsfehde dem Hildesheimer Bischof abgenommen. Sie stand fast leer und war als Amtssitz einigermaßen ausgestattet. Hier gab sich Eva erneut der Einsamkeit hin. Ein weiteres Töchterchen kam zur Welt, das Katharina heißen sollte. Wieder umgab sie ein zum Schweigen verpflichteter kleiner Kreis von Eingeweihten, die ihr zur Seite standen.

Der Herzog hatte das Einverständnis des Kaisers erhalten, seiner heimlichen Familie den Namen »von Kirchberg« zu geben. Kirchberg war ein kleiner alter Ort in der Nähe.

Der Blick vom Palasfenster streifte gen Osten, vorbei an den massiven Burgtürmen über das hügelige Land. Er reichte weiter als auf der baumumwachsenen Stauffenburg. Eva verspürte Sehnsucht nach Weite und Ferne. Wie lange war sie nun schon eine »Gefangene der Liebe«? Seit neun Jahren galt sie als tot. Seit neun Jahren trauerten ihre Verwandten um sie. War wirklich alles richtig, nur weil der Herzog es so wollte? Konnte es nicht sein, dass auch er sich irrte? Oder dass er sie, Eva, aus schierer Selbstsucht für sein Vergnügen, das er in stillen Stunden mit ihr genoss, wegsperrte? Sie hatte von orientalischen Weibern gelesen, die wie Hühner in einem Harem gehalten wurden und nur der Lust ihres Besitzers dienten. Der wählte sich jeden Abend eine andere unter ihnen aus und nahm sie mit in seine Gemächer. Sie hatte sich über den Umgang der Ungläubigen mit den Frauen empört, aber ging es ihr nicht fast genauso? Diente sie nicht auch nur der Lust dieses Fürsten? Liebte sie ihn überhaupt noch? Hatte sie noch Freude an diesen »stillen Stunden« – oder gab sie sich dem Herzog nur hin, weil sie sich vor seiner Reaktion fürchtete, falls sie sich ihm verweigerte? Dann wiederum gestand sie sich ein, dass sie in ihrer Verzweiflung immer noch hoffte, die Liebe des Herzogs für sich noch mehr zu festigen, damit er sie nicht im Stich ließe – wusste sie doch, dass er brutal und rücksichtslos sein konnte. Doch wie mochte der Herzogin zumute sein? Zum ersten Mal regten sich bei Eva beinahe solidarische Gefühle. Man muss nur selbst leiden, um das Leid anderer zu verstehen, dachte sie traurig. Die Herzogin brachte doch auch ein Kind nach dem anderen zur Welt, wurde mit wenig Freundlichkeit bedacht und mit ihren Problemen meistens allein gelassen. Als hoch Gestellte durfte sie ihre Sorgen, ihren Kummer niemandem anvertrauen, konnte sich an keiner Schulter ausweinen. Eva zumindest konnte sich in den langen, einsamen Nächten ihre Enttäuschung von der Seele weinen. Wurde ihr die Bürde der Einsamkeit, der alleinigen Verantwortung für die Kinder, deren Gesundheit, deren elementare Schulung nicht längst zu viel?

Ihr matter Spiegel sagte ihr, dass sie älter geworden war. Die ersten Zähne waren herausgefallen, graue Haare fingen sich in der Bürste. Dennoch ließ des Herzogs Verlangen nach ihr nicht nach. Auch in diesen Tagen erwartete sie ihn. Er sollte die neue Tochter begrüßen, die er noch gar nicht gesehen hatte. In den letzten Monaten war er immer seltener gekommen. Selbst die Christmette hatte sie in der eisig kalten Kapelle allein mit den beiden ältesten Kindern gefeiert. Dicke Schneeflocken fielen schon den ganzen Tag herunter. Kälte schlich durch die schlecht gedichteten Bleiverglasungen und machte die Wirkung des Feuers im Kamin fast zunichte. Da hörte sie das Knarren des großen Tores. Eine Truppe Reiter war trotz des Schnees erkennbar. Schwere Schritte auf den Stufen – und Heinrich stand vor ihr. Heute wollte sie ihm Vorwürfe machen, ihre Unzufriedenheit, ihr Leid darlegen, ihm sagen, dass sie dieses Leben nicht mehr ertragen könne. Ein Blick in sein Gesicht ließ sie zögern. Er sah müde und abgekämpft aus. »Meine Gemahlin ist vor wenigen Tagen gestorben«, sagte er. Einen kurzen Moment lang glaubte Eva, er würde die Rede fortsetzen, jetzt sei sie … Aber er sagte weiter nichts, ließ sich schwer seufzend auf einer Bank nieder und starrte vor sich hin. »Du kannst hier nicht bleiben«, sagte er dann. »Es gibt Krieg. Die vermaledeiten Schmalkaldener rüsten sich zum Angriff auf mein Land, ich bin ihnen nicht gewachsen. Braunschweig und Goslar werden mir in den Rücken fallen. Auch denken sie, du seist nicht tot. Deine Eltern haben dem Landgrafen von Hessen anheim gelegt, nach dir zu suchen. Ich werde dir ein sicheres Versteck besorgen.« Eva schwieg. Das Leben würde sich in Kürze von selbst ändern.

Mit vier Kindern wurde Eva nach Schöningen gebracht. Zwei der Kinder, Eva und Eitel Heinrich, wurden mit einer Kinderfrau nach Hildesheim geschickt, fielen aber in die Hände des Landgrafen Philipp von Hessen. Der ließ sie erst einmal neu einkleiden und schickte sie an seinen Hof, um sie später auf dem nächsten Reichstag als Beweis für des Herzogs Doppelleben zu präsentieren. Zum ersten Mal aus dem quasi Gefangenendasein befreit, schauten sich die Kinder mit großen und neugierigen Augen in der bunten und vielfältigen Welt um.

In Schöningen sah Eva ihren Ältesten wieder, der sich ihr sehr entfremdet hatte. Burghauptmann von Seggerde hatte ihn und den Prinzen erzogen. Bald musste er aber mit seinen Schützlingen fliehen, denn die Schmalkaldener rückten unweigerlich näher. Eva und ihre Kinder reisten weiter nach Halberstadt.

Eva hatte allmählich begriffen, dass sie zu einer Legende geworden war. Überall sprach man von ihr. Das Meiste war aus Klatsch, Indiskretion und kühnen Vermutungen zusammengereimt. Dazu kam Luthers Schimpfkanonade, und der verfügte offensichtlich über konkrete Informationen. Die Herzogin war nicht mehr dazu gekommen, nach dem Sarg Eva von Trotts in der Barfüßerkirche zu Gandersheim suchen zu lassen. Diese Aufgabe übernahm nun Philipp von Hessen, der die Schmalkaldener Truppen anführte. Er rief die Letzten der inzwischen säkularisierten Barfüßer-Mönche zusammen und fragte sie aus. Nach langem Zögern zeigten sie ihm die Stelle unter der Empore, wo das Fräulein damals begraben worden war. Der Landgraf ließ die Platten aufnehmen und graben – es gab keinen Sarg. Der war und blieb spurlos verschwunden. Im August 1542 erging eine Aufforderung an den Halberstädter Rat, Eva von Trott verhaften zu lassen. Sie war aber mitsamt ihren Kindern bereits untergetaucht, und ihre Spur verlor sich für die nächsten Jahre in der Altmark.

Herzog Heinrich verbrachte die folgende Zeit in der Nähe des Kaisers, übernahm einige seiner Truppen und führte sie in verschiedenen kleinen Gefechten im Westen des Reiches an. Auf dem Reichstag zu Speyer 1544 sah er seine beiden vom hessischen Landgrafen entführten Kinder wieder. Die Protestanten trugen hier sein ganzes Sündenregister vor, aber noch herrschte überall Krieg – es kam zu keinen Entscheidungen. Heinrich entschloss sich, mit Hilfe von Söldnern Wolfenbüttel wieder in seine Gewalt zu bringen, wurde aber von den Schmalkaldenern gefangen genommen und verbrachte die nächsten zwei Jahre zusammen mit einem seiner Söhne auf der Festung Ziegenhain. Erst die vom Kaiser gewonnene Schlacht bei Mühlberg im April 1547 brachte ihm die Freiheit wieder.

Sobald der Herzog nach Wolfenbüttel zurückkehrte, tauchte auch Eva wieder auf – mit drei Kindern, die kleine Katharina hatte die

Strapazen der letzten Jahre nicht überlebt. Wieder wurde die Liebenburg ihr Zuhause. Aber die Isolation hatte ein Ende. Als »Frau von Kirchberg« widmete sie sich ihren Kindern. Die Söhne wurden alle vom Herzog zur Ausbildung auf verschiedene Höfe verteilt. Er sorgte gut für Eva. Auf Messen ließ er Tuche und allerlei Gerät für die Haushaltung einkaufen. Sie war schon wieder guter Hoffnung, und neun Monate nach ihrem Wiederauftauchen kam Heinrich Carl zur Welt. Bransifra, die älteste Tochter, heiratete etwa zur gleichen Zeit den Hauptmann Christian von Janowitz; er war einer der wenigen, die dem Herzog in den letzten stürmischen Jahren die Treue gehalten hatten. Janowitz starb bereits 1553, und Bransifra heiratete danach einen Jürgen von Beugenthin. Sie hatte keine Nachkommen. Einige Jahre später heiratete Sidonia Christof von Weferling auf Watzum. Aus dieser Ehe gingen viele Kinder hervor. Die Söhne blieben unverheiratet. Dem jüngsten, Heinrich Carl, wurden schon früh die Propsteien St. Moritz und Heiligkreuz in Hildesheim zugesprochen, und er trat dieses Amt an, als er das 21. Lebensjahr erreicht hatte. Er liebte das höfische Leben und besuchte seinen Neffen Heinrich Julius, der nicht nur Herzog von Braunschweig-Wolfenbüttel, sondern auch Fürstbischof von Halberstadt war. Auf Schloss Gröningen stürzte er bei einem seiner Besuche im Jahre 1591 die Treppe herunter und kam zu Tode. Seine Mutter sollte das jedoch nicht mehr erleben.

Tochter Eva, die evangelische Neigungen hatte, zog dennoch in die Kurie zum Heiligen Kreuz in Hildesheim. Dort war Herzog Heinrichs Bruder Georg Propst, weshalb diese Pfründe auch so glatt in die Hände seines Neffen gelangte.

Für Eva war ein Verbleiben auf der Liebenburg nicht länger möglich. Die Kälte machte ihr mehr und mehr zu schaffen, und die Einsamkeit war unerträglich geworden. Heinrich hatte immer weniger Zeit für sie gehabt, blieb dann ganz fort, und sie hörte, er habe sich im Februar 1556 mit Sophie von Polen vermählt. Das traf Eva wie ein Schlag. Sie war also doch nicht standesgemäß, selbst die vielbeschworene Liebe war nicht stark genug gewesen, um sie emporzuheben nach all dem Leid, das sie ertragen hatte. Dabei hätten ihre Kinder von der Kirche voll anerkannt werden können, das hatte ihr der Herzog mehrmals erklärt. Die Reichsfürsten hätten es sicher nicht gerne gesehen – aber war sie nicht einmal einen Skandal wert? Heinrich hatte nie versucht, diese Dinge mit ihr zu besprechen. Jene zwei ehelichen Söhne, auf die er seine ganze Hoffnung gesetzt hatte, waren in der Schlacht von Sievershausen 1553 ums Leben gekommen. Und Julius, der einzige Überlebende, war protestantisch. Er würde am ersten Tag seiner Regierung das ganze Land evangelisch machen. Um das zu verhindern, hatte der Herzog gehofft, mit der jungen Prinzessin noch einen Sohn zu zeugen.

Ja, er würde weiter für Eva und die Kinder sorgen, das hatte er stets versprochen, und er tat es auch – durch Beamte ließ er das Geld überbringen. Er setzte sich auch bei seinem Bruder dafür ein, dass Eva ebenfalls in der Kurie zum Heiligen Kreuz ihren Ruhesitz einrichten konnte. Aber er selbst sah sie nie wieder.

Diese letzten elf Jahre ihres Lebens gehörten ihr ganz allein. Tochter Eva hatte sich mittlerweile ein Haus am nahen Brühl gekauft. Mitten in einem Ort voller Leben, Unterhaltung und Kurzweil hätte Eva noch einiges nachholen können, doch Treiben und Trubel der Stadt verängstigten sie zutiefst. Mit fünfzig galt eine Frau, falls sie es überhaupt so weit geschafft hatte, als uralt. Sie zog sich zurück in die kühlen und stillen Altarnischen des Kreuzstiftes und dachte über ihr Leben nach. Und wie es wohl ausgesehen haben könnte.

Eines Nachts brannte ein großer Teil des Heiligkreuz-Klosters nieder, auch Evas bescheidenes Quartier. Sie zog nun zu ihrer Tochter. Diese versorgte sie in ihren letzten Lebensjahren. Die beiden Söhne, Heinrich Theuerdank und Eitel Heinrich, bewirtschafteten das Gut Kirchberg. Über Besuche bei ihrer Mutter im nicht allzu fernen Hildesheim finden sich keine Aufzeichnungen. Eva war die Einzige unter den acht überlebenden Kindern, die der Mutter in ihrer letzten Stunde beistand und sie am 12. Januar 1567 zu Grabe trug. Kein Grab, kein Gedenkstein erinnert an sie. Die Erinnerung an sie ist dennoch lebendiger geblieben als die an viele andere großartige und verdiente Frauen, die den Herrschern zur Seite standen.

Eva von Trotts Geschichte ist keine erbauliche. Sie enthält auch keinerlei Moral für die Menschen von heute. Sie zeigt aber, dass zu jeder Zeit Verführung, Macht und Ergebenheit die Ingredienzen waren und sind, die ein wohl geplantes, ruhiges Leben in ungeahnte, tragische Bahnen leiten können, das der Nachwelt wohl viel interessanten Gesprächsstoff liefert, dem Betroffenen aber wenig Glück.

Zwei dänische Königstöchter
Elisabeth Herzogin von Braunschweig (1573-1626) und Anna Königin von England (1574-1619)

Elisabeth Herzogin von Braunschweig

Am 24. Mai des Jahres 1588 wurde Friedrich II. von Dänemark, Herzog von Schleswig-Holstein, feierlich zu Grabe getragen. Die Edlen und Hofbeamten beider Staaten gingen dem Katafalk voraus. Die Fahnen mit den Wappen von Dänemark, Holstein, Oldenburg, Stormarn, Norwegen, dem Wendland und vielen kleineren Territorien hielten sie würdevoll empor. Hinter dem Sarg schritt der elfjährige neue König, Christian IV., begleitet von seinem Großvater, dem Herzog von Mecklenburg. Erst nach der Prozession der fürstlichen Gesandten und Reichsräte folgte die Königinwitwe Sophie von Mecklenburg, begleitet von ihren vier Töchtern: der fünfzehnjährigen Elisabeth, der vierzehnjährigen Anna, der achtjährigen Augusta und der ein Jahr jüngeren Hedwig. Ein schwarz gekleidetes Heer von Fürstinnen folgte. Im Dom zu Roskilde, der alten dänischen Hauptstadt, fand der König seine letzte Ruhe – inmitten erlauchter Vorfahren, die teilweise vor 1066 schon England mitregiert hatten.

Die Witwe Sophie, erst 31 Jahre alt, ging bald zur Tagesordnung über. Sie wählte Schloss Nyköping als Witwensitz, und es hieß, sie sei die reichste Königin im Abendland. Zwei ihrer Töchter waren bereits verlobt: Elisabeth mit Heinrich Julius, Herzog von Braunschweig-Wolfenbüttel und postulierter Bischof von Halberstadt; Tochter Anna mit Jakob (James) VI. von Schottland, dem Sohn der gerade vor einem Jahr geköpften Maria Stuart. Jakob wollte Anna baldigst an seiner Seite wissen. Gleich nach Ablauf der Trauerfrist schickte er seinen Kanzler Patrick Young nach Kopenhagen, um einen schnellstmög-

lichen Heiratstermin auszuhandeln. Die
Mitgift der Braut wurde dabei nicht ver-
gessen, sie sollte eine reichliche Apa-
nage und die Orkney-Inseln erhalten.
Außerdem verlangte Schottland die
Streichung des einträglichen Sundzolls
für britische Schiffe. Nachdem Anna die
Garantie erhielt, ihre Religion frei aus-
üben zu dürfen, fand die Hochzeit auf
Schloss Kronborg statt. Nach damaliger
Sitte war der Bräutigam nicht anwesend,
sondern er agierte durch den britischen
Gesandten, also per procuratorem.

Anna Königin von England

Im September verließ das Schiff mit
der jungen Braut Dänemark, aber es geriet in einen Sturm und wurde
an die norwegische Küste getrieben. Anna landete in Oslo. Ihr unge-
duldiger Angetrauter rüstete eine kleine Flotte und kam im November
in Oslo an. Nun wurde erst einmal richtig Hochzeit gefeiert. Da man
auf besseres Reisewetter warten musste, kehrte das junge Paar erst im
nächsten Frühjahr wieder nach Dänemark zurück. Im Schloss Kronborg hatte sich inzwischen eine merkwürdige Episode zugetragen. Ein
reisender Schmuckhändler hatte der Prinzessin Elisabeth seine Waren
gezeigt, und als diese interessiert nach dem Preis fragte, erhielt sie zur
Antwort, er wolle dafür die Gunst ihrer Hoheit. Für diese Dreistigkeit
landete er im Verlies. Erst als das Gefolge des Herzogs Heinrich Julius
eintraf, klärte sich die Sache auf: Der Juwelenhändler war niemand
anderer als der Herzog selbst, der Schauspiel und Verkleidung liebte.
In Anwesenheit des schottischen Königspaares wurde im April 1590
die Ehe der dänischen Prinzessin Elisabeth mit dem Herzog von
Braunschweig-Wolfenbüttel geschlossen. Von Letzterem reichlich mit
Juwelen beschenkt, segelten dann die Majestäten nach Edinburgh,
und Anna richtete sich in Holyrood House ein. Fast zur selben Zeit
hielt Elisabeth in Begleitung ihrer Mutter in einer goldenen Kutsche
Einzug in Wolfenbüttel.

Herzog Heinrich Julius war seinerzeit der mächtigste Fürst im
norddeutschen Raum. Außer Braunschweig-Wolfenbüttel gehörten
ihm noch Blankenburg, Göttingen-Calenberg, Teile von Diepholz

und Hoya sowie Grubenhagen. Außerdem war er postulierter Bischof von Halberstadt, eine kontroverse Rolle so kurz nach der Reformation, aber er bekleidete das Amt auch ohne päpstlichen Segen mit Würde.

Die Heirat mit einer Königstochter steigerte sein Ansehen. Es war seine zweite Ehe – die erste Gemahlin, Dorothea von Sachsen, verstarb bereits nach nur anderthalb Jahren Ehe im Wochenbett. Das Gerücht ging um, dass ein achter Kurfürstenhut vergeben werden sollte – und wenn das zuträfe, müsste er Heinrich Julius zufallen. Der Herzog war gebildet, aber die Zeit der Aufklärung war noch fern. So brannten zu seiner Zeit überall Scheiterhaufen, auf denen nicht länger »Ketzer«, sondern »Hexen« oft zu Hunderten hingerichtet wurden. Im Jahre 1591 vertrieb er sogar die Juden aus seinem Herrschaftsbereich.

Elisabeth wiederum zeigte sich kühl, herablassend, geradezu hochmütig. Litt sie darunter, dass ihre Schwester jetzt Königin war, während sie es »nur« bis zur Herzogin gebracht hatte? Sie tröstete sich mit hohen Ansprüchen, teurer Kleidung und kostspieligen Plänen zur Verbesserung ihrer Residenzen. Obgleich sie deutsch sprach, denn sie war in Mecklenburg aufgewachsen, fand sie nie den richtigen Kontakt zu ihren Untertanen. Ihr standen mehrere fürstliche Residenzen zur Verfügung. Zunächst war da Wolfenbüttel, Regierungssitz des Herzogtums. Der zweite Wohnsitz befand sich in Gröningen. Ein relativ modernes Schloss war hier für den Bischof von Halberstadt errichtet worden. Es handelte sich um eine große Vierflügelanlage mit Ecktürmen, und im Kellergewölbe befand sich das größte Weinfass der Welt. (Das Schloss wurde 1817 abgerissen, das Weinfass kaufte der Domherr Spiegel und installierte es in seinem Schloss vor Halberstadt.) Auf halbem Weg zwischen beiden Schlössern befand sich die ehemalige Burg Hessen, eine braunschweigische Exklave im Halberstädtischen. Ebenfalls zum Schloss umgebaut, diente sie bis 1602 als Witwensitz für Elisabeths Schwiegermutter Hedwig. Als diese starb, hielt auch Elisabeth sich hier häufig auf. Allerdings hätte sie gerne anstatt des langweiligen ländlichen Daseins das Leben und Treiben einer großen Stadt verspürt. Zwar gab es eine reiche, von Handel und Handwerk pulsierende Metropole, deren Namen sie sogar als Titel trug: Braunschweig. Aber die hochmütigen Bürger dieser Stadt ließen weder Herzog noch Herzogin in ihre Mauern. Sie waren wohlhabend und nicht gewillt, ihren Reichtum mit den Herrschern des Landes zu teilen. Erst als Elisabeths Leben zu Ende ging, ließ man sie zum Sterben herein.

Elisabeth brachte pflichtbewusst ihre Kinder zur Welt: 1591 den Erbherzog Friedrich Ulrich, ihm folgte ein Jahr darauf Sofie Hedwig, die dereinst nach Nassau-Dietz verheiratet werden sollte und Begründerin der heute regierenden niederländischen Königsfamilie wurde. Tochter Elisabeth wurde mit Christian von Sachsen verheiratet, Hedwig wurde für Pommern bestimmt, Dorothea für Brandenburg, und das siebte Kind wurde wieder ein Knabe, der den Namen Christian erhielt. Er sollte als »der tolle Halberstädter« in die Geschichte eingehen. Zwei Kinder starben jung. Das zehnte und letzte Kind, eine Tochter, wurde nach Nassau-Dillenburg verheiratet.

In England war 1603 Königin Elisabeth I., die Letzte aus dem Hause Tudor, gestorben, und Jakob VI. von Schottland hielt nun als Jakob I. von England und erster Stuart mit seiner Frau Anna von Dänemark triumphalen Einzug in London. Drei Kinder hatte das Paar: den vielversprechenden Heinrich, die dunkelhaarige Elisabeth und den körperlich hinfälligen Karl. Vier Kinder waren jung gestorben, und auch Heinrich sollte nur das 19. Lebensjahr erreichen. Anna galt als schön, aber nicht sehr klug. Ihr Gemahl, der König, war ein sehr belesener und betulicher Mensch. Für das Amt eines Königs mangelte es ihm allerdings oft an der notwendigen Autorität. Man nannte ihn »den weisesten Narren der Christenheit«. Jakob hatte in einer freudlosen Jugend, in der er ohne seine in England gefangene Mutter Maria Stuart aufwachsen musste, nur wenig Selbstbewusstsein entwickeln können. Dafür zeigte sich, je älter er wurde, eine merkwürdige Freude an Grausamkeiten. Eins von Jakobs Haupt-»Vergnügen« war es, »Hexen« in seiner Umgebung aufzuspüren und persönlich ihrer Folterung beizuwohnen. Lebenslang blieb der König unsicher über seine Identität, da böse Zungen ihm (wohl zu Unrecht) nachsagten, er entstamme in Wahrheit einem Seitensprung seiner Mutter mit ihrem Sekretär und Vertrauten David Riccio.

Herrliche Residenzen standen der königlichen Familie zur Verfügung: Hampton Court, Whitehall, St. James's Palace, und im Sommer bot der Nonsuch Park in Carshalton, in dem schon Anne Boleyn spazierengegangen war, viel Abwechslung. Es gab noch weitere Residenzen, wie Richmond oder Greenwich, die aber schon alt und renovierungsbedürftig waren. Anna bezog bald ihren eigenen Palast, Somerset House, einen Vorgängerbau des bis in unsere Zeit als »nationales Standesamt« berühmten Gebäudes. Es erhielt zu Annas Lebzeiten den Namen »Denmark House«. Diese Königin (Enkelin des von Bugenhagen persönlich gekrönten Lutheraners Christian III., der die Verteidigung des Protestantismus auf seine Flaggen geschrieben hatte), die aus strengstem lutherischem Hause stammte, wandte sich hier dem Katholizismus zu. Für den König bedeutete das eine ungeheure Peinlichkeit. Zwar blieben die Kinder davon unbeeinflusst, aber Misstrauen und Unruhe ergriffen das Land, besonders, als Anna sich bemühte, für den Kronprinzen eine spanische Heirat zu arrangieren. Heinrich starb aber, und der nun in der Thronfolge aufgerückte Karl wurde mit Henrietta Maria aus dem katholischen Frankreich verlobt. Das alles führte siebzig Jahre später dazu, dass die katholischen Stuarts aus dem Lande gejagt wurden und letztendlich das Haus Hannover auf den Thron kam. Die Saat hierfür wurde durch die Heirat der Tochter Elisabeth mit dem Kurfürsten Friedrich V. von der Pfalz gelegt. Diese Heirat war Annas einzige Konzession an den Protestantismus.

Die Königin musste sich damit abfinden, dass ihr Gemahl eigentlich homosexuell veranlagt war und nur um der Staatsraison willen die Ehe mit ihr geschlossen hatte. Über die Jahre gab es einige Favoriten an Jakobs Seite, die beträchtlichen Einfluss auf ihn als Menschen wie auch auf seine Entscheidungen als Regenten nahmen. Zwei der bedeutendsten waren Robert Carr, Earl von Somerset – seine Karriere endete 1618, als er in einen Mordfall verwickelt wurde – und der Herzog von Buckingham, George Villiers, eine schillernde Persönlichkeit. Buckingham lebte bisexuell und sah kein Problem darin, einerseits der Partner seines Königs zu sein, andererseits eine reiche Erbin zu ehelichen und mit ihr eine Familie zu gründen. Es gelang ihm, seinen Einfluss auch auf den Thronfolger Karl auszuweiten (hier allerdings ohne sexuellen Hintergrund) und dessen erste Jahre als Herrscher maßgeblich mitzubestimmen. Jakob I. gestand seiner Gemahlin nicht halb so viel Macht und Entscheidungsbefugnis zu wie seinen Favoriten. Anna wich auf das unverfängliche Gebiet von Kunst und Kultur aus, wo sie sich als geschmackssichere Förderin betätigen konnte.

Sie liebte Maskeraden und Bälle, ihre Kleidung und ihr Schmuck war exquisit und teuer. Ihr Ansehen war – vor allem in Puritanerkreisen – deshalb nicht das beste. Ein bleibendes Andenken schuf sie sich mit dem Queen's House in Greenwich. Inigo Jones, der geniale Baumeister jener Zeit, begann mit dem Bau im Jahre 1615. Es wurde das erste Haus in Nordeuropa, das im streng klassizistischen Stil entstand. Der Grundriss hatte die Form eines »H«, und merkwürdigerweise führte zunächst die Straße von Deptford nach Woolwich mitten durch das Gebäude. Das wurde dann aber bald geändert. Anna starb 1619, als das Bauwerk noch nicht fertiggestellt war, aber es trägt ihren Namen bis heute. Es wurde nie regelmäßig, aber doch immer wieder von den britischen Königinnen für diverse Anlässe genutzt.

Im Fürstentum Braunschweig-Wolfenbüttel schlug die Politik viel höhere Wellen. Der Herzog bemühte sich, seiner Rolle gerecht zu werden. In Wolfenbüttel ließ er die Heinrichstadt entwässern und bebauen. Paul Francke, der thüringische Architekt, baute hier die erste frei stehende evangelische Kirche. Sie erhielt allerdings den Namen ihrer bescheidenen Vorgängerin, Beatae Mariae Virginis. Ähnliche Prachtbauten entstanden – so das Zeughaus vor dem Schloss und das Universitätsgebäude in Helmstedt. In Halberstadt ließ der Herrscher die Dompropstei und Kommisse errichten.

Für seinen und seiner Gemahlin Zeitvertreib holte er eine Truppe englischer Schauspieler an den Hof. Er reiste häufig nach Prag, und dank seiner juristischen Kenntnisse gewann er das Vertrauen Kaiser Rudolfs II. Er wurde dessen geschätzter Ratgeber – ein Protestant in rein katholischer Umgebung, eine gefährliche Rolle. Es kostete ihn nicht wenig, denn mit großzügigen Geschenken versuchte er, die Gunst der Entscheidungsträger zu gewinnen. Auch war er bemüht, den Kaiser zu überreden, das widerspenstige Braunschweig der Acht zu unterwerfen. Es geschah, zeigte aber keine Wirkung. Der Protestantismus war immun geworden gegen derlei Drohungen. Da seine Aufenthalte in Prag immer länger wurden, beschloss Heinrich Julius, auf dem Hradschin einen kleinen repräsentativen Palast zu errichten. Bevor dieser jedoch vollendet war, starb er im Januar 1613 unter nie ganz geklärten Umständen. Seine sterblichen Überreste wurden in Wolfenbüttel in der Gruft unter der Marienkirche beigesetzt.

Elisabeth, seine Witwe, hatte weder Prag noch Wien je gesehen.

Nur Dresden, damals noch eine bescheidene Stadt, hatte sie kennen gelernt. Sie lebte weiter in Wolfenbüttel, Hessen und Gröningen. Allen diesen Schlössern hatte sie ein elegantes Gepräge verliehen. Ein Jahr später heiratete ihr Sohn Friedrich Ulrich Anna Sophia von Brandenburg. Die junge Frau war klug und eigenwillig. Elisabeth verließ Wolfenbüttel. Es blieb ihr Hessen, und da Gröningen ihrem Sohn Christian, dem designierten Bischof von Halberstadt, zugesprochen wurde, erhielt sie Schöningen als zweite Residenz. Hygienische Verhältnisse machten es in jener Zeit notwendig, die Wohnsitze nach einer Periode von etwa einem halben Jahr zu wechseln. In Schöningen hatte die Witwe Heinrichs des Jüngeren, Sophie von Polen, versucht, die Burg in ein Schloss zu verwandeln. Elisabeth setzte dieses Werk nun mit ungeheurer Energie fort. Eine stilvolle Freitreppe erlaubte den Zugang zur großen Halle im Erdgeschoß. Zwerchgiebel schmückten das Dach, und Galerien auf der Hofseite verbanden die Stockwerke miteinander. Ihre eigenen Gemächer wurden aufs Prunkvollste eingerichtet – alle waren mit gestanzter Ledertapete in Grün, Gold und Rot ausgestattet. Als ihr Bruder König Christian IV. von Dänemark sie besuchte, konnte sie ihn standesgemäß empfangen.

Die Tochter der Königin Anna, Elisabeth Stuart, war mit Friedrich von der Pfalz vermählt worden. Nach einigen friedlichen Jahren in Heidelberg wurde den beiden angetragen, als Kaiser Matthias 1619 starb, als protestantische Herrscher die Königskrone von Böhmen zu ergreifen. Nach dem bekannten Prager Fenstersturz hielten sie Einzug, aber die katholische Liga war stärker. Nach einem Winter und der verlorenen Schlacht am Weißen Berge gegen die katholische Liga mussten sie eilends flüchten. Hiermit begann der Dreißigjährige Krieg. Die Pfalzgräfin Elisabeth Stuart, als Winterkönigin verspottet, flüchtete mit ihren Kindern völlig mittellos nach Küstrin, von dort in die Niederlande, wo sie vierzig Jahre lang blieb. (Ihre jüngste Tochter Sophie heiratete 1658 den nachmaligen Kurfürsten von Hannover, und deren Sohn Georg Ludwig bestieg 1714 den englischen Thron.) Auf dem Weg in die Niederlande kam sie durch Wolfenbüttel. Ihre Tante Elisabeth nahm sie für einige Zeit auf. Hier lernte sie ihren Vetter, Christian von Halberstadt, kennen. Christian, bekannt für seine extremen und oft unnachvollziehbar irrationalen Ansichten und Äußerungen, soll sich unsterblich in die Pfalzgräfin verliebt haben. Es heißt, er habe ihre Schmach rächen wollen, und nur aus diesem Grunde führte er Norddeutschland in den Dreißigjährigen Krieg und ins Elend. Es ist anzunehmen, dass Elisabeth wenig Kontakt zu ihrer königlichen Schwester in England gehabt hat. Nachdem deren katholische Sympathien bekannt wurden, zogen sich die Verwandten weitgehend zurück.

Im Schloss Hessen gründete Elisabeth, die durchaus wohltätig war, im Jahre 1617 ein Stift für verarmte Edelfräulein. Es handelt sich um eine einstöckige, aus zwei Flügeln bestehende Anlage aus Fachwerk, die heute als Altenheim genutzt wird. Die dazugehörige Kapelle ist derzeit Abstellraum und gibt keinen Hinweis auf ihre frühere Ausstattung.

Ihr Gemahl, Herzog Heinrich Julius, hatte für die protestantische Gemeinde in Prag einen prächtigen Hochaltar anfertigen lassen, der nach seinem frühen Tod nicht mehr bezahlt werden konnte. Der Altarschnitzer, Bernhard Dittrich, brachte ihn nach Wolfenbüttel, wo Elisabeth ihn dann für 2.200 Reichstaler kaufte und zum Gedenken an den Herzog in der Marienkirche aufstellen ließ. Die Herzoginwitwe Elisabeth starb am 19.7.1626. Im Jahr zuvor war ihr Schwager, König Jakob I. von England und VI. von Schottland, gestorben. Sie erlebte noch den Tod ihres tollkühnen Sohnes Christian von Halberstadt, der einen Monat vor ihr starb. Das Wissen um die wiederum einen Monat später von ihrem Bruder König Christian verlorene Schlacht von Lutter am Barenberge blieb ihr erspart, auch die Auswüchse des schrecklichen Krieges. Elisabeth war in Braunschweig gestorben, und wegen des Belagerungszustandes blieb ihr Leichnam im Braunschweiger Dom bis er im Oktober 1628 in der Gruft unter der Marienkirche in Wolfenbüttel beigesetzt werden konnte.

Nach Kriegsende wurde Halberstadt und somit auch Gröningen brandenburgisch, das Schloss verfiel allmählich. Ort und Burg Hessen wurden zur Exklave im Brandenburgischen, der Burggarten diente jahrzehntelang noch als Gemüsegarten für das Fürstliche Haus in Wolfenbüttel. Und der Wolfenbütteler Hof selbst zog 1753 nach Braunschweig, in die Stadt, die man endlich 1671 erobert hatte.

Madame Rudolphine
Rosina Elisabeth Menthe (1663-1701)

Rosina Elisabeth Menthe

Heute nur noch Geschichtsexperten bekannt ist das Schicksal der Rosina Elisabeth Menthe (auch Mente oder Menten). Dabei schaffte sie, was in einer Zeit strenger Standesunterschiede selten möglich war: die Bürgerliche heiratete mit knapp 18 Jahren in den Hochadel ein.

Rosina wurde am 17.5. 1663 in Minden geboren, wo ihr Vater als Chirurg und Wundarzt tätig war. Sie hatte noch drei Schwestern, die recht ehrgeizig waren und durch Heirat in die so genannte »bessere Gesellschaft« aufstiegen: Anna Dorothea, die Älteste, war die Gattin des Kammerdieners Johann Peter Lautensack, der für den Herzog von Braunschweig arbeitete und später geadelt wurde. Maria Elisabeth heiratete 1685 den späteren Generalsuperintendenten Christian Ludwig Ermisch. Ilse schließlich vermählte sich zwei Mal: zunächst mit einem Hauptmann namens Gerdohm, dann mit dem Hofrat Johann Friedrich Uffelmann, Dekan am Stift St. Cyriaci.

Über die Erziehung Rosinas ist nichts bekannt; sie wird die für Mädchen des Bürgerstandes übliche Ausbildung erhalten haben. Als Sechzehnjährige übersiedelte sie in das Haus ihrer Schwester Anna, und bald darauf verschaffte Schwager Lautensack ihr eine Stellung am Braunschweiger Hof. Rosina wurde Kammerzofe der Herzogin Christiane Elisabeth.

Diese, eine gebürtige Gräfin von Barby, war damals 46 Jahre alt und hatte schon manche – politische wie private – Turbulenzen durchmachen müssen. Ihr sieben Jahre älterer Ehemann, der 1627 geborene Herzog Rudolf August von Braunschweig-Lüneburg, war ein wenig selbstbewusster Mensch mit Neigung zu Wissenschaft und Kunst. Überaus fromm, korrespondierte er mit berühmten Theologen, trat als Sponsor religiöser Bücher auf und schrieb sogar selbst welche. Lebenslang trug er das Gefühl in sich, seine Eltern enttäuscht zu haben. Als er 1666 nach dem Tod des Vaters die Regierung antrat, holte er sich seinen politisch viel begabteren Bruder Anton Ulrich als Ratgeber und ernannte ihn ein Jahr später zum Statthalter. Ab 1685 teilten sich die Brüder sogar die Herrschaft über das Herzogtum.

Rudolf Augusts Gemahlin hatte in raschester Folge vier Kinder zur Welt gebracht, wovon jedoch zwei starben, darunter der heiß ersehnte Sohn. Sie galt als umgänglich und leutselig. Für Rosina Elisabeth Menthe brach eine Welt zusammen, als ihre Arbeitgeberin plötzlich verstarb, kaum ein Jahr, nachdem sie den Dienst bei ihr angetreten hatte. In einer zeitgenössischen Chronik heißt es, Rosina »thate so jämmerlich und elende, als wenn alle ihre Hoffnung aus der Welt fort wäre. Welches den fürstlichen Wittwer zu einem solchen Mitleiden bewegt, dass er sie geheurathet.«

Eine rührende Geschichte, aber da diese Hochzeit kaum acht Wochen nach dem Tod der Herzogin stattfand, dürfte die junge Zofe dem Gatten ihrer Herrin wohl schon deutlich früher aufgefallen sein. Rudolf Augusts Neffe vermerkt in seinem Tagebuch über Rosina: »Ein Frauenzimmer, welche er bloß wegen ihrer Tugend so sehr geliebt hat.« Von dem Vorschlag, sie als Gemahlin zur linken Hand zu nehmen, wollte der Herzog nichts wissen: »Eine rechte Liebe wolle auch eine rechte Hand haben«. Allerdings wurde Rosina Menthe weder geadelt noch hätten zu erwartende Kinder das Herzogtum erben dürfen. Immerhin waren, als sie am 7.7.1681 in Hedwigsburg ihren um 36 Jahre älteren Landesherrn ehelichte, auch dessen Bruder Anton Ulrich sowie der Kanzler Probst von Wendhausen als Trauzeugen anwesend.

Zuvor waren die fürstlichen Brüder übereingekommen, die Thronfolge durch Heirat ihrer Kinder zu regeln. Rosina, die nun kurioserweise die Stiefmutter zweier Töchter war, die älter als sie selbst waren, hatte es erlebt. Einen Monat vor der eigenen Trauung hatte die 1654 geborene Christine Sophie ihren acht Jahre jüngeren Vetter August Wilhelm heiraten müssen, den ältesten Sohn Anton Ulrichs. Für ihn gab sie Amt und Stellung als Äbtissin des evangelischen Damenstifts Gandersheim auf – ganz umsonst, wie sich herausstellte: August Wilhelm war homosexuell; auf Kinder wartete der Hof vergebens.

Schon bald nach der Hochzeit war Rosina Menthe nur noch als »Madame Rudolphine« bekannt. Sehr schnell wurde klar, dass dem Hof ihre Anwesenheit lästig war, denn dort hätten sogar die adlig geborenen Bediensteten den Vortritt vor ihr gehabt. So wurde die neue Frau des Herzogs abgeschoben und residierte abwechselnd in der neu erbauten Residenz Vechelde, die ihr die Herzöge 1693 für 20 Jahre verpfändeten, in Schloss Hedwigsburg und im Grauen Hof zu Braunschweig, wo erst ab 1715 der Bau des neuen Residenzschlosses begann. Oft waren die Gatten, die eine kinderlose, aber sehr glückliche Ehe führten, durch Regierungsgeschäfte getrennt. Um schneller zu seiner Frau zu gelangen, ließ Rudolf August den heute noch existierenden »Madamenweg« anlegen, auf dem er vom Braunschweiger Hohen Tor bis Vechelde abseits vom übrigen Verkehr ganz allein dahinrasen konnte.

Es hat nicht den Anschein, als ob Rudolphine unter diesem Ausschluss sonderlich gelitten hätte. Dafür pflegte ihr Mann den Umgang mit den Verwandten seiner Frau aus der Familie Menthe und speiste auch in deren bürgerlichen Haushalten. Überhaupt fühlte sich Rudolf August unter solchen Menschen, wo er offen und ungezwungen auftreten konnte, viel wohler als am steifen Hof mit seiner Etikette. Die um so viel jüngere Frau, die ihn anbetete und die ohne ihn nichts gewesen wäre, tat seinem angeknacksten Selbstbewusstsein gut. Daneben erwies sich Rudolphine mit ihrem bescheidenen Lebensstil als Muster an Sparsamkeit. Sie ging so gut mit Geld um, dass sie der fürstlichen Verwandtschaft immer wieder mit größeren Summen aushelfen und ihrem Mann zwei Häuser in Hamburg kaufen konnte.

Nur wenige gesicherte Bildnisse geben uns Auskunft darüber, wie Madame Rudolphine aussah. Eine von Sebastian Huggenberg im Jahr 1689 gestaltete Porträtmedaille, die sich im Herzog Anton Ulrich-Museum zu Braunschweig befindet, zeigt die Sechsundzwanzigjährige im Profil mit kunstvoll geflochtenem, fülligem Haar, stark vorspringender, aber nicht unschöner Nase, schmalem Mund und energischem Kinn. Eine Frau von eher durchschnittlichem Aussehen. Atemberaubendes Äußeres scheint es nicht gewesen zu sein, was

Herzog Rudolf August an sie fesselte (der im Übrigen auch kein Adonis war) – eher ihre persönlichen Eigenschaften.

Aus Rudolphines letzten Lebensjahren stammt ein Schabkunstblatt von Johann Jacob Möller. Wieder fällt im ovalen Gesicht die lange, gerade Nase auf, die schmalen, aber keineswegs verkniffenen Lippen sowie große dunkle Augen unter exakt gezupften Brauen. Die brünetten Haare sind zu einer Lockenfrisur aufgetürmt, möglicherweise ist es aber auch eine Allongeperücke, die sie trägt. Über die linke Schulter fällt ein mit Hermelin gesäumter Mantel, wie er Fürstinnen zukommt. Ihre Gesamterscheinung auf diesem Bild ist als »hager und verhärmt« beschrieben worden.

Im Jahr 1684 gelang es zu Leipzig einem schwarzen Sklaven, der dort verkauft werden sollte, in eine Kirche zu fliehen. Rudolf August hörte davon, brachte den Mann nach Braunschweig und schenkte ihm die Freiheit. 1685 wurde er getauft und nannte sich fortan Rudolf Mohr. Er wurde persönlicher Diener von Madame Rudolphine, die ihn sehr schätzte und bei der er bis zu ihrem Tod in Stellung blieb. Er begleitete seine Arbeitgeberin auch auf Reisen, beispielsweise zu einem großen Familientreffen der Braunschweiger Dynastie im Jahr 1687. Rudolf August dachte gar nicht daran, seine morganatische Gattin zu verstecken. Stolz ließ er auch mindestens zweimal eine Medaille mit ihrem Bildnis prägen.

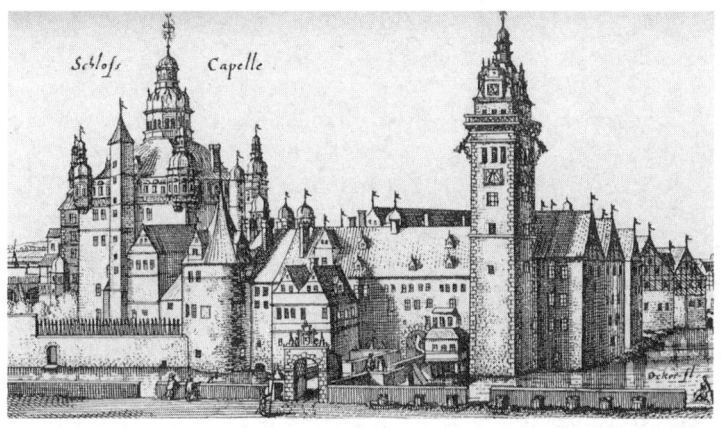

Residenz-Schloss Wolfenbüttel

1695 starb Rudolphines Stieftochter Christine Sophie nach fast 14 Jahren Ehe mit ihrem Vetter. Ein entsetzlicher Schlag für die ganze Familie! Dazu schrieb Liselotte von der Pfalz in einem ihrer berühmten Briefe: »Der princess von Wolffenbüttel todt jammert mich von hertzen, aber von dem humor wie der Erbprinz ist, wird er sich bald mit seinem pagen trösten.« Die Pfälzerin musste es wissen, hatte sich August Wilhelm doch heftig, aber unerwidert in ihren Bruder verliebt. Übrigens heiratete er trotzdem noch zwei Mal; die Gelegenheit, Mitgift zu kassieren, war denn doch zu reizvoll.

Schon seit dem Jahr 1700 fing Madame Rudolphine an zu kränkeln. Eine geplante Brunnenkur konnte sie nicht mehr antreten. Sie starb, gerade erst 38 Jahre alt, am 21.5.1701 im Grauen Hof zu Braunschweig, wo ab 1715 das Residenzschloss erbaut wurde. Der Name ihrer Krankheit wird nirgendwo genannt. Herzog Anton Ulrich in Wolfenbüttel ordnete nicht einmal offizielle Hoftrauer an. Immerhin wurde Madame Rudolphine, einst als Mindener Bürgerin geboren, im Braunschweiger Dom an der Seite der ersten Frau ihres Gatten beigesetzt. Nicht ganz drei Jahre später, am 26.1.1704, folgte Rudolf August ihr in den Tod. Er liegt in der Mitte zwischen Christiane Elisabeth und Rosina Elisabeth Menthe bestattet.

Fürstliche Rivalinnen
Sophie von der Pfalz (1630-1714) und
Eleonore d'Olbreuse (1639-1722)

Sophie von der Pfalz

Mitten im Dreißigjährigen Krieg kam es durch Tod und Erbfolge zu Veränderungen in welfischen Landen. Die beiden Söhne des Herzogs Heinrich Julius von Braunschweig-Wolfenbüttel waren 1626 bzw. 1634 kinderlos gestorben, August der Jüngere aus der Nebenlinie Dannenberg übernahm den vakanten Thron in der Residenzstadt Wolfenbüttel. Nach seinem Tod 1666 folgten ihm seine Söhne Rudolf August und Anton Ulrich in die Regierung des Fürstentums Braunschweig-Wolfenbüttel.

Das übrige Herzogtum Braunschweig-Lüneburg, das sich aus den Fürstentümern Lüneburg (Residenzstadt Celle) und Calenberg (Residenzstadt Hannover) zusammensetzte, konstituierte sich im Jahre 1636 als Neues Haus Lüneburg. Nur Herzog Georg (1582-1641), der durch Losentscheid unter seinen sieben Brüdern dazu bestimmt war, durfte standesgemäß heiraten und erbberechtigte Nachfolger hervorbringen. Damit wollte man im Neuen Haus Lüneburg eine weitere Erbteilung unterbinden. Die Burg in Calenberg war schon alt und hatte in den Wirren des 30-jährigen Krieges derart gelitten, dass er sich entschloss, sie nicht wieder aufzubauen, sondern die Residenz in das nahe gelegene Hannover zu verlegen. Daher begann er 1636 mit der Erbauung des Leineschlosses auf den Fundamenten eines alten Minoritenklosters.

Hannover war bis zu diesem Zeitpunkt eine von der in der Umgebung florierenden Landwirtschaft bestimmte Stadt, in der der bürgerliche Rat das Sagen hatte. Durch die Errichtung einer Residenz sah dieser seine unumstrittene Autorität gefährdet und versuchte, den Bau zu verhindern. Doch Georg, ein erfahrener Soldat und gewiefter Diplomat, der erst wenige Jahre zuvor die kaiserlich-katholischen Truppen aus großen Teilen Niedersachsens vertrieben und somit einen vorläufigen Frieden herbeigeführt hatte, ließ sich nicht von seinem Ziel abbringen, und im Jahre 1640 war das Schloss fast fertiggestellt. Westlich der Stadt, in dem Dorf Haringehusen, ließ er ein Vorwerk errichten, das später als Herrenhausen in ganz Europa einen guten Klang bekam. Leider hatte er nicht viel davon, denn er starb bereits im Jahr darauf. Er hinterließ vier erbberechtigte Söhne: Christian Ludwig (1622-1665), Georg Wilhelm (1624-1705) Johann Friedrich (1625-1679) und Ernst August (1629-1698). Seine einzige Tochter, Sofie Amalie, heiratete den König von Dänemark und verließ das Land.

Zunächst übernahm der älteste Sohn Christian Ludwig die Herrschaft. Er hatte keine große Neigung zu regieren, sondern gab sich lieber zahlreichen Vergnügungen und dem Alkohol hin. Er regierte das Fürstentum Lüneburg in Celle und überließ Hannover seinem Bruder Georg Wilhelm. Im Jahre 1665 starb Herzog Christian Ludwig ohne Nachkommen. Georg Wilhelm folgte ihm in Celle als Herzog nach, und in Hannover übernahm Johann Friedrich die Herrschaft über das Fürstentum Calenberg. Der jüngste Bruder Ernst August blieb vorerst im Wartestand.

Georg Wilhelm war der Meinung, er müsse erst einmal die Vergnügungen dieser Welt kennen lernen, bevor er auf Schlachtfeldern oder in muffigen Amtsstuben seiner Berufung nachgehen sollte. Damals zog es die Reichen magisch nach Venedig, das mit seinem außergewöhnlichen Karneval und dessen Randerscheinungen wie Spielhöllen, Bordellen und »exquisiten Gesellschaften« einen legendären Ruf genoss. In diese Welt stürzte sich der junge Herzog, zunächst mit dem Vorsatz, sich zu bilden. Er reiste auch nach Holland, England, Frankreich und Spanien. Doch immer wieder zog es ihn in die Lagunenstadt zurück.

Er lachte über die Minister, die ihm Vorhaltungen machten oder gar an seine Aufgaben und Verpflichtungen erinnerten. Sein rötliches Haar und seine hellen Augen müssen den Damen gut gefallen haben, denn er war stets in Begleitung schöner Frauen anzutreffen. Eine gewisse Signora Buccolini gebar ihm sogar einen Sohn. Diesen ließ Georg Wilhelm nach Celle bringen, wo er angemessen erzogen wurde. Unter dem Namen Buccow wurde er ein tüchtiger Dragoner. Später sollte sein Bruder Ernst August, dem er sehr zugetan war, sich zu ihm gesellen, doch vorerst blieb dieser noch in höfischer Obhut.

In den Niederlanden gaben sich die gestrandeten protestantischen Fürsten und Mitglieder des Hochadels ein Stelldichein. Man hatte Land und Untertanen verloren, aber genügend Geld mitgebracht, um in Breda, Den Haag und Herzogenbusch keine Langeweile aufkommen zu lassen. Es wird berichtet, dass ein

Eleonore d'Olbreuse

Ball dem anderen folgte. Es wurde hofiert, beobachtet und geklatscht. Vielleicht eine günstige Gelegenheit, Hochzeiten und andere Geschäfte zu arrangieren.

Unter den Flüchtlingen, die in Den Haag Hof hielten, befand sich auch Elisabeth von der Pfalz, die »Winterkönigin« von Böhmen. Sie war eine Tochter des britischen Königs Jakob I. Sie hatte Kurfürst Friedrich V., den Pfalzgrafen bei Rhein, geheiratet in der Hoffnung, dass er als Protestant einmal die Krone Böhmens tragen werde. Aber die beiden regierten nur einen Winter lang als König und Königin nach dem »Fenstersturz« in Prag; dann kamen die Habsburger – die Protestanten verloren die Schlacht am Weißen Berge, und der 30-jährige Krieg begann. Nun saß Elisabeth in Den Haag im Exil, die Pfalz und das Heidelberger Schloss waren verwüstet. Die böhmische Krone gelangte in die Hände der Habsburger. Trotz ihres Schicksals war sie eine würdevolle Witwe ohne Königsthron. Ihr ältester Sohn wurde nach dem großen Krieg wieder als Kurfürst in Heidelberg eingesetzt, und sie lebte von dem, was er ihr und ihren weiteren acht überlebenden Kindern nach Holland zukommen ließ.

Die jüngste Tochter Sophie erweckte große Hoffnungen in ihr. Sie war anders geraten als die meisten ihrer Geschwister. Ein ungeheurer Stolz prägte ihr ganzes Wesen. Ihre Unnahbarkeit und Kühle ließen vermuten, dass sie sich ständig ihrer königlichen Herkunft bewusst war. Sophie war aber auch eine eifrige und intelligente Schülerin, die fünf Sprachen, darunter Latein, zu sprechen und zu schreiben lernte.

Bei einer standesgemäßen Feier wurde ihr der fast gleichaltrige Ernst August von Hannover vorgestellt. Sie verbrachten den Abend zusammen, musizierten gemeinsam und spielten Karten. Sophie fand ihn sehr anziehend. Noch lange erinnerte sie sich seiner schönen Hände. Da er aber nur der viertgeborene Sohn war, der vermutlich nie herrschen würde, empfand sie es als ihre Pflicht, sich keine weiteren Gedanken über ihn zu machen.

Sophie zog später nach Heidelberg und lebte am Hofe ihres Bruders. Sie erlebte dort die Geburt seiner Tochter Elisabeth Charlotte im Jahre 1652, die später als Liselotte von der Pfalz in die Geschichte eingehen sollte. Inzwischen nahm Georg Wilhelm seinen jüngeren Bruder Ernst August mit auf eine Italienreise. Dem gefiel es dort ebenfalls so gut, dass Venedig in späteren Jahren für ihn ein vielfach wiederholtes Reiseziel wurde.

Georg Wilhelm war indes 32 Jahre alt geworden, und der Hof hatte genug von seiner Vergnügungssucht. Man stellte ihm anheim, jetzt endlich seinen Pflichten nachzukommen und zu heiraten, denn Christian Ludwig hatte keine Nachkommen. Somit war es an ihm, für einen Erben zu sorgen. »Wolle Er sich nicht fügen«, hieß es, »würden Ihm alle Mittel gestrichen.« Das zeigte Wirkung. Georg Wilhelm begab sich zurück und ließ eine passende Braut suchen. Die Wahl fiel auf Sophie von der Pfalz. Er reiste nach Heidelberg und hielt um ihre Hand an. Sophie, indessen bereits 26 Jahre alt, hatte die Hoffnung auf eine Krone aufgegeben und nahm das Angebot sogleich an. Ein Termin für die Hochzeit wurde festgesetzt.

Nach den »so gut erfüllten Pflichten« gönnte sich Georg Wilhelm noch einen allerletzten Abstecher nach Venedig. Er wollte Kraft schöpfen, um das vor ihm liegende »Arbeitsleben« meistern zu können. Prompt fiel er in die Arme einer schönen Griechin. Es ist durchaus möglich, dass ihn eine Krankheit befallen hatte, die ihn an das Bett fesselte. Wie auch immer, Georg Wilhelm erschien nicht zum anberaumten Hochzeitstermin. Ein Skandal begann sich anzubahnen. Es heißt, Sophie habe ihr Haupt zu jener Zeit besonders hoch gehalten und sich nichts anmerken lassen. Georg Wilhelm, dem die Sache nun doch äußerst peinlich war, glaubte, sich nur dadurch retten zu können, indem er seine »Eheunfähigkeit« beteuerte, die durch ein schreckliches Fieber verursacht worden sei. Er beschwor seinen Lieblingsbruder Ernst August, ihm aus dieser misslichen Lage herauszuhelfen. Er war gewillt, jeden Preis zu zahlen. Ernst August sollte ihm Sophie abnehmen und dafür das ganze Herzogtum für seine Erben bekommen. Er gelobte sogar, niemals zu heiraten und sich dem Bruder in jeder Hinsicht dienlich zu erweisen. Ernst August, der zwar auch einen Sinn für Vergnügungen hatte, aber darüber keineswegs seinen Ehrgeiz vergaß, willigte ein. Georg Wilhelm unterschrieb 1658 die Verzichtserklärung, den berühmten »Entsagungs-Rezess«.

Sophie, die das alles aus der Entfernung beobachtet hatte, reichte nun dem jüngeren Bruder Ernst August die Hand zum Ehebund. Die Hochzeit fand am 30. September desselben Jahres statt. Das junge Paar bezog vorübergehend in der Residenz in Hannover eine Wohnung. Ihr Schwager Georg Wilhelm wohnte in Celle. Begegnungen ließen sich daher nicht vermeiden, aber niemand konnte aus Sophies Gesicht ablesen, wie ihr beim Anblick des Mannes, der sie wie ein Tauschobjekt behandelt hatte, zumute war. Vermutlich fand sie ihn noch immer charmanter und liebenswürdiger als ihren von ehrgeizigen Ideen besessenen Ehemann.

Ein Blick zurück nach Holland: Nach dem Ende des 30-jährigen Krieges in Deutschland hatten sich die luxuriösen Flüchtlingspaläste keineswegs geleert. Aus Frankreich verstärkte sich der Strom der Hugenotten, der ihres Glaubens wegen verfolgten Protestanten. Viele von ihnen gehörten zur besitzenden Klasse, zum Adel. Wahrscheinlich wurden sie deshalb trotz des Ediktes von Nantes, das ihnen Schutz und Glaubensfreiheit zugestand, immer wieder verfolgt, verjagt und getötet, vor allem aber enteignet. Nicht alle konnten Hab und Gut günstig verkaufen. Viele waren deshalb verarmt, andere retteten einen Teil ihres Vermögens und ließen sich in Holland nieder.

Unter denen, die ihr Leben im höfischen Stil fortsetzen konnten, war die Fürstin von Tarent, eine geborene Emilie von Hessen-Kassel. Sie siedelte 1663 nach Den Haag um. Unter ihrem bescheidenen Gefolge befand sich eine junge Dame aus bester französischer Familie, eine entfernte Verwandte ihres Ehemannes: Eleonore d' Olbreuse (1639-1722). Sie kam aus Poitou und konnte ihren Stammbaum mütterlicherseits bis auf Karl den Großen zurückverfolgen. Väterlicherseits führte Ahnherr Foucault Desmiers, Seigneur d' Olboire, die Reihe der erlauchten Vorfahren an. Der Vater hatte durch seine Hinwendung zur Lehre Calvins sein Vermögen eingebüßt. Die Fürstin von Tarent nahm Eleonore bei sich auf und behandelte sie wie eine Tochter. Das Mädchen hatte einen natürlichen Charme, war sehr gut erzogen und auch in der Kunst des Haushaltens und der Küche bestens bewandert. Im Poitou hatte sie alles über Garten- und Kräuterkultur und sogar über die Zubereitung von Likören und Heilmitteln gelernt und war auch in Gesang und Tanz geschult. Bei jeder Gesellschaft, die die Herzogin gab, bildete Eleonore den Mittelpunkt. Kurze Zeit hatte sie sogar am Hofe des Sonnenkönigs, Ludwig XIV., verbracht, wo sie wegen ihrer Tugendhaftigkeit angenehm aufgefallen war. Bei einer neuen Verfolgungswelle hatte sie Frankreich verlassen.

Man schrieb das Jahr 1664. Georg Wilhelm hielt sich gerade am Hof des Landgrafen von Hessen-Kassel auf, wohin Eleonore ihrer Fürstin gefolgt war. Als der Herzog Eleonore kennenlernte, ergriff ein Gefühl Besitz von ihm, das er bisher nie gekannt hatte: Er verliebte sich zum ersten Mal in seinem Leben ganz ernsthaft. Nun war es nichts Ungewöhnliches für einen Herren, mit den Hofdamen zu flirten, sie auch hin und wieder zu verführen. Sie wurden, wenn die Zeit der Liebe vorüber war, wieder in ihre Schranken gewiesen, notfalls vom Hof entfernt. Was Georg Wilhelm aber nicht sogleich wahrnahm, war, dass es sich bei Eleonore um keine gewöhnliche Hofdame handelte. Sie war äußerst liebenswürdig zu ihm, denn auch er gefiel ihr sehr gut. Doch weiter kam er nicht, was ihn um so mehr reizte. Er hätte ihr gern einen Heiratsantrag gemacht – aber sein »Gelübde« verbot ihm eine Ehe. Zum ersten Mal verwünschte er diesen Vertrag. Eleonore machte ihm klar, dass sie nie seine Mätresse sein würde. Unglücklich kehrte er nach Hannover zurück.

Ernst August war inzwischen »weltlicher« Fürstbischof von Osnabrück geworden und lebte teils dort, teils im nahen Iburg. Der »Westphälische Frieden« von 1648 bestimmte eine wechselnde Regierung (Alternation) im Bistum Osnabrück durch katholische Bischöfe und welfische Herzöge. Die so genannte Alternation endete mit dem Reichsdeputationshauptschluss von 1803. Das Bistum fiel an das Kurfüstentum Hannover. Seine Gemahlin, die Fürstbischöfin Sophie, liebte es, immer wieder nach Hannover zu reisen um beim Ausbau der Gärten in Herrenhausen dabei sein zu können, die ihr Schwager

Johann Friedrich nach französischem Vorbild anlegen ließ. Dabei fiel ihr die Veränderung Georg Wilhelms auf. Als sie den Grund erfuhr, schlug sie vor, die Dame seines Herzens doch nach Iburg einzuladen, wo er mit ihr zusammen sein könne. Eleonore willigte ein und wurde mit fast standesgemäßem Geleit abgeholt. Sophie war liebenswürdig zu ihr, erschrak aber, als sie der Begegnung mit Georg Wilhelm beiwohnte. Da es sich bei den beiden nicht um das übliche Geplänkel handelte, stieg eine dunkle Ahnung in ihr auf, und ihre Liebenswürdigkeit ließ bald nach. Eleonores Standhaftigkeit dem immer heftiger werdenden Drängen des Herzogs gegenüber brachte sie derart aus der Fassung, dass sie zum ersten Mal im Leben ratlos war. Man beriet miteinander: Eine »Gewissensehe« wurde Eleonore angetragen, ein Hausvertrag gewissermaßen, der keine Auswirkung auf die Erbfolge haben würde. Nur zögernd willigte Eleonore ein, um den Entschluss umgehend zu bedauern. Zu den Mahlzeiten wurde sie in den Speisesaal eingeladen, durfte aber nicht mit bei Tisch sitzen. Ihr wurde ein niedriger Stuhl am Nebentisch zugewiesen, und essen durfte sie erst, wenn die Herrschaften ihr Mahl beendet hatten. Sie wurde behandelt wie eine Frau, die Rang und Ehre verloren hatte. Eleonore wollte sich diesen Demütigungen nicht weiter aussetzen und flehte Georg Wilhelm an, sie endlich aus Iburg wegzuholen. Der Herzog ließ sie nach Celle kommen, wo sie freundlich aufgenommen wurde. Der Kaiser in Wien bestätigte den Antrag des Herzogs, Eleonore in den Grafenstand zu erheben. Man hatte ihr den Titel »Gräfin von Harburg« verliehen.

Aber nun fing Sophie an, gegen sie Front zu machen. Sie nannte sie nur »die Person« oder »das Mensch«, und ihre Nichte Liselotte, mit der sie ihr Leben lang im Briefwechsel stand, nannte sie auf ihre grobe Art »ein Mausdreck«. Aus der Korrespondenz der beiden Frauen geht auch hervor, wie sehr Sophie fürchtete, Eleonore könnte einen Sohn gebären. Im September des Jahres 1666 brachte Eleonore eine Tochter zur Welt, die auf den Namen Sophie Dorothea getauft wurde. Es sollte das einzige überlebende Kind aus dieser Verbindung bleiben. Sophie lebte weiterhin in Furcht, etwas könne das versprochene Erbe ihrer Kinder gefährden, hatte sie doch ihrem Gemahl insgesamt sechs Söhne und eine Tochter geschenkt. Ihr Leben war nicht einfach. Ernst August kümmerte sich nicht sonderlich um sie. Er ging oft auf die

Jagd und blieb nicht selten wochenlang fort.

1673 kam eine neue Dame an den Hof, Klara Elisabeth von Meysenbug. Ihr Vater war ein Adliger, der seinen Besitz verloren hatte und nun als »militärischer Abenteurer« seine Dienste jedem anbot, der ihn dafür bezahlte. Er suchte nun für Klara und ihre Schwester Marie Katherine eine Bleibe. Sie hatten ihr Glück schon an vielen Höfen versucht, sogar in Versailles, waren aber immer wieder fortgeschickt worden. In Osnabrück fanden sie, was sie suchten. Klara, bereits 25 Jahre alt, heiratete sehr bald den Erzieher des Prinzen Georg Ludwig, Ernst Platen, der später in den Adelsstand erhoben wurde. Aber sie verlor keine Zeit, dem Herzog ihre Gunst anzubieten, die dieser auch gerne annahm. Die beiden wurden fast unzertrennlich, und »die Platen« sorgte dafür, dass keine andere Dame in den Bannkreis ihres Herrn geriet. Sie wurde die wahre Herrscherin. Ihre Schwester, die den Erzieher von dem Bussche geheiratet hatte, unterstützte sie nach Kräften. Das alles musste Sophie mitansehen. So weh es auch tat, es war unter ihrer Würde, die Sache »zur Kenntnis zu nehmen«. Umso mehr verbiss sie sich in ihren Groll gegen Eleonore. In Celle mauserte sich diese Fremde, dieses »Nichts«, zu einer beliebten Persönlichkeit. Sie begann sogar, das Schloss im französischen Stil mit sehr viel Sinn für Harmonie und Kultur herzurichten.

Das Celler Schloss, 1292 als Wehrburg erbaut, war zwar oftmals umgebaut worden. Jedoch wird berichtet, die Deutschen seien im 17. Jahrhundert sehr gute Soldaten gewesen, die mehr Sorgfalt auf ihre Gewehre als auf ihre Behausungen verwendet haben sollen. Die Höfe der Herrscher seien kalt, feucht und sehr einfach gewesen. Das mag sein, kam doch die Pracht des Sonnenkönigs erst im 18. Jahrhundert an die deutschen Höfe. Hier hatte Eleonore die Gelegenheit, Pionierarbeit zu leisten, was sie auch tat. Bis 1675 wurde das Schloss von italienischen Barockbaumeistern völlig umgestaltet. Besonders hervorzuheben ist die Kunstfertigkeit Giovanni Battista Torniellis. Was er schuf, ist noch heute zu besichtigen. Nur die gotische Kapelle und eine Renaissancewand im Hof blieben unverändert. Nach Fertigstellung hatte das Schloss 180 Zimmer mit 400 Fenstern, die mit schweren französischen Vorhängen drapiert waren. Im Schloss herrschte eine Kultur, wie sie in Deutschland noch nicht allgemein üblich war: Man benutzte vielerlei Besteck und wechselte die Teller für jeden

Gang, der selbstverständlich aus erlesensten französischen Gerichten bestand. Auch das Personal war französisch; Eleonore versammelte viele ihrer hugenottischen Glaubensbrüder um sich und gab ihnen Arbeit bei Hofe und in der Stadt.

Das Residenzstädtchen Celle wurde ebenfalls »umgekrempelt«. Die Wehranlage wurde in einen französischen Park verwandelt, der Exerzierplatz wich dem »großen Plan«, und Häuser im französischen Stil wurden um die Altstadt herum gebaut. Oft war Georg Wilhelm der einzige Deutsche an seiner Tafel. Es bereitete ihm aber sichtlich Vergnügen.

Zuerst hatte Sophie mit Befriedigung festgestellt, dass man Eleonore durchaus nicht überall akzeptierte. Häufig wurde Georg Wilhelm eingeladen, seine Frau aber übergangen. Das änderte sich jedoch, als der Herzog den Baron Schütz zum Kanzler ernannte. Dieser versuchte, die Situation zu ändern. Er setzte sich beim Kaiser in Wien für die Legalisierung der Ehe ein. Diesem Ersuchen wurde nach dreijährigen Bemühungen im Jahre 1675 stattgegeben. Ein Triumph für Eleonore, denn ihre Tochter, der »kleine Bastard« Sophie Dorothea, wurde in den Rang einer Prinzessin erhoben. Prompt hielt auch der Vetter Anton Ulrich aus Wolfenbüttel um die Hand der Neunjährigen für seinen Sohn August Friedrich an. Es wurde Verlobung gefeiert. Die nächsten Jahre waren voller politischer Unruhen.

Liselotte von der Pfalz hatte 1671 den Bruder des Sonnenkönigs geheiratet und wurde somit Herzogin von Orléans. Das hielt sie aber nicht davon ab, ihre Korrespondenz mit der Tante in Hannover fortzuführen. Der Sonnenkönig bemühte sich um einen Friedensvertrag mit dem Herzog von Celle, der durch die Vermittlung Eleonores über einen Verwandten, den Generalleutnant Godefroy d' Estrades, zustande kam. Die Celler wurden dafür reich beschenkt. Georg Wilhelm erhielt die Pacht von Thedinghausen sowie eine halbe Million Taler, und Eleonore wurde mit kostbaren Diamanten bedacht. Sophie empörte sich sehr darüber und redete von Spionage. Georg Wilhelm, der ihr gegenüber ansonsten besonders höflich war, nannte sie daraufhin Tochter des »Königs ohne Land« und bat sie, endlich zu schweigen.

1679 starb Johann Friedrich, und der Weg für Sophie und ihren Gemahl, in das lang ersehnte Hannover zu ziehen, war frei. Hier lenkte sich die Herzogin ab, indem sie den Umbau der Herrenhäuser

Gärten vorantrieb und mit dem Universalgenie Gottfried Wilhelm Leibniz eine lebenslange Freundschaft begann. Gemeinsam mit ihm plante und erweiterte sie den Großen Garten in Herrenhausen. Sophie entwickelte sich zum geistig-kulturellen Mittelpunkt am Hof in Hannover und führte einen regen Briefwechsel mit Leibniz und vielen anderen Philisophen. Dennoch: Die Favoritin ihres Mannes, Klara von Platen, baute ihr Schlösschen »Monplaisir« genau auf halber Strecke zwischen den Gärten und dem Leineschloss. Sehr viele noble Besucher sollen auch später diesem Schlösschen den Vorzug gegeben haben. Das Leineschloss zeichnete sich eher durch trübe, langweilige Vornehmheit aus.

Sophies Gefühle mögen noch so sehr von verletzter Eitelkeit und Voreingenommenheit beherrscht gewesen sein – sie war und blieb bis an das Ende ihrer Tage eine kluge und vorausschauende Planerin. Der Wolfenbütteler Verlobte Sophie Dorotheas war bereits 1676 in der Schlacht vor Philippsburg ums Leben gekommen, was Sophie außerordentlich beruhigte.

Sophie und Ernst August waren sehr stolz auf ihren ältesten Sohn, Georg Ludwig. Er war ein ruhiger, besonnener Knabe, der sich sehr für das Militär, die Jagd und die Verwaltung interessierte. Mit 15 Jahren nahm er an der Seite seines Vaters bereits an einer Schlacht teil. Es gab viele Kriege. Die Türken näherten sich Wien, die Franzosen wollten die Niederlande überrennen, und im Norden machten die Schweden ihren Einfluss geltend. Wieder daheim, wurde der Erbprinz gebührend gelobt und galt nun als »Mann«. Seine Schwester Sophie Charlotte, genannt Figuelotte, 1668 geboren, hatte eine hübsche Subgouvernante. Bei ihr versuchte Georg Ludwig sein Glück als Liebhaber. Offensichtlich erreichte er sein Ziel, das Fräulein wurde schwanger. Aber man wollte nicht wahrhaben, dass der junge Prinz etwas damit zu tun hatte; sie wurde vom Hof entfernt und verschwand im Dunkel der Geschichte.

Prinz Rupert, ein weiterer Bruder Sophies, nahm eine gut bezahlte Stellung als Offizier in England an. Er hatte Einfluss am Hof und wurde Verwalter der riesigen Burg Windsor, nahe London gelegen. Er lud Georg Ludwig zu sich ein, vermutlich nicht ohne Hintergedanken. Im Dezember 1680 landete der Neffe auf der feucht-nebligen Insel und wurde vom König mit großer Höflichkeit empfangen. Keiner der beiden ahnte, dass der junge Besucher einst die Krone dieses Landes tragen würde. Ihm wurde seine Cousine Anna vorgestellt. Sie war die Tochter von Karls jüngerem Bruder Jakob und dessen protestantischer Frau Anne Hyde. Nach deren Tod hatte Jakob sich mit der katholischen Maria von Modena vermählt. Sophie hätte nicht ungern gesehen, wenn sich zwischen Georg Ludwig und Anna eine Liaison angebahnt hätte. Doch irgendjemand, der das verhindern wollte, hatte Anna vorher zugeflüstert, der stolze Hannoveraner fände sie hässlich, und ihrer bürgerlichen Mutter wegen sei sie ihm ohnehin nicht standesgemäß genug. Diese Falschmeldung vergiftete das Verhältnis zwischen Anna und den Hannoveranern bis an das Ende ihres Lebens.

Wen sollte der Erbprinz nun heiraten? Sophie Dorothea, die in Celle zu einer bildhübschen jungen Dame heranreifte, war sehr reich. Es gab viele Bewerber um ihre Hand. Ernst August und Sophie fürchteten, dass eine Heirat mit einem einflussreichen Außenstehenden sie möglicherweise doch noch um das versprochene und so heiß ersehnte Erbe bringen könnte. Zwar beschwor Georg Wilhelm immer wieder, dass er zu seinem Vertrag stünde, aber wenn er vorzeitig stürbe, wäre Eleonore nicht daran gebunden. Es gab nur eine Lösung: Georg

Schloss Herrenhausen von Norden

Ludwig und Sophie Dorothea mussten heiraten! Zwar waren sie in gegenseitiger Verachtung füreinander erzogen worden, und ihre Temperamente waren grundverschieden, aber das zählte nicht. Hier ging es um ein Fürstentum. Georg Wilhelm lehnte sich nicht dagegen auf. Er lebte wohl abhängig von seinem jüngeren Bruder, der ihn offensichtlich ein Leben lang mit Geheimnissen aus venezianischen Tagen unter Druck setzen konnte.

An einem trüben Novembertag des Jahres 1682 heirateten Georg Ludwig und Sophie Dorothea. Der gesamte Besitz der Braut gelangte mit dieser Heirat in die Hände der Hannoveraner. Das Fürstentum Lüneburg würde mit dem Ableben Georg Wilhelms mit dem Fürstentum Calenberg (Hannover) vereint werden.

Sophie war zufrieden. Sie bemühte sich sogar, nett zu der Schwiegertochter zu sein. Als diese gut ein Jahr später einen Sohn mit dem Namen Georg August zur Welt brachte, vergaß sie für einen kurzen Moment alle anderen Sorgen. Doch ihr Mann, Herzog Ernst August, schmiedete ehrgeizige Pläne. Er wollte das Land vor weiteren Erbteilungen bewahren und strebte die Primogenitur an. Sie war nämlich Voraussetzung für die am Hofe in Hannover angestrebte neunte Kurwürde. Nach diesem Gesetz sollte nur der älteste Sohn, Georg Ludwig, alleiniger Erbe des Fürstentums werden. Ernst August entwarf das Gesetz 1682, ließ es vom Kaiser genehmigen, und 1684 eröffnete er diesen Beschluss seinen jüngeren Söhnen. Die Prinzen lehnten sich anfangs gegen diesen Plan auf. Doch fast alle Söhne Sophies machten hervorragend Karriere vornehmlich in ausländischen Diensten. Drei Söhne fielen im Kampf gegen die Türken, und Sophie betrauerte zutiefst den Tod ihres Lieblingssohnes Friedrich August. Sophie war so schwer getroffen, dass sie wochenlang krank das Bett hüten musste.

Im Jahre 1692 stand Herzog Ernst August am Höhepunkt seiner Macht. Er und sein Land wurden mit der lang ersehnten neunten Kurwürde des Heiligen Römischen Reiches belohnt. Die Wolfenbütteler Vettern gerieten darüber regelrecht in Wut, es war doch auch ihr Wunsch, diese Rangerhöhung zu erhalten. Aber nicht alle Fürsten sagten ihre Anerkennung sofort zu. Doch Hannover stieg innerhalb von knapp sechzig Jahren von einer unbedeutenden Stadt zu einer prächtigen Residenzstadt des neuen Kurfürstentums auf.

Sophie Dorothea hatte noch eine Tochter zur Welt gebracht, die auf den gleichen Namen wie sie getauft wurde. »Figuelotte« war mit dem Kurfürsten Friedrich von Brandenburg verheiratet worden, der bereits insgeheim Pläne schmiedete, sich zum König in Preußen krönen zu lassen. Kurfürstin Sophie, die stets »das Gras wachsen hörte«, richtete ihren Blick wieder nach England, denn dort schienen die protestantischen Thronfolger auszusterben. Ihre entfernte Cousine Maria regierte kinderlos gemeinsam mit ihrem holländischen Mann Wilhelm von Oranien. Die Nächste in der Thronfolge war Marias Schwester Anna, die Georg von Dänemark geheiratet hatte, aber erleben musste, dass alle ihre 17 Kinder noch im Jugendalter starben.

Inzwischen begann Georg Wilhelm, das Schloss in Lüneburg als Alterssitz für seine Frau Eleonore herzurichten. Sie sollte nach seinem Tod eine standesgemäße Bleibe erhalten. Von Sophie Dorothea sahen beide kaum etwas, denn nach Hannover wurde das Celler Herzogspaar nicht eingeladen. Mit Bestürzung hörte man, dass Graf Königsmarck, ein an europäischen Höfen gern gesehener Gast, der als Oberst in hannöverschen Diensten stand, verschwunden war. Er war zuletzt vor den Schlafgemächern der Prinzessin Sophie Dorothea im Leineschloss gesehen worden. Seine Schulden und das herzliche Verhältnis zur Prinzessin hatten ihn längst in den Mittelpunkt des Hofklatsches gebracht. Gräfin Platen hatte ihn sehr liebevoll in ihre Kreise eingeführt, sah aber mit Irritation, dass er immer wieder zur Prinzessin eilte, mit deren jugendlicher Schönheit sie nicht konkurrieren konnte. Sie war wohl auch an seinem Verschwinden maßgeblich beteiligt. Die Sache breitete sich zum Skandal aus, der nicht zu vertuschen war. Sophie Dorothea war wie von Sinnen. Ihr Mann, der sie nie wirklich geliebt hatte und ihr längst seine Mätresse Ehrengard von der Schulenburg vorzog, tobte vor Wut. Einen Ehebruch würde er niemals verzeihen.

Einkerkern konnte man die Prinzessin nicht, denn sie hatte nichts verbrochen. Aber sie wusste zuviel und musste isoliert werden. Man brachte sie zunächst nach Lauenau, wo sie in einer düsteren Wasserburg, gelegen in einsamer Landschaft westlich von Hannover, eingesperrt wurde. Die Ehe wurde geschieden, und Sophie Dorothea wurde, bewacht wie eine Schwerverbrecherin, nach Ahlden, einem abgelegenen Ort nordwestlich von Celle, verbannt. Der Herzog wollte sie nicht in seinem Schloss haben, er, der einst so liebevolle Vater wollte von ihr nun gar nichts mehr wissen. In Hannover wurde ihr Name fortan totgeschwiegen, Kurfürstin Sophie übernahm die Erziehung der Kinder. Die nie wirklich geliebte Prinzessin hatte ihre Schuldigkeit getan, sie hatte den Erbprinzen und eine Tochter geboren, man hatte ihren Besitz vereinnahmt, sie war nicht mehr vonnöten. Gerüchte schwirrten durch die fürstlichen Höfe Europas. Es dauerte viele Monate, bis Eleonore Erlaubnis bekam, ihre Tochter in regelmäßigen Abständen zu besuchen. Kein anderer Kontakt wurde je gestattet.

Ernst August, der in den 17 Jahren seiner Regierungszeit Hannover zu einem bedeutenden Zentrum der Macht im norddeutschen Raum gemacht hatte, starb 1698 an den Folgen eines Schlaganfalls. An seinem Sterbebett wachten Georg Wilhelm und Kurfürstin Sophie. Es gab zwischen den Brüdern keinen Hass, keine Differenzen mehr. Eleonore war zur Außenseiterin geworden. Über die Prinzessin von Ahlden wurde nicht gesprochen. Allein aus der gehässigen Korrespondenz Liselottes mit Sophie ist zu entnehmen, dass man recht häufig (aber eben gehässig) an sie dachte. In England zeichnete sich das Ende der Stuarts ab, als das letzte von 17 Kindern der Thronanwärterin Anna 1700 starb. Es wird behauptet, Eleonore habe sich weit mehr als Sophie dafür eingesetzt, dass Wilhelm von Oranien Hannover für die Thronfolge vorschlug. Sie hatte es wohl nicht dem groben Georg Ludwig zuliebe getan, sondern für Georg August, ihren Enkel. 1701 erschien Lord Macclesfield aus London in Hannover, um den »Act of Settlement« zu überbringen. Sophie sah nun ihren eigenen Traum erfüllt: den englischen Thron!

Georg Wilhelm, schon über 80, starb 1705, nachdem er sich bei einer Jagd in Wienhausen erkältet hatte. Sein Herzogtum fiel ohne weitere Zeremonie an den Kurstaat Hannover. Eleonore übersiedelte, wie ausgehandelt, nach Lüneburg und sollte Celle nicht mehr betreten dürfen. Damit wollte man in Hannover ihre regelmäßigen Besuche bei der Tochter in Ahlden unterbinden. Sophie, die schon über 75 Jahre zählte, war die noch unbestrittene Herrscherin an der Seite ihres Sohnes. Sie hatte sich vorgenommen, Königin Anna zu überleben, um die Krone Britanniens zu tragen. Anna aber hätte lieber die ihr näher stehenden Verwandten, die katholischen Stuarts, auf dem Thron gesehen. Sie wollte von Hannover gar nichts hören. Und als 1714 der designierte Thronerbe Georg Ludwig einen Antrag stellte, um an einer Parlamentssitzung in London teilzunehmen, erboste sie sich derart, dass sie einen wütenden Brief schrieb, in dem sie Georg Ludwig und seinem Sohn Georg August verbot, zu ihren Lebzeiten auch nur einen Fuß auf britischen Boden zu setzen. Diese Absage setzte der inzwischen 84 Jahre alt gewordenen Sophie derart zu, dass sie nach einem Tag voller Erregung in ihren geliebten Herrenhäuser Gärten tot umfiel, dort, wo man ihr später das große Denkmal setzte. Anna starb genau 53 Tage nach ihr, am 1. August 1714.

Georg reiste mit großem Gefolge nach London, wo er zunächst wohlwollend empfangen wurde. Doch bald verlor er in zunehmendem Maße die Gunst der Briten, die ihn für grobschlächtig, ungehobelt und primitiv hielten. Wilde Gerüchte über seine verbannte Gemahlin machten die Runde.

Als sich Georg Ludwig nach zwei Jahren in seinem Stammland, dem Kurfürstentum Hannover, von der Strapaze des Regierens in London erholte, genehmigte er gnädigst, dass seine Schwiegermutter Eleonore nach Celle zurückkehren dürfe. Hier lebte sie noch sechs Jahre lang, fast erblindet und gebrechlich, bis 1722. Sie wurde 85 Jahre alt und hatte ihre Reisen nach Ahlden bis in das letzte Lebensjahr fortgesetzt. Ihrem Wunsch gemäß fand die Beerdigung eine Woche später nach französischem Ritus zu mitternächtlicher Stunde in kleinem Rahmen statt. Zwölf Pagen gingen mit brennenden Fackeln vor dem Sarg her, der in der Celler Stadtkirche neben dem ihres Mannes aufgestellt wurde.

Eleonore war es gelungen, in ihren Jahren in Celle der bescheidenen kleinen Stadt am Rande der Heide ein bleibendes elegantes Gepräge mit französischen Akzenten zu geben.

Noch heute geht der Besucher gerne durch die von spitzgiebligen Fachwerkhäusern gerahmten Straßen. Manch einer mag sich dabei erinnern, dass Eleonore d'Olbreuse und ihre einstige Rivalin, Kurfürstin Sophie, die Stamm-Mütter fast aller nachfolgenden europäischen königlichen Dynastien wurden.

Gefangene von Ahlden
Sophie Dorothea von Hannover (1666-1726)

Sophie Dorothea

Die Bürger von Celle liebten die kleine Prinzessin. Wenn sie an sonnigen Nachmittagen mit ihrer Mutter, die man Madame de Harburg nannte, in der offenen Kutsche durch die Stadt fuhr, knicksten die Frauen, und die Männer zogen ihre Hüte. Sie war ein außerordentlich hübsches Kind. Dunkle Locken umrahmten ein fröhliches Gesicht, und lachende Augen schauten keck in die Menge. Ihre Mutter, Eleonore d´Olbreuse, dagegen sah eher ernst aus, sie hatte ein vornehmes, schmales Gesicht, ebenfalls dunkle Haare, und ihre Miene war oft von einem Hauch von Traurigkeit überschattet. Den Herzog sah man eher selten; häufig war er in militärischer oder diplomatischer Mission unterwegs oder mit seinem Lieblingsbruder Ernst August auf der Jagd. Lüneburg war ein relativ großes Fürstentum. Hier gab es herrliche Wälder und Heideflächen, zum Jagen wie geschaffen. In der Göhrde nahe der Stadt Lüneburg, in Bruchhausen bei Hoya, in Ebstorf und in Wienhausen bei Celle erwarteten luxuriös ausgestattete Jagdschlösser ihre Gäste.

Sophie Dorothea wusste nicht, warum ihre Mutter manchmal so betrübt war. Dass Maman – so nannte sie ihre Mutter – nicht wirklich mit dem Herzog verheiratet war, hätte sie in ihrem zarten Alter kaum verstanden. Und dass eine entfernte Verwandte, die Nichte ihrer Tante Sophie, sie in ihren Briefen als »kleinen Bastard« bezeichnete, erfuhr sie nicht. Ihre Kindheit verlief unbeschwert, sie erhielt Unterricht, der nicht immer Spaß machte und oft viele Stunden des Tages in Anspruch nahm – aber sie war ein gelehriges Kind.

Am liebsten hatte sie es aber, wenn ihre Gouvernanten sie richtig schön herausputzten für einen Spaziergang außerhalb des Schlosses. Da am Hof fast nur Franzosen angestellt waren – auch ihre Erzieherinnen gehörten dazu – sprach Sophie Dorothea kaum Deutsch. In Celle gab es so viele Franzosen, dass man ohne die übliche Landessprache zurechtkam.

Hin und wieder feierte man üppig: Im Jahre 1674 wurde Maman zur Reichsgräfin erhoben, der Herzog hatte ihr ein Schloss mit dem Namen Wilhelmsburg zum Geschenk gemacht. Im folgenden Jahr wurde der neunjährigen Sophie Dorothea erklärt, dass sie verlobt sei, und zwar mit einem schmucken entfernten Vetter aus Wolfenbüttel. Das bedeutete ihr nicht viel zu diesem Zeitpunkt. Als Papa und Maman im Jahr darauf dann richtig heirateten, in der Kirche, mit großem Pomp und Gepränge, da fand sie das höchst aufregend. Verwandte kamen aus allen Teilen des Landes und aus Frankreich zur Feier, nur Tante Sophie aus Osnabrück war nicht erschienen. Das empfand Sophie Dorothea eher als Erleichterung, da es ihr stets vorgekommen war, als habe diese Tante etwas gegen sie. Sie konnte sich nicht vorstellen, dass irgendjemand auf der Welt Grund hätte, etwas an ihr auszusetzen. Doch machte sie sich auch darüber nicht allzu viele Sorgen. Als man ihr ein Jahr später mitteilte, dass der »Verlobte Vetter« in einer Schlacht gefallen sei, rührte sie das herzlich wenig, hatte sie ihn doch nie kennen gelernt. Nein, ihre Kindheit war wie ein blauer Himmel, den nur wenige leichte Wolken trübten.

Eleonore d'Olbreuse wurde 1676 endlich nach langem Kampf die rechtlich angetraute Ehefrau des regierenden Herzogs Georg Wilhelm in Celle. Der Herzog hatte drei erbberechtigte Brüder. Der älteste, Christian Ludwig, war bereits 1665 ohne Nachkommen verstorben. Im nahe gelegenen Hannover regierte seit dieser Zeit sein katholischer Bruder Johann Friedrich das Fürstentum Calenberg. Der jüngste Bruder, Ernst August, war als Protestant im Bistum Osnabrück »weltlicher« Fürstbischof. Der »Westphälische Frieden« von 1648 bestimmte eine wechselnde Regierung (Alternation) im Bistum Osnabrück durch katholische Bischöfe und welfische Herzöge. Die so genannte Alternation endete mit dem Reichsdeputationshauptschluss von 1803. Das Bistum fiel danach an das Kurfürstentum Hannover. Ernst August und seine Frau Sophie sollten aber einmal den älteren Bruder Johann Friedrich in Hannover beerben, da seine Frau nur Töchter zur Welt brachte. Außerdem hatte Ernst August einen wichtigen Vertrag in seiner Tasche, unterschrieben von seinem Bruder Georg Wilhelm.

Was war geschehen? Im Jahre 1658 verlobte sich Georg Wilhelm auf Drängen der Landstände, nun endlich den Bund der Ehe einzugehen, um die Nachfolge in seinem Fürstentum zu sichern. Seine Wahl fiel auf die Heidelberger Prinzessin Sophie. Doch im letzten Augenblick zog er seine Entscheidung zurück und trat seine Verlobte Sophie an Ernst August ab. Dabei verpflichtete er sich ihm gegenüber, ehelos zu bleiben, um dessen Familie die Erbfolge im Fürstentum Lüneburg zu überlassen. Beide Brüder standen sich menschlich sehr nahe. Sie gingen gemeinsam regelmäßig zur Jagd und verfolgten in den Staatsgeschäften gleiche Ziele. Eleonore respektierte die Gemeinsamkeiten der beiden Herren und mischte sich nicht ein. Sie hatte in Celle eigene Aufgaben zu erfüllen. So beaufsichtigte sie die Umbauarbeiten an der Anlage des Parks und an den alten Festungswällen, sie besuchte französische Familien, besonders die älteren oder kranken Leute. Sie führte einen regen Briefwechsel mit ihrer umfangreichen Verwandtschaft, die in Deutschland und Frankreich überall verstreut lebte. Auch kontrollierte sie das Schlosspersonal und lehrte die jungen Mädchen viele Küchen- und Gartenkünste, die in Deutschland noch unbekannt waren. Nebenbei überwachte sie sorgfältig den Unterricht ihrer Tochter Sophie Dorothea. Außer den üblichen Fächern (Französisch, Italienisch, reformierte Religion, Mathematik, Geschichte und Musik) sollte sie auch ein wenig über Geografie und Naturkunde erfahren. Monsieur Chappuzeau, ein weiser alter Freund aus Eleonores Heimat, nahm sich der schwierigen Fächer an, die Gouvernanten übernahmen die Unterweisung in Handarbeit und Malen. Eleonore achtete darauf, dass höfische Etikette, darunter auch Tanz, genauestens eingeübt wurden. Auch wollte sie der Tochter Werte mitgeben, die ihr später ein Leitfaden durch das Leben sein würden.

Aber man lebte in der Zeit des Barock. Die Sitten waren locker, um nicht zu sagen verdorben. Sie, Eleonore, hatte eine kurze Zeit am Hofe Ludwigs XIV. verbracht, und nur mit Schaudern dachte sie daran zurück. Gier nach Vergnügen bestimmte den Tag, Theater, Glücksspiel und die Liebe oder was man dafür hielt. Ganz so schlimm war es an deutschen Höfen nicht, aber mit dem Bestreben, den Franzosen in vieler Hinsicht nachzueifern, kamen auch lose Sitten ins Land. Von einigen Höfen hörte man geradezu Ungeheuerliches. In Osnabrück hatte Klara von Meysenbug gezielt den Erzieher Ernst

August Platen geheiratet, dem gerade die Erhebung in den Grafenstand bevorstand, und ihre Schwester, Maria Katharina, heiratete den aufstrebenden Hauptmann Johann von dem Bussche. Gerüchte besagten, dass die neugebackene Gräfin Platen raffinierte Intrigen spann und bald sehr viel Macht besaß. Die so tugendhafte und auf Etikette versessene Sophie war machtlos, als die Platen die Mätresse ihres Mannes wurde und bereits nach einem Jahr ein Mädchen mit dem Namen Sophie Charlotte zur Welt brachte, genauso, wie die einzige Tochter des Herzogs hieß. Der Erbprinz Georg Ludwig soll ihren Versuchen, ihn in die Geheimnisse der Liebe einzuweihen, widerstanden haben, aber den Reizen ihrer schönen Schwester erlag er und machte sie zu seiner Mätresse. Die Ehemänner dieser Frauen schienen keine Einwände dagegen zu haben; im Gegenteil, sie erhofften sich dadurch Vorteile in ihren beruflichen Laufbahnen.

Als Sophie Dorothea fast 13 Jahre alt war (1679), starb der katholische Onkel Johann Friedrich in Hannover. Da er keinen Sohn hatte, war nun Ernst August, bisheriger Fürstbischof von Osnabrück, an der Reihe. Mit seiner Gemahlin Sophie, sechs Söhnen und einer Tochter bezog er das Leineschloss. Er kam nun oft nach Celle. Sophie Dorothea stellte dabei immer wieder fest, dass man sie kritisch-freundlich betrachtete und offensichtlich über sie tuschelte. Mit 16 könnte sie verheiratet werden. Es gab viele Bewerber: Der Erbprinz von Schweden, Prinz Georg von Dänemark, Prinz Heinrich von Nassau-Dietz und August Wilhelm von Wolfenbüttel. Dessen Vater hatte ein ausgezeichnetes Verhältnis zu Eleonore. Die beiden hätten eine Verbindung ihrer Kinder gerne gesehen. Doch Herzog Georg Wilhelm hatte große Bedenken; hatte er doch seinem Bruder Ernst August damals, als er ihm aus einer argen Klemme half, sein Fürstentum versprochen – wenn seine Tochter jetzt jemand heiraten würde, der auch Anspruch erhöbe – das könnte ihn wortbrüchig erscheinen lassen. Dennoch war auch ihm eine Verbindung mit Wolfenbüttel nicht unlieb. Die Besuche Ernst Augusts dienten dazu, den Bruder immer wieder an sein Versprechen zu erinnern. Seine Gemahlin Sophie ging weiterhin auf Distanz zu den Cellern. Aber trotz ihrer Vorbehalte bezüglich der Ebenbürtigkeit hatte sie auch durchaus einen Sinn für das Praktische. Sophie Dorothea war sehr reich; abgesehen von dem Fürstentum Lüneburg, welches ja den Hannoveranern versprochen war, besaß sie viele kleine Güter und ein großes Privatvermögen. Sie galt als eine der reichsten Prinzessinnen im Lande. Sophie überlegte: Am sichersten wäre es, ihren ältesten, Georg Ludwig, mit Sophie Dorothea zu verheiraten. Dann käme alles, Land, Streubesitz und Vermögen, nach Hannover.

Der neue Kanzler am Celler Hof, Graf Bernstorff, war Sophie treu ergeben. Er sah seine Vorteile in Hannover und handelte entsprechend. Als sich der 16. Geburtstag der Prinzessin näherte, beobachtete er zunehmende Kontakte mit Wolfenbüttel. Sophie war alarmiert. Graf Platen wurde nach Celle gesandt, um einen Vorvertrag zu verhandeln. Eleonore d'Olbreuse war entsetzt. Nur das nicht! Ihre Tochter zu den Leuten gehen lassen, die sie verachtet, verhöhnt und beschimpft hatten, und die ihr gegenüber immer noch hochmütige Distanz wahrten! Sie machte gute Miene zum bösen Spiel. Ihr Mann, der ja seinem Bruder regelrecht hörig war, unterschrieb.

Am Abend des 14. September 1682, wenige Stunden vor dem Geburtstag der Prinzessin, informierte Bernstorff die Herzogin Sophie, dass Herzog Anton Ulrich von Braunschweig-Wolfenbüttel bereits auf dem Wege nach Celle sei. Gegen Morgen müsste er da sein. Sophie zögerte keine Sekunde. Sofort ließ sie anspannen. Der Weg von Hannover nach Celle war kürzer, sie war im Vorteil. Kurz nach Sonnenaufgang stand sie vor der Zugbrücke des Celler Schlosses. Die Wachen ließen sie herein. Sie fegte durch die Korridore, die Schlosswachen wagten nicht, sie aufzuhalten. Ohne anzuklopfen betrat sie das Schlafzimmer des Herzogs Georg Wilhelm, ihres ehemaligen Verlobten, der sie vor einigen Jahren an Ernst August abtrat und sich dabei verpflichtete kinderlos zu bleiben. Er wollte gerade seine Morgentoilette beginnen. Sie redete pausenlos auf ihn ein, und als sie merkte, dass die Verbindungstür zum Nachbarzimmer sich leise öffnete – es war ohne Zweifel Eleonores Schlafzimmer – verfiel sie in einen niederländischen Dialekt, den Eleonore nicht verstand. Nach einer Stunde war Georg Wilhelm überredet. An der Frühstückstafel verkündete er seiner Frau und der Tochter, dass Letztere dem Erbprinzen Georg Ludwig von Hannover angetraut würde. Beide Frauen waren fassungslos und wie versteinert. Vetter Anton Ulrich aus Braunschweig wurde entgegen aller Etikette am Morgen nicht mehr ins Schloss eingelassen. Sophie beobachtete voller Schadenfreude, wie der Brautwerber aus Wolfenbüttel sich enttäuscht auf den Heimweg begab. Sein Kutscher wendete mit einem lauten Peitschenknall das Gefährt, und die Kutsche verließ den Schlosshof.

Die Hochzeit fand am 22. November 1682 in Celle statt. Einige Tage später zog Sophie Drothea um nach Hannover. Als Georg Ludwig ihr aus der Kutsche half, blickte sie am Schloss empor – aus einem Fenster lehnte eine mit reichem Brokat bekleidete, mit Perlen behängte Frau heraus und schaute ihr neugierig entgegen. Es war Maria Katharina von dem Bussche. Sophie Dorothea bestand darauf, dass diese Person aus ihrer Nähe entfernt würde. Der alte Herzog wollte ihr den Anfang nicht so schwer machen und hörte diesmal nicht auf seine Mätresse, sondern sorgte dafür, dass deren Schwester den Hof verließ. Was Sophie Dorothea noch nicht wusste: Sie hatte sich damit die Gräfin Platen zur Todfeindin gemacht. Das merkte sie bei der ersten gemeinsamen Mahlzeit. Sie war in der Rangordnung nun nach der Herzogin Sophie die Zweite. Doch da schob sich die Platen dazwischen und bestand auf diesem zweiten Platz, den die Prinzessin ihr nicht zugestehen wollte. Herzog Ernst August versuchte einzulenken, bat um Nachsicht, Rücksicht, Toleranz – das Gezänk fand jedes Mal erneut statt, wenn die drei Damen bei der Tafel zusammentrafen.

Georg Ludwig war anfangs ganz angetan von seiner hübschen Gemahlin. Er fand sie auch umgänglich, staunte über ihre gute Allgemeinbildung, war sogar stolz auf ihre musikalischen Darbietungen.

Residenz-Stadt Hannover

Im Dezember 1683 gebar sie den einzigen Sohn, der Georg August genannt wurde. Jetzt kam auch ihre Mutter Eleonore öfter nach Hannover – war es doch auch ihr Enkel, den es zu bewundern gab. Sophie zeigte sich freundlich und sehr familiär.

Am Ende des Jahres 1686 plante Herzog Ernst August wieder eine längere Reise nach Italien. Seine Mätresse Klara von Platen begleitete ihn, und des Anstands wegen auch deren Ehemann. Auch Georg Ludwig und Sophie Dorothea wurden eingeladen. Gerne machte sie diese Reise mit, und Venedig erschien ihr wie eine Märchenwelt. Der Karneval war im vollen Gange, es gab endlose Vergnügungen, in die sich die Prinzessin mit Wonne stürzte. Das gefiel Georg Ludwig überhaupt nicht, er war sichtlich verärgert, besonders, weil die Herren Sophie Dorothea sofort zu ihrem Mittelpunkt erkoren, wo immer sie in Erscheinung trat.

In der Zwischenzeit hatte Herzogin Sophie in Hannover eine neue Hofdame in ihre Dienste genommen. Es war Ehrengard Melusine von der Schulenburg. Ihre Familie besaß einen großen Teil der Altmark nordöstlich von Braunschweig. Sie selbst gehörte einem weniger begüterten Zweig an, dessen Güter um Emden bei Haldensleben lagen. Ihr Bruder Matthias hatte in einem einzigartigen Coup die Türken vor Venedig vertrieben und genoss seitdem den Ehrentitel eines »Königs von Korfu«.

Melusine war etwa 20 Jahre alt und in jeder Hinsicht das Gegenteil von Sophie Dorothea. Sie war hochgewachsen, blond, hatte helle Augen und war in ihrer Art, in ihren Bewegungen sehr langsam und überlegt. Sie zeigte nie irgendwelche Regungen, sie erschien immer ausgeglichen, fast überlegen.

Es dauerte nicht lange, und Georg Ludwig hatte Melusine für sich entdeckt. Er verbrachte sehr viel Zeit mit ihr, seine Frau bekam ihn immer seltener zu Gesicht. Im März des Jahres 1687 brachte sie ein zweites Kind, eine Tochter, zur Welt, die nach ihr Sophie Dorothea genannt wurde. Danach schien den Prinzen nur noch die Schulenburg zu interessieren.

Herzog Ernst August schmiedete ehrgeizige Pläne. Er wollte das Land vor weiteren Erbteilungen bewahren und strebte die Primogenitur an. Sie war nämlich Voraussetzung für die am Hofe in Hannover angestrebte neunte Kurwürde. Nach diesem Gesetz sollte nur der älteste Sohn, Georg Ludwig, alleiniger Erbe des Füstentums werden. Ernst August entwarf das Gesetz 1682, ließ es vom Kaiser genehmigen, und 1684 eröffnete er diesen Beschluss seinen jüngeren Söhnen. Genau in diesem Zeitraum lernte ein gewisser Graf Königsmarck Sophie Dorothea kennen. Er war Offizier in der hannoverschen Armee und hatte deshalb Zugang zum Hof. Der junge Offizier war von ihrer Erscheinung, ihrer Persönlichkeit derart angetan, dass er ihr bald darauf liebenswürdige Briefe schickte. Sophie Dorothea hielt sich aber bedeckt. Gräfin Platen, die den jungen Mann mit schwedischer Herkunft bereits näher kennengelernt hatte, war erzürnt darüber, dass er von ihr nichts weiter wissen wollte. Sie witterte einen sich anbahnenden Skandal und hatte bald ihre Augen (und die ihrer Spione) ganz auf den jungen Offizier und die Prinzessin gerichtet. Doch zunächst geschah nichts; es kam zu keiner weiteren Begegnung.

Der Graf zog in den Krieg, kam nach einem Jahr zurück, und musste nach Hamburg reisen, um persönliche Dinge zu ordnen – wovon die Platen nichts wusste, war der Briefwechsel, eine eher einseitige Affäre, denn Königsmarck schrieb und schrieb – klugerweise adressierte er die Briefe an die vertrauenswürdige Hofdame Eleonore von dem Knesebeck. Sophie Dorothea antwortete selten und sehr, sehr vorsichtig. Sie wusste, dass die Platen nicht davor zurückschreckte, ihre Post zu unterschlagen. Sie begann aber, sich für den glühenden Verehrer zu erwärmen. Ihr Mann nahm sich kaum noch Zeit für sie, inzwischen hatte Melusine ihm eine Tochter geschenkt, eine zweite war unterwegs – sie war vergessen. Man hatte ihr alles genommen, ihr Vermögen war in den Besitz ihres Mannes übergegangen, sie hatte ihm zwei Kinder geschenkt, es war von ihr nichts mehr zu holen, außer vielleicht noch ein weiteres Kind. Doch die zwei, die es bereits gab, waren kerngesund und würden überleben – somit war sie überflüssig geworden. Liebe – falls ihr Mann überhaupt wusste, was das war – hatte er ihr nie wirklich gegeben. Georg war wohl gar nicht fähig zu tieferen Gefühlen. Woher auch? Und Sophie Dorothea? Eine junge Frau mit empfindsamer Seele und einem ungeheuren Nachholbedarf auch an physischer Zuwendung – sie las die betörenden Briefe immer aufmerksamer. Ihre Mutter warnte sie eingehend und immer wieder, sie war nicht blind und ahnte, welcher Gefahr ihre Tochter entgegenging. Der ganze Hof schwirrte von Gerüchten, die die Platen ständig am Kochen hielt, aber bislang umsonst.

Endlich, im Jahre 1691, gab Sophie Dorothea nach. Als sie sich sicher wähnte, ließ sie Königsmarck zu sich kommen. Nach der ersten Nacht gab es auch für sie kein Halten mehr. Alle Dämme der Zurückhaltung brachen, und sie gab sich der Liebe hin, die sie nun hier, in aller Heimlichkeit, genießen durfte. Königsmarck war, wie sie, fast von Sinnen. Es war wohl nur der Umsicht der Knesebeck zu verdanken, dass die Liebenden nicht entdeckt wurden.

Wenn der Graf nicht kommen konnte, schrieb er Briefe. Sie waren in einem Französisch abgefasst, das er zwar passabel sprach, aber nie richtig zu schreiben gelernt hatte. Sophie Dorothea lernte, die phonetische Sprache richtig zu lesen. Für alle Mitglieder des Hofes hatten die beiden Decknamen oder Nummern erfunden, um im Falle einer Entdeckung das Schlimmste zu verhindern. So schrieb Königsmarck, als Georg Ludwig sich auf eine Reise vorbereitete:

»Meine Freude über die Abreise des Réformeur wurde getrübt durch den Kummer, Sie krank zu wissen ... Ich hoffe, Sie morgen in meinen Armen zu halten; ich warte auf das gewöhnliche Zeichen, und inzwischen werden mich die bösen Stunden nicht hindern, mir die Wonnen Ihrer Umarmungen auszumalen«.

Fast alle Briefe waren voller verräterischer Leidenschaft. Viele waren gespickt mit Eifersucht, er tobte regelrecht, wenn Georg Ludwig in ihrer Nähe oder gar bei ihr war:

»Um zwei Uhr erhielt ich die niederschmetternde Nachricht, dass der Prinz in Ihren Armen ruht. In welche Verzweiflung hat mich seine Ankunft gestürzt! Ich bin außer mir, und nur der Tod kann mich von den Qualen befreien, die seine Anwesenheit mir bereitet ...«

Als Sophie Dorothea ihm von den Nachstellungen der Platen schrieb, während er in Flandern gegen die Franzosen kämpfte, antwortete er:

»... wenn ich der Herr der Schöpfung wäre, so würde ich sie (die Platen) den Bären zum Fraß vorwerfen, Löwen müssten ihr Hexenblut trinken und Tiger das niederträchtige Herz aus der Brust reißen ...«

In Hannover hatte er ein Haus bezogen, dessen Zaun an den des Schlosses grenzte. Das Spiel mit dem Feuer ging weiter. Im Juli 1693 schrieb er folgenden Brief:

»Ich kann nur hoffen, dass mir das, was ich in der vergangenen Nacht geträumt habe, nicht wirklich zustoßen wird: Man schlug mir den Kopf ab, weil man mich mit Ihnen überrascht hatte. Ich litt schlimmere Qualen als eine Seele im Fegefeuer; das Schlimmste war, dass ich nicht wusste, was aus Ihnen geworden war, vor allem, was man mit Ihnen gemacht hatte. Man erkennt an solchen Träumen, wie sehr man einander liebt ...«

Hätte er gewusst, wie prophetisch dieser Traum war! Vielleicht war er voller Ahnungen, denn schon früher hatte er ein Gedicht von Benjamin Neukirch zitiert:

»Und also liebe ich mein Verderben
Und häge ein feuer in meiner brust
Daran ich doch zulest mus sterben.
Mein Unterganck ist mir gar wol bewust ...«

Die geheimste Angelegenheit kann nicht für immer geheim bleiben – nicht an einem Hof, an dem Hunderte von Augenpaaren jeden Tag auf der Suche nach der Sensation, dem Skandal, dem Unglück anderer sind. Um Sophie Dorothea hatte sich schon längst ein Netz gelegt, das nur noch zugezogen werden musste.

Der Kurfürst von Sachsen starb im Frühjahr 1694 an den Pocken, und sein Bruder August folgte ihm auf den Thron. Königsmarck, der August noch von der Kampagne in Flandern in guter Erinnerung hatte, reiste nach Dresden. Er hatte dem Sachsen 30.000 Kronen geliehen, die er nun zurückfordern wollte. Mit dem Geld wollte er einige Schulden bezahlen, aber hauptsächlich – wie, das wusste er noch nicht genau – mit Sophie Dorothea irgendwo ein neues Leben anfangen. Kurfürst August begrüßte den alten Freund, lud ihn ein zu reicher Tafel, auf die Jagd, zeigte ihm die Pläne, die er von Dresden anfertigen ließ – eine Barockstadt wollte er aus diesem Nest machen, wie es keine zweite auf der Welt gäbe – Freuden über Freuden. Auf das Geld angesprochen, zögerte der Kurfürst. Es ginge nicht so schnell, er möge sich noch gedulden. Also, noch ein Fest! Königsmarck war unvorsichtig genug, im angetrunkenen Zustand Geheimnisse über den Hof in Hannover auszuplaudern. Über die Machenschaften der Gräfin Platen, die ihr Gesicht unter einer dicken Schicht teigähnlicher Substanz verbarg, und sich dennoch junge Liebhaber vor der Nase des Kurfürsten hielt. Wie der Erbprinz seine Frau vernachlässigte und mit einer hässlichen Mätresse Kinder zeugte. Alle lauschten seinen Berichten mit offenen Ohren. Leider war einer unter ihnen, der nicht schnell genug nach Hannover eilen konnte, um der Gräfin zu berichten, wie über sie insbesondere und den Hof im allgemeinen hergezogen wurde von einem, der sich brüstete, mit der Erbprinzessin auf sehr vertrautem Fuß zu stehen.

Der stolze neue Kurfürst Ernst August schäumte vor Wut, als ihm der Bericht aus Dresden vorlag. Er würde Königsmarck in Unehren entlassen, hinauswerfen, sobald er sich wieder blicken ließe. Das schien der Gräfin Platen nicht genug. Sie ließ sich das Versprechen geben, in der Sache eigenmächtig handeln zu dürfen.

Georg Ludwig hörte nur wenig von dem Skandalbericht. Er hatte seinen Ärger mit Sophie Dorothea. Als sie erfuhr, dass die Schulenburg eine Tochter geboren hatte, sah sie darin einen legitimen Grund, ihm den Beischlaf zu verwehren. Das machte ihn so wütend, dass er sie beinahe erdrosselte.

Sophie Dorothea wollte sich in Celle erholen. Aber der Vater war in übler Laune. Ernst August hatte ihm von den Berichten erzählt. Georg Wilhelm schickte seine Tochter wieder zurück. Ohne der in Herrenhausen weilenden Sophie den obligatorischen Respekt zu zollen, ließ Sophie Dorothea die Kutsche erst vor dem Leineschloss halten. Hier erwartete sie ihren Geliebten.

Königsmarck hatte sich von August von Sachsen das Versprechen geben lassen, ihn in seine Dienste zu nehmen, sobald er sich von Hannover lösen würde. Hier oder in Wolfenbüttel wollte er mit seiner Sophie Dorothea ein neues Leben beginnen. Die gemeinsame Flucht stand also kurz bevor.

In den letzten Tagen des Juni 1694 war Königsmarck wieder in Hannover. Er war so beschäftigt mit seinen Plänen, dass ihm nicht weiter auffiel, dass er bei Hof in Ungnade gefallen war. Er befahl seinem Sekretär Hildebrandt, die Sachen zu ordnen und zu packen. Auch Sophie Dorothea ließ er eine solche Mitteilung zukommen, fand aber noch keine Gelegenheit, sie zu besuchen.   ———

Am Morgen des 1. Juli erhielt er eine Nachricht, er möge um zehn Uhr an diesem Abend bei ihr erscheinen. Die Schrift war nicht die

Sophie Dorotheas, aber sie ließ ihre vertraute Kammerfrau öfter ihre Briefe schreiben, um die Affäre zu vertuschen. Deshalb dachte Königsmarck nicht weiter darüber nach, kleidete sich unauffällig und begab sich zum Schloss. Auf das verabredete Zeichen hin wurde die Tür geöffnet. Angeblich soll Sophie Dorothea von dem Besucher überrascht worden sein, sie wusste nichts von einer Nachricht. Vielleicht kam es auch nicht mehr zu einem Besuch. Fest steht nur, dass Königsmarck sich im Rittersaal, den er durchqueren musste, plötzlich von vier Männern umgeben sah, die ihn festnehmen wollten. Er zog seinen Säbel und setzte sich zur Wehr. Es waren vier Hofkavaliere, die Königsmarck im Lichte der Fackeln sicher erkannt hatte. Zwei davon, Eltz und Klencke, waren bislang noch nicht sonderlich aufgefallen; aber die beiden anderen, Graf Nicolo Montalban, ein italienischer Gelehrter, und Johann Christoph von Stubenvol, ein Hofjunker, der eine uneheliche Tochter des Kurfürsten Ernst August geheiratet hatte, galten als Gefolgsleute der Gräfin Platen.

Königsmarck konnte mit seinem Säbel nicht viel ausrichten gegen die Übermacht. Er wurde niedergeschlagen, und es war wohl Montalban, der ihm einen tödlichen Hieb versetzte. Das war vermutlich nicht vorgesehen. Die Leiche musste schnell unauffällig verschwinden. Vermutlich wurde der Leichnam des Grafen in der Leine versenkt, die das Schloss umfloss. Fest steht, dass er seit jener Nacht spurlos verschwunden ist – bis auf den heutigen Tag.

Sophie Dorothea schlief ahnungslos in ihren Gemächern unmittelbar über dem Ort des Geschehens. Sie hatte nichts gehört. Am Montagmorgen wartete sie auf das verabredete Zeichen, dass die Kutsche zur Flucht bereitstünde. Als sie aus ihrem Zimmer heraustreten wollte, fand sie eine Wache davor, die ihr mitteilte, sie dürfe ihre Räume nicht verlassen. Ihrer vertrauten Hofdame gelang es, ins Freie zu kommen. Sie suchte nach Königsmarck. Dessen Sekretär war im Laufe des Montags ebenfalls nervös geworden. Beide ahnten das Schlimmste. Während der Sekretär eiligst geheime Papiere bündelte, um sie vor der erwarteten Durchsuchung zu retten, versuchte Eleonore von dem Knesebeck, Sophie Dorothea die Nachricht zu übermitteln, dass der Geliebte höchst wahrscheinlich tot war. Vor der Tür, die zu den Gemächern der Prinzessin führte, wurde die Hofdame verhaftet. Sie sah ihre Herrin nie wieder.

Königsmarcks Haus wurde durchsucht, dabei fand man viele kompromittierende Dokumente. Hildebrandt hatte nur einen Teil verstecken können. Es waren Liebesbriefe von der Hand der Prinzessin: Sie schrieb auch, wie sehr sie ihren Ehemann verabscheute, wie sehr ihr der Hof von Hannover zuwider war, dass ihr Vater ein willensschwaches Instrument in den Händen seines ehrgeizigen Bruders war. Auch von Fluchtplänen nach Wolfenbüttel war die Rede. Leibniz stellte die Echtheit der Briefe fest.

Alle diese Dokumente wurden geheim gehalten. Der Ruf des Hofes wäre dahin gewesen. Die erst kürzlich erworbene neunte Kurwürde besudelt und von anderen Fürsten in Frage gestellt. Aus England tönten bereits die Jakobiten, die Anhänger der katholischen Stuart-Dynastie, der elfjährige Georg August sei ein »kleiner Königsmarck«.

Georg Ludwig schrieb auf Anraten des Grafen Platen seiner Frau einen Brief, in dem er sie bat, das gemeinsame Eheleben offiziell wieder aufzunehmen. Sie wusste nicht, dass dieser Brief sie in eine Falle locken sollte. Bestürzt von diesem ihr unvorstellbaren Gedanken, forderte sie ihre Rückkehr nach Celle, dort wolle sie jetzt wieder leben. Ihr greiser Vater Georg Wilhelm, der sie einst so geliebt hatte, war derart erbost, dass er seine Tochter nicht wieder sehen wollte. Sie könne in Ahlden leben, einem schlossähnlichen alten Amtshaus, etwa 30 Kilometer nordwestlich von Celle gelegen. Ein träges kleines Flüsschen vereinigt sich hier mit der Aller. Konturenloses Heideland breitete sich nach allen Seiten aus. Im Frühjahr standen regelmäßig große Flächen unter Hochwasser. Der Vorschlag des Herzogs wurde in Hannover in die Tat umgesetzt.

Hierhin brachte man die Prinzessin am 17. Juli 1694. Graf Platen hatte ihr mit äußerster Gefühllosigkeit mitgeteilt, dass Königsmarck tot sei. Seitdem hatten sich Verzweiflung und Wut ihrer bemächtigt, dass sie in eine regelrechte Starre geriet und nicht mehr fähig war, logisch zu denken oder mit irgendjemand zu reden. Es interessierte sie kaum, wo sie sich befand. Jedoch brachte man sie einige Wochen später nach Lauenau auf hannöversches Gebiet. Hier sollte ihr der Prozess gemacht werden, die Ehe sollte wegen der Weigerung der Prinzessin, mit ihrem Mann zusammen zu leben, geschieden werden. Von Königsmarck oder Ehebruch fiel kein Wort.

Der Prozess dauerte viele Monate. Die Bedingungen für ihren

Aufenthalt in Ahlden wurden festgeschrieben: Sie dürfe nie wieder heiraten, sie dürfe ihre Kinder nie wieder sehen, keine Besucher empfangen, auch keine Kontakte, abgesehen von zensierter Post, pflegen. Auch dürfe sie den Ort nicht verlassen. Sie dürfe sich Herzogin von Ahlden nennen. Eine Rente von achttausend Talern wurde ihr ausgesetzt. Offiziell wurde die Ehe am 28. Dezember 1694 geschieden. Wäre Sophie Dorothea aus ihrer trotzigen Starre erwacht und hätte ihrem Rechtsbeistand auch nur ein wenig vertraut, hätte sie sicher bessere Bedingungen aushandeln können. Aber sie wollte nicht. Sie wollte nur eines: weg von Hannover, weg von ihrem verhassten Ehemann!

Der Aufenthalt in Lauenau dauerte fast ein Jahr. Hier wohnte sie im Hause des Amtmanns. Es war eine solide Wasserburg aus dem frühen 14. Jahrhundert, gegen die Schaumburger als Grenzfeste errichtet. Sophie Dorothea wurde aber ernsthaft krank. Ärzte bemühten sich, sie nicht sterben zu lassen – es hätte dem Hof in Hannover als Mord ausgelegt werden können. Das konnte man sich jetzt ganz und gar nicht leisten.

Im Sommer 1695 wurde sie dann endgültig nach Ahlden verbannt. Dem Wachpersonal, das aus 40 Soldaten bestand, wurde die Todesstrafe angedroht, wenn die strikten Bewachungsmaßnahmen nicht eingehalten würden. In Hannover befürchtete man, dass die Prinzessin unangenehme Wahrheiten in alle Welt verbreiten könnte. Denn mit größter Neugierde wurde die so genannte Königsmarckaffäre an vielen Höfen verfolgt.

Schloss Ahlden an der Aller

Ihre Mutter erhielt erst nach vier Jahren eine Besuchserlaubnis. Lange hatte sie dafür gekämpft. Für Sophie Dorothea war die Mutter die einzige Informationsquelle zur Außenwelt. So erfuhr Sophie Dorothea, dass die schöne und begabte Schwester des Grafen Königsmarck, Aurora, nach Dresden zu August von Sachsen gereist sei, um den Kurfürsten um Hilfe bei der Suche nach dem verschollenen Bruder zu bitten. Doch es kam nichts dabei heraus. Allerdings gefiel ihm die Schwester Aurora so sehr, dass er sie zu seiner Mätresse auserwählte, was sie auch zwei Jahre lang durchhielt. Sie gebar einen Sohn, der später als »Maurice de Saxe« in die Annalen der Geschichte eingehen sollte. Letztlich rettete Aurora einen Teil des Briefwechsels zwischen ihrem Bruder und Sophie Dorothea. 212 Briefe von ihm, 73 von der Prinzessin, können noch heute in einem Archiv der schwedischen Stadt Lund nachgelesen werden.

Kurfürst Ernst August starb 1698, seine Mätresse, die Gräfin Platen, folgte ihm zwei Jahre später. Sophie Dorotheas Vater, Georg Wilhelm, wollte im Jahre 1705 dem Flehen seiner Frau nachgeben und seinen Frieden mit der Tochter machen. Graf Bernstorff, mit Blick auf eine spätere Anstellung in Hannover, verstand es immer wieder, den Termin hinauszuzögern. Als der Herzog zum Jagen nach Wienhausen reiste, erkältete er sich so schwer, dass er nach wenigen Tagen daran plötzlich starb.

Mit seinem Tod im Jahre 1705 fiel das Fürstentum Lüneburg an Hannover und wurde mit dem Kurfürstentum vereint. Eleonore d'Olbreuse übersiedelte nach Lüneburg. Von dort war der Weg nach Ahlden viel weiter und beschwerlicher. Trotzdem machte sie ihn, so oft es ihre Gesundheit zuließ.

Sophie Dorothea erhielt regelmäßig Post von ihrer Tochter Sophie Dorothea d. J. aus Berlin. Diese war seit 1706 mit König Friedrich Wilhelm I. in Preußen verheiratet. Vermutlich erlaubte der König seiner Frau diese Korrespondenz, da er auf das immer größer werdende Vermögen seiner Schwiegermutter spekulierte. Nach dem Tod ihres Vaters hatte Sophie Dorothea sein Privatvermögen geerbt. Sie galt nun als eine der reichsten Frauen im Land – als Gefangene konnte sie doch nur wenig ausgeben. Zwar kleidete sie sich stets à la mode, sie saß fürstlich gewandet allein im schmucken Speisesaal und glaubte wohl, der Geist Königsmarcks sei zugegen.

Eleonore von dem Knesebeck war an jenem 2. Juli 1694 verhaftet und in die Festung nach Springe gebracht worden. Sie wurde verhört, gab aber nichts Belastendes zu. Dennoch wurde ihr eine Mitschuld an der Liebesaffäre angelastet. Sie wurde in ein auf hohem Berg gelegene Gefängnis nach Scharzfeld am Südharz gebracht, wo sie den Rest ihres Lebens schmachten sollte. Denn auch sie war Trägerin vieler brisanter Geheimnisse. Ihre einflussreiche Familie konnte keinerlei Erleichterung für sie erwirken. Daraufhin heuerte man einen Dachdecker an, der schon öfter Reparaturen an dem Gefängnis ausgeführt hatte und keinen Verdacht erregte. Er bestieg in der Nacht des 5. November 1697 den Fels, erreichte das Dach und deckte die Ziegel ab und zog die ehemalige Hofdame heraus. Diese seilte sich mutig an dem steilen Felsen ab und verließ das Land. Angeblich soll sie nach längeren Irrwegen am Hof in Preußen untergekommen sein und eine Art Gnadenbrot genossen haben.

Eleonore d'Olbreuse starb 1722, 85-jährig. Sophie Dorothea hatte nun niemanden mehr. Sie erbte die restituierten französischen Güter der Mutter, sie war reicher als irgend eine andere Privatperson – und blieb doch eine Gefangene. Während ihrer 32-jährigen Gefangenschaft erfolgte die Thonbesteigung ihres ehemaligen Mannes Georg Ludwig in London. Sie widmete der Verwaltung ihres Vermögens viel Zeit. In den letzten Jahren musste sie die bittere Erfahrung machen, dass Graf Bahr, der bereits ihrem Vater treu gedient hatte und dem sie die Verwaltung ihrer Gelder anvertraut hatte, sie um große Summen betrog. Doch sie unterstützte arme Familien in Ahlden und ließ die Kirche restaurieren.

Die Prinzessin erkrankte plötzlich und heftig an einem Gallenleiden, woran sie dann auch sehr schnell, am 13. November 1726, im Alter von sechzig Jahren, gestorben ist.

Überall wurde getrauert. Nur in London sollte der Tod als unwichtige Nebensache ignoriert werden. An dem Tag, an dem Georg Ludwig die Nachricht erreichte, besuchte der König mit der Schulenburg, die inzwischen zur Duchess of Kendal aufgestiegen war, und seiner Halbschwester, nun Countess Darlington, die italienische Oper.

Sophie Dorotheas sterbliche Überreste wurden in einen Bleisarg gelegt, und man wartete geduldig auf Befehle aus London. Erst nach vielen Wochen kam die Anordnung, der Sarg solle im Garten des

Amtshauses vergraben werden. Da aber die Flüsse gerade wieder über die Ufer getreten waren und das gesamte Land unter Wasser stand, war das unmöglich. Es erfolgte ein weiterer Nachrichtenaustausch mit London. Es wurde Mai, bis eine Antwort eintraf: Man möge den Sarg nach Celle bringen und in der herzoglichen Grablege in der Stadtkirche beisetzen. Dies geschah dann auch ohne große Zeremonie. Nur ein kleines Schild am Sarg trägt noch heute ihren Namen.

Georg Ludwig verstarb auf einer Reise von London kommend in Osnabrück am 22.6.1727. Weder als Kurfürst von Hannover noch als König von England hatte er die Herzen seiner Untertanen wirklich gewonnen.

Die bescheidene Wolfenbüttelerin
Elisabeth Christine Königin von Preußen (1715-1797)

Elisabeth Christine

Das dritte Kind des zukünftig regierenden Herzogs Ferdinand Albrecht II. von Braunschweig-Wolfenbüttel und seiner Frau Antoinette Amalie wurde am 8.11. 1715 in Wolfenbüttel geboren. Es war das erste Mädchen, zwei Söhne gab es bereits: den Erbprinzen Karl sowie Anton Ulrich. Die Brüder waren noch im Bevernschen Haus in der Nähe des Doms in Braunschweig zur Welt gekommen, danach war die expandierende Familie in den ungemütlich kalten Prinzenhof nach Wolfenbüttel gezogen. Nebenan im Schloss regierte Herzog August Wilhelm, dessen drei Ehen kinderlos geblieben waren. Seine dritte Frau, Elisabeth von Holstein-Gottorf, wurde Patin des Mädchens, ebenso Karoline von Ansbach, die seit einem Jahr als Prinzessin von Wales in England lebte. Die Kleine erhielt den Namen der ältesten Schwester der Mutter, der Kaiserin Elisabeth Christine. Gerufen wurde sie aber stets Elisabeth. Die Kindheit der kleinen Prinzessin verlief ohne Zwischenfälle. Fast jedes Jahr kam ein Geschwisterchen hinzu; von den insgesamt 15 Kindern starben drei in frühem Alter. Man lebte bescheiden in Wolfenbüttel, ein wenig am Rande der großen Welt.

Herzog August Wilhelm hatte die Hoffnung auf einen eigenen Erben noch nicht ganz aufgegeben und betrachtete seine Nichte Antoinette Amalie und ihren bevernschen Gemahl mit etwas Misstrauen. Letzterer, der lange am kaiserlichen Hof in Wien gedient hatte, war ein stattlicher und liebenswürdiger Mann. Er und seine sanfte Gemahlin erzogen ihre Kinder eher mit Liebe als mit Strenge. Deutsch wurde zwar meistens am Hofe gesprochen, aber für den Umgang mit seinesgleichen lernte man Französisch sprechen, lesen und schreiben. Volk und Herrscher waren betont lutherisch, Religion und Musik waren neben Französisch die Hauptunterrichtsfächer. Kleine Abwechslungen bot das Leben. Man reiste zu den Großeltern nach Blankenburg oder fuhr nach Braunschweig zur Messe und ins Theater.

Im Dreieckswinkel zwischen Wolfenbüttel und Braunschweig lag das riesige, märchenhaft anmutende Schloss Salzdahlum. Es wurde seit dem Tode des Urgroßvaters Anton Ulrich nicht mehr genutzt, aber noch wurde alles mit großem Aufwand in bester Ordnung gehalten. In dem nach französischem Vorbild angelegten Park plätscherten Springbrunnen, zwischen dunkelgrünen Buchsbaum- und Lorbeersträuchern entzückten liebliche Skulpturen aus Marmor. An anderen Stellen grinsten Satyre dem Beschauer frech entgegen. Im Schloss hing ein wunderbares Gemälde neben dem anderen, kunstvolle Vasen und Statuen reihten sich in Vitrinen.

So waren Elisabeths Tage voll interessanter Beschäftigungen. Sie machte sich wenig Gedanken um Dinge wie Politik oder Wirtschaft, es wurde auch nicht von ihr erwartet. Dabei befand sich ihre Familie als zum Herrscherhaus Braunschweig-Wolfenbüttel gehörend in einer nicht ungefährlichen Mitte zwischen dem Kurfürstentum Hannover – dessen Herrscher nun auch Könige von England und eines wachsenden Weltreichs waren – und Preußen, diesem unbequemen Quereinsteiger in die Reichsgeschichte. Dort regierte der Soldatenkönig Friedrich Wilhelm, dessen Gemahlin Sophie Dorothea die Schwester des künftigen Königs Georg II. von England war.

Wien schaute mit großem Misstrauen auf die ständig wachsende Macht in den protestantischen Ländern, die sich mehr und mehr von der Krone entfernten. Scherzhaft flüsterte man, Wien sei nur noch für die Ausstellung von Adelspatenten zu gebrauchen. Dennoch war das Kaiserhaus durch die zum Katholizismus konvertierte Kaiserin Elisabeth Christine von Braunschweig mit dem Welfenhaus verwandt. Es galt also, sich äußerst diplomatisch zu bewegen und die unvermeidlichen Bündnisse genau abzuwägen. Eheliche Bindungen waren hierbei ein unverzichtbares Hilfsmittel, und es wurde jederzeit eifrige Heiratspolitik betrieben. Neigung blieb dabei ein unbekanntes Wort. Aber auch über derlei Dinge machte sich Elisabeth keine Gedanken, während sie zu einer liebenswerten und wohlgestalteten jungen Dame heranwuchs.

Die selbstbewusste Königin Sophie Dorothea hatte es in Berlin auf zehn überlebende Kinder gebracht. Die ersten beiden Söhne waren gestorben. Das vierte Kind, der 1712 geborene Friedrich, wurde der Trost und Augapfel seines Vaters, der seinen Thronfolger ganz in seinem Sinne zu erziehen gedachte. Der Berliner Hof unterschied sich sehr von dem in Wolfenbüttel. Alles war größer, lauter, schneller und aggressiver. Höflinge und ihre Herrscher hatten ein scharfes Auge und nur zu oft eine boshafte Zunge. Der Überlebenskampf hatte hier bereits voll eingesetzt. Es war kein Hof, der zum Ausruhen einlud.

Der Kronprinz Friedrich von Preußen war ein kluges, zartes Kind mit einem früh ausgeprägten Geschmack für das Schöne. Sein Geist schien höheren Dingen nachzustreben, was seinem bäuerlich-schlichten Vater gar nicht gefiel. Es fing schon bei der deutschen Sprache an, die der Vater vorzog, der Sohn aber kaum verstand. Er war früh der Hugenottin Madame de Roucoulle anvertraut worden, und diese Dame lernte in ihrem ganzen Leben kaum ein Wort Deutsch. Also sprach, dachte und träumte der junge Prinz französisch und teilte auch die Ansicht seiner Kinderfrau, dass die deutsche Sprache nur für Soldaten und Kutscher anwendbar sei. Seine natürliche Eleganz machte ihn zum Stolz seiner Mutter und Schwestern, während sein Vater darauf sann, ihm die »Flausen« auszutreiben. Schon als er fünf Jahre alt war, enthielt sein Stundenplan kaum noch Freizeit. Friedrich liebte den Musikunterricht über alles. Religiöse Unterweisung fruchtete nicht viel, er wurde später ein Freigeist. Er zeigte großes Interesse an allem, was mit Militär zu tun hatte. Die praktischen Übungen überstiegen jedoch seine Kräfte, und als er einmal fast zusammenbrach, malträtierte ihn der Vater, der keine Schwäche sehen wollte, gnadenlos.

Als Friedrich gerade 16 Jahre alt war, begleitete er seinen Vater an den Hof Augusts des Starken nach Dresden. August, Kurfürst von Sachsen und König von Polen, zeigte seinen preußischen Gästen voller Stolz seine vielen Kostbarkeiten. Hier ahnte Friedrich zum ersten Mal, was »standesgemäßes Hofhalten« alles beinhalten könnte. Als besondere Gunst beauftragte August zwei seiner schönsten Mätressen, den Herren die Zeit zu verkürzen. Friedrich Wilhelm lehnte diese Art der Begleitung empört ab. Der junge Friedrich soll dann hinter dem Rücken seines Vaters die erste Begegnung mit der »Liebe« gehabt haben. Darüber ist viel geschrieben und spekuliert worden. Vermutlich hatte er sich eine Krankheit geholt, die ihn für den Rest seines Lebens begleiten sollte. Selbstverständlich blieb alles streng geheim. Die diversen Geschlechtskrankheiten waren damals noch nicht genau definiert. Fest steht nur, dass Friedrich seitdem von Zeit zu Zeit diskrete Quacksalber konsultierte.

Der Besuch in Dresden hatte seinen Horizont erweitert. Er träumte von nun an von Dingen, die mit den Zielen seines Vaters gar nichts mehr gemein hatten. Die Abneigung des Königs verwandelte sich in Hass. Der Kronprinz konnte die zunehmenden Demütigungen und Drangsalierungen seitens des Vaters nicht länger ertragen und plante seine Flucht. Er weihte zwei seiner Pagen in seine bevorstehende Absicht ein: die Leutnants Peter von Keith und Hans Hermann von Katte (Letzterer stand ihm besonders nahe). Der auf einer Reise nach Wesel geplante Fluchtversuch schlug fehl. Keith entkam nach England, Friedrich und Katte wurden festgenommen. Friedrich kam als Gefangener auf die Festung nach Küstrin, Katte wurde auf Drängen des Königs zum Tode verurteilt. Im November 1730 wurde Katte nach Küstrin auf den Schlosshof gebracht, wo ein Schafott errichtet war. Friedrich wurde an das Fenster gezerrt und musste die Hinrichtung seines besten Freundes mit ansehen. Er wurde ohnmächtig und drohte in den Wochen darauf, in Schwermut zu fallen. Es ist wahrscheinlich, dass einige Saiten in der Seele des Neunzehnjährigen hier zersprangen und dass er durch dieses schreckliche Erlebnis zum Zyniker wurde, der dem Namen Preußens einen gewissen Klang verlieh, der teils Furcht, teils Bewunderung erweckte, aber selten Liebe. Die Versöhnung zwischen Vater und Sohn fand erst ein Jahr später statt. Friedrich sah nur noch eine Möglichkeit, sich den Erniedrigungen durch seinen Vater zu entziehen: Heirat. Dann stünde ihm ein eigener Haushalt zu.

Seine Mutter hatte sich jahrelang bemüht, ihre beiden Ältesten mit England zu verbinden. Dort, bei ihrem Bruder, ging es glänzender zu als im armen, sandigen Brandenburg. Aber England zeigte sich kühl bis desinteressiert, und der kaiserliche Gesandte Seckendorff tat sein Bestes, um diese Pläne zu sabotieren. Friedrichs ältere Schwester Wilhelmine heiratete also nicht Friedrich von Wales, sondern Friedrich von Bayreuth. Die jüngere Schwester Philippine Charlotte wurde dem Erbherzog Karl von Braunschweig-Wolfenbüttel anverlobt. Das Angebot für Friedrich bestand aus zwei thüringischen Prinzessinnen sowie der Kaisertochter Maria Theresia, Elisabeth Christine von Braunschweig-Bevern und einer russischen Prinzessin, derzeit noch Katharina von Mecklenburg. Der Soldatenkönig, den mit Braunschweig-Wolfenbüttel eine alte Freundschaft verband, favorisierte Elisabeth Christine. Sobald dieser Plan durchsickerte, wurde die junge Prinzessin von allen Seiten mit schlechten Kritiken bedacht: Dumm sei sie und hässlich obendrein. Friedrich, der dieser ganzen Angelegenheit ohne Leidenschaft gegenüberstand, wollte natürlich keine unansehnliche Frau und äußerte seine Bedenken in vielen Briefen. Zuletzt fügte er sich doch dem Willen seines Vaters, und ein Verlobungstermin wurde festgesetzt.

Die »Beverns« kamen nach Berlin: Herzog Ferdinand Albrecht II., seine Gemahlin Antoinette Amalie, die beiden ältesten Söhne und die ahnungslose Elisabeth. Der König war begeistert, und alle Hofleute, die vorher gegen die 17-Jährige eingenommen waren, mussten zugeben, dass sie sich geirrt hatten. Zehn Tage nach ihrem Eintreffen in der Metropole kam Friedrich aus Küstrin und begegnete Elisabeth zum ersten Mal. Sie schien ihm gar nicht übel, aber viel zu still und schüchtern. Was ihn vermutlich unüberwindbar gegen sie einnahm, war ihre Größe. Friedrich war sehr klein von Gestalt [1,63 m], und die braunschweigische Prinzessin überragte ihn um einen halben Kopf. Das störte sein Selbstbewusstsein. Um seinem Vater Gehorsam zu demonstrieren, ergab er sich, wenngleich unzufrieden, in sein Los. Elisabeth merkte nicht, dass die Aufregung um sie herum ihrer Person galt. Endlich fragte der König sie in Gegenwart ihrer Eltern, wie sie über eine Verlobung dächte. Sie errötete und sagte, dass sie als gehorsame Tochter sich alles gefallen ließe, was der König und ihre Eltern mit ihr vorhätten. Zur Frage, ob ihr die Person des Kronprinzen gefällig sei, antwortete sie mit »Ja«. Friedrichs Schwester Wilhelmine, eine eifrige Chronistin, gibt den Kommentar der Königin wieder: »Die Prinzessin ist schön, aber strohdumm und ohne jegliche Erziehung. Weiß der Himmel, wie mein Sohn sich mit diesem Grasaffen vertragen wird!«.

Am 16. März wurde die Verlobung vor 250 Gästen im Schloss offiziell vollzogen. Als die Ringe gewechselt wurden, bemerkte man ein verdächtiges Glitzern in den Augen des Kronprinzen. War es Resignation, Wut oder Enttäuschung? Diese Tränen bleiben eines der ungelösten Rätsel der Geschichte. Am Abend fand ein Ball statt. Die Prinzessin tanze wie eine Ente, bemerkte Friedrich. Er war höflich zu ihr, aber nicht herzlich. Seine Mutter trug ein steinernes, undurchsichtiges Gesicht zur Schau. Elisabeth wusste nicht, was sie denken oder fühlen sollte. Sie entschied sich, optimistisch zu bleiben. Der Kronprinz fertigte eine »Liste der Mängel« an, die er an der Prinzessin festgestellt hatte. Die Ministerwitwe Frau von Katsch wurde zu ihrer Begleiterin und Hofdame bestellt. Sie reiste mit nach Wolfenbüttel und machte Elisabeth mit den Finessen des Berliner Hoflebens vertraut. Sie wurde der Prinzessin eine liebevolle, verständige Freundin.

Dem Kronprinzen wurde das Goltzsche Regiment in Ruppin unterstellt, und das Schloss in Rheinsberg sollte Sommerresidenz des Ehepaares werden. In Berlin stand ihnen das Kronprinzenpalais zur Verfügung.

Das Frühjahr 1733 brachte viel Aufregung nach Salzdahlum. Das Schloss, zwischen Braunschweig und Wolfenbüttel gelegen, das aus Fachwerk errichtet worden war, bedurfte dringender Renovierungen. Im Juni war alles für den großen Tag gerüstet, um den Prinzen in einer »seinem Stande gemäßen Weise« zu vermählen. Trotz aller Korrektheit fehlte der Glanz der Großen. Man blieb unter sich. Aus Wien kam niemand, England hatte gar in letzter Minute die Meinung geändert und wollte die Heirat hintertreiben, wohl, um sich selber ein Stück von der neuen Macht Preußen zu sichern. Zu spät! Gegen Mittag des 12. Juni 1733 wurden die Eheverträge ausgetauscht, und nachmittags um fünf segnete Abt Dreyssigmark die Ehe ein. Für das Festbankett waren 19 Plätze eingedeckt worden. Elisabeth erging sich in Träumen, aus denen ihr Gemahl sie nicht herausriss. Er sprach kaum zu ihr. Um Mitternacht schrieb er an seine Schwester Wilhelmine: »Just in diesem Augenblick ist die ganze Zeremonie zu Ende, und Gott sei Dank, dass alles vorbei ist.« Er war nun sein eigener Herr. Am 16. Juni verließ Elisabeth endgültig ihre Heimat Wolfenbüttel und reiste ihrem Schicksal entgegen.

In Berlin erwartete Wilhelmine die Wolfenbütteler. Sie hatte sich mit einer hässlichen Szene den Vorrang vor den Ankommenden gesichert. Der Kronprinz stellte seiner Gemahlin die Schwester mit den Worten vor: »Das ist eine Schwester, die ich anbete, für die ich alle erdenklichen Rücksichten habe. Ich wünsche, dass Sie mehr auf sie achten, als auf den König oder die Königin«. Elisabeth stand angesichts dieser Zumutung wie versteinert, was Wilhelmine zu einer weiteren verächtlichen Eintragung in ihr Tagebuch veranlasste. Nur bei den jüngeren Geschwistern Friedrichs fand Elisabeth Zustimmung. Sie strahlte etwas aus, was am Hofe nicht zu finden war: Wärme. Der König wollte seiner Schwiegertochter seine »langen Kerls«, auf die er so stolz war, baldigst vorstellen. So verließ die königliche Partie samt Gästen am nächsten Morgen um drei Uhr das Schloss, fuhr etliche Stunden zum Exerzierplatz und schaute in glühender Hitze bis zum Spätnachmittag den Exerzierenden zu. Zwei kleine Zelte boten geringen Schutz vor der sengenden Sonne, Erfrischungen wurden nicht gereicht. Elisabeth war wahrlich in Preußen angekommen.

Nur wenige Wochen später, nämlich am 2. Juli 1733, fand in Berlin eine weitere Hochzeit statt: Friedrichs jüngere Schwester Philippine Charlotte heiratete den Bruder Elisabeth Christines, Karl, der zum regierenden Herzog von Braunschweig-Wolfenbüttel designiert war. Damit wurde eine Doppelallianz zwischen Braunschweig und Preussen besiegelt.

Für Elisabeth folgte nun die Einführung in die Gesellschaft, die

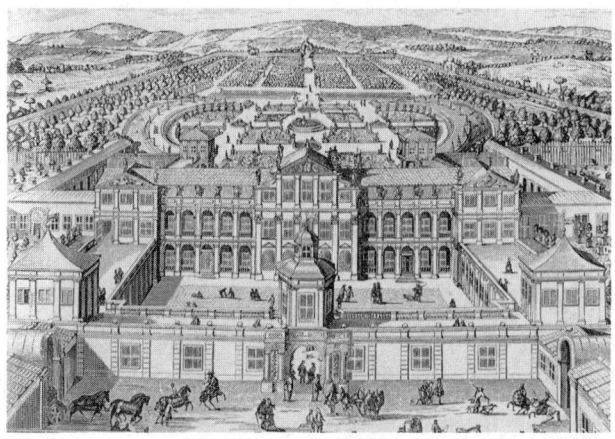

Schloss Salzdahlum, bei Wolfenbüttel gelegen

87

die Kronprinzessin gnadenlos in Augenschein nahm, dennoch aber wenig an ihr auszusetzen fand. Rheinsberg wurde die Sommerresidenz, in der sie sieben Jahre lang mit Friedrich unter einem Dach lebte. Die ersten Monate gestalteten sich erwartungsgemäß. Friedrich wollte dem Wunsch des Vaters, einen Erben zu zeugen, so schnell wie möglich nachkommen. Der König erkundigte sich schon nach wenigen Wochen, ob die Kronprinzessin bereits guter Hoffnung sei. Dem war aber nicht so, obgleich Friedrich in einem Schreiben bezeugte, »... dass sie in der Nacht Venus ihren Tribut entrichteten ...« Unglücklicherweise brach Friedrichs Geschlechtskrankheit sechs Monate nach der Hochzeit heftiger denn je wieder aus. Diesmal waren die Anzeichen so gefährlich, dass nur ein operativer Eingriff das Leben des Kronprinzen retten konnte. Teilamputiert, zog er sich ohne irgendeine Erklärung aus den ehelichen Gemächern zurück und bezog ein Schlafzimmer am entferntesten Ende des Korridors. Elisabeth, verunsichert und nicht ahnend, was geschehen war, lebte in den nächsten Monaten noch in banger Erwartung, dass er den Weg zu ihr zurückfinden möge. Jeder Tag begann für sie in freudiger Erwartung und endete mit bitterer Enttäuschung. Eheliche Harmonie gab es nicht mehr.

Friedrich umgab sich mit einer Schar junger Freunde, mit denen er diskutierte, musizierte, philosophierte. Er war nie mehr mit seiner Gemahlin allein. Sie begegneten sich morgens und begrüßten sich höflich, einander mit »Sire« und »Madame« anredend. Ein Handkuss war das Höchstmaß der Intimitäten. Elisabeth, die wohl wusste, wie sehr der König sich nach einem Thronerben sehnte, wurde nervös und unglücklich. Ihr Magen streikte. Der König glaubte, darin Zeichen einer Schwangerschaft zu sehen, wurde aber enttäuscht. Sie begann, mitleidig-spöttische Blicke einzusammeln. Dennoch hielt sie ihr Haupt aufrecht. Sie wusste genau, dass Friedrich kein Interesse an anderen Frauen hatte und sie wenigstens in diesem Punkt nicht bloßstellte. Sie gab auch die Hoffnung nicht auf, die Liebe dieses stolzen Prinzen wieder zu gewinnen, nahm sich zusammen, zeigte äußerlich weder Ungeduld noch Niedergeschlagenheit.

Ende Mai 1740 starb der Soldatenkönig. Ein Eilbote brachte nachts die Depesche nach Rheinsberg. Friedrich befand sich bereits in Berlin. Man weckte Elisabeth mit der Anrede »Eure Majestät«. Sie rüstete sofort zur eiligen Fahrt nach Berlin. Dort angekommen, erwartete sie ein Billett Friedrichs, in dem er ihr die Anweisung gab, sofort der Königinmutter ihre Aufwartung machen, im übrigen habe er jetzt sehr viel zu tun.

Friedrich war tatsächlich überhäuft mit Arbeit. Er übernahm das Regierungsamt in Charlottenburg, wo er auch schlief. Es schien, als wolle er das ganze Königreich in einer Woche umkrempeln. Nach einigen Tagen erschien er kurz im Schloss, besuchte seine Mutter und stellte Elisabeth dem Hof vor mit den Worten:»Das ist Ihre Königin!« Damit entschwand er wieder nach Charlottenburg. Dort regierte er nicht nur, sondern baute auch das von seinem Vater vernachlässigte Schloss aus. Er ließ die Oper errichten, einige Kirchen und entwarf große Pläne für die Zukunft.

Für Verwaltungsangelegenheiten engagierte er hauptsächlich Franzosen, von denen ihm, wie er sagte, ein Einzelner noch immer mehr wert war als zehn Deutsche. Voltaire kam kurz vorbei und entzückte Friedrich. Später blieb der Philosoph dann drei Jahre in Berlin und Potsdam und schrieb danach das dort Erlebte in »Candide« nieder.

Friedrich hatte bereits vor einigen Jahren Elisabeth das Schlösschen Niederschönhausen zum Geschenk gemacht. Es lag nördlich der Stadt, hatte einen großen Park, durch den die Panke floss, und war erst 1704 von Eosander von Goethe restauriert worden. Hierhin zog sich Elisabeth immer häufiger zurück.

Im Oktober desselben Jahres (1740) starb auch Kaiser Karl VI. in Wien, und dank der Pragmatischen Sanktion erbte seine Tochter Maria Theresia nun den Thron von Österreich. Friedrich hatte offensichtlich schon alles für diesen Moment vorbereitet: Noch im Dezember desselben Jahres fiel er mit 20.000 Mann in Schlesien ein, um es den Habsburgern zu entreißen. Nach zweijähriger Kriegsführung war Schlesien preußisch. Wie seiner Gemahlin zumute war, als er gegen ihre Verwandten ins Feld zog, interessierte ihn kaum. Der Krieg schien sein Selbstbewusstsein gestärkt zu haben. Er sandte Elisabeth kurze Briefe, meist Lageberichte. Einmal, knapp vor Kriegsende, erhielt sie die einzige Liebeserklärung von ihm:»Madame, man muss Sie lieben, wenn man Sie kennt, und die Güte Ihres Herzens verdient, dass man es schätzt ...«. Als er dann aber zurückkehrte, verschanzte er sich sogleich mit seinen Ratgebern und Freunden und hatte wenig

Zeit für die Familie.

Ein zweiter Krieg knüpfte bald (1742) an den ersten an, in dem einige von Friedrichs treuesten Leuten ihr Leben lassen mussten. Elisabeths Bruder Albrecht, der für Friedrich kämpfte, gehörte zu den Opfern. Es gab kein persönliches Wort der Teilnahme oder des Mitleids. Friedrich wurde zunehmend härter und mitleidsloser. Als auch dieser Zweite Schlesische Krieg zu Ende war, gönnte Friedrich seiner Mutter und den anwesenden Geschwistern einen Ausflug nach Charlottenburg, um seine Bauwerke der Familie vorzustellen. Auf die Anfrage eines seiner Brüder, ob die Königin mit von der Partie sei, antwortete er: »Wenn mein zimperlicher Griesgram an dem Ausflug teilnimmt, wird sie, fürchte ich, das ganze Fest stören. Außerdem weiß ich nicht, wo ich sie unterbringen soll.«

Seiner Mutter brachte er Respekt, ja, sogar Liebe entgegen. Für seine Geschwister nahm er sich immer wieder Zeit, und er ging fast zärtlich mit ihnen um, besonders mit Wilhelmine und Amalie, die sich beide durch Gehässigkeit und üble Launen auszeichneten. Aber sie waren geistreich und schlagfertig, und das hatten sie Elisabeth voraus. Diese hatte keine lebhafte französische Urgrossmutter unter ihren Vorfahren, nein, das Motto der Familie lautete noch immer »Alles mit Bedacht«. Ob der König sich anders verhalten hätte, wäre sie spritzig und ironisch gewesen? Sicher hätte es ihr Ansehen in seinen Augen erhöht, aber wahrscheinlich die Verlegenheit ihr gegenüber vergrößert. So war sie ihm gerade recht, sie war ihm nicht gewachsen, er mochte seine Zeit nicht mit ihr vertun, Punkt. Also lebte jeder sein eigenes Leben, und man war höflich, wenn man einander begegnete.

Dem Zweiten Schlesischen Krieg folgten zehn Jahre Frieden, bevor der Siebenjährige Krieg ausbrach. Friedrichs Bruder August Wilhelm hatte Elisabeths Schwester Luise geheiratet. Er wurde zum »Prinz von Preußen« ernannt, und er oder seine Nachkommen sollten nach Friedrich, von dem kein Thronfolger mehr erwartet wurde, die Krone erben. Die beiden Schwestern waren sehr glücklich, einander zu haben, denn der Hof bedachte sie mit wenig Freundlichkeit. Dabei erfüllten beide die ihnen gestellten vielfältigen Aufgaben. Luise gebar pflichtbewusst die erwarteten Kinder. Elisabeth hatte am Hof vielen Verpflichtungen nachzugehen. Wenn hohe Gäste eintrafen, kümmerte der König sich um die Herren, Elisabeth und die Königinmutter nahmen sich der Damen an. Es wurde großer und kleiner »cour« (Hof) gehalten und Bälle arrangiert sowie Theaterstücke einstudiert. Besonders populär waren die beliebten Maskenbälle. Waren keine solchen Aktivitäten geplant, kamen die Kartenspiele auf den Tisch.

Elisabeths Kammerherr wurde der ostpreußische Graf Ernst Ahasverus von Lehndorff, der fleißig allabendlich Tagebuchaufzeichnungen machte. Er hatte die gesamte preußische Societé im Blickfeld. Seine Berichte sind unbestreitbar objektiv. Man lernt von ihm beispielsweise, dass jemand, der sich einmal lächerlich gemacht hatte, und sei es nur durch eine verrutschte Schärpe, für den Rest seines Lebens gebrandmarkt war. Durch ihn erfährt die Nachwelt viel über den Alltag der Königin. Dabei vermerkt er ihre Anwesenheit oft kommentarlos bei verschiedenen Gelegenheiten. Häufig klingt er sehr gelangweilt. Hin und wieder schreibt er auch etwas deutlicher: »Die Königin und ihre Schwester gelten für nichts.« Ein andermal liest man: »Unsere gute Königin gerät mitunter in so heftige Erregung, dass das Publikum darüber lacht, während die, die ihre Stellung zwingt, um sie zu sein, darunter zu leiden haben. Die Königin hat zwar ein gutes Herz, aber es ist schwer, mit ihr auszukommen.« Über ihre innere Verzweiflung machte er sich anscheinend keine Gedanken.

Den König sah man immer seltener, während sein Mythos wuchs. Er kam kaum noch nach Berlin, lebte jetzt meist in Potsdam, wo er das Entstehen seines Lieblingsprojektes, des Schlösschens Sanssouci, überwachte. Er umgab sich mit großen Geistern seiner Zeit, die aber alle, um sich zu qualifizieren, französisch sprechen mussten. Am liebsten waren ihm echte Franzosen. Die Frauen, die das Privileg hatten, zu seinen Lebzeiten einen Fuß in das Schlösschen zu setzen, sind an den Fingern einer Hand abzuzählen. Seine Gemahlin war nicht unter ihnen. Nie sah sie Sanssouci von innen. Der König besuchte sie auch kein einziges Mal in Niederschönhausen.

1756 begann der Siebenjährige Krieg. Obwohl hier zum dritten Mal um die Herrschaft über Schlesien gekämpft wurde, waren bald alle größeren Mächte Europas involviert, ging es doch nicht nur um Vormachtstellungen in Europa, sondern zwischen Engländern und Franzosen auch um die Herrschaft über Kanada und Indien.

Die Katastrophen häuften sich bald. Die Königinmutter starb 1757, ebenso der Prinz von Preußen. Die Russen rückten an, und die

königliche Familie floh in das befestigte Magdeburg. Niederschönhausen wurde verwüstet, das ganze Land ausgeplündert. Die Engländer hatten Preußen als Machtfaktor anerkannt und waren ein Bündnis
eingegangen. Gemeinsam kämpften sie in Minden und Krefeld gegen
die Franzosen. Wieder hatte ein Bruder Elisabeths, Friedrich Franz,
sein Leben verloren im Kampf für Friedrich. Ein anderer Bruder,
Ferdinand, gewann für ihn etliche Schlachten. Wieder hörte Elisabeth
kein Wort des Beileides oder der Anerkennung. Als der Krieg 1763 zu
Ende war, kündete der König seine Rückkehr an. Doch sowohl die
Menschen in den Straßen als auch die Leute im Schloss schienen vergebens auf ihn zu warten. Er kam heimlich in die Stadt, schlüpfte
durch Nebenstraßen und betrat das Schloss durch einen Seiteinein-
gang. Als Elisabeth ihn sah, erkannte sie ihn zunächst nicht. Wer war
dieser kleine, verschrumpelte Mensch, schmutzig, abgerissen, zahnlos,
mit eingefallenen Wangen? Seine lebhaften Augen, sein scharfer Blick
verrieten Friedrich letztendlich. Er hatte sie beobachtet, schritt auf sie
zu, verneigte sich, schaute sie von unten bis oben an, und seine Begrüßung nach sieben Jahren lautete: »Sie sind korpulenter geworden,
Madame!«.

Danach zog der König sich fast gänzlich nach Potsdam zurück.
Seine Berater und Minister kletterten täglich die vielen Stufen zum
Palais Sanssouci empor, das er dem Stadtschloss vorzog. In Berlin entstanden jetzt viele Bauwerke, die Wirtschaft blühte. Der Tagesablauf
des Königs war militärisch streng: Morgens um fünf ließ er sich wecken, gab die Parole aus, widmete sich den Regierungsaufgaben und
musizierte dann stundenlang. Abends pflegte er wieder den Austausch
mit geistreichen Zeitgenossen. Die Korrespondenz mit seinen Geschwistern wurde eifrig betrieben. Seine Briefe zeugen von geistiger
Überlegenheit, sie sind in höflichem Ton verfasst, aber die Bemerkungen über Dritte wurden immer abfälliger. Das Volk hieß bei ihm
nur noch die »Canaille«. Friedrich verließ Potsdam immer seltener. Je
weniger man ihn sah, desto mehr liebte man ihn. Er knauserte mit
Anerkennungen, mit Geld, mit Renten und Pensionen – doch nichts
tat seiner Popularität Abbruch. Sein Mythos als »der Große« wuchs.
Einmal in jedem Jahr dinierte er mit der Königin im Berliner Schloss.
Er hatte aber die Bedingung gestellt, dass zwischen ihnen keine Konversation stattfinden solle. Er hatte ihr einfach nichts zu sagen. Es

muss eine merkwürdig bedrückende Atmosphäre geherrscht haben. Friedrich war geradezu zu einem Eremiten geworden. Die Gicht plagte ihn, er wurde unleidlich. Eine scheinbar intakte Fassade blieb aufrecht erhalten. Er ließ sich weiterhin um fünf Uhr wecken, gab die Parole aus, schickte aber seine Berater immer öfter fort, ohne mit ihnen gesprochen zu haben. Er sei überarbeitet. Zum Glück lief die gut geölte preußische Staatsmaschinerie fast von allein. Ein kleiner Stab von Bediensteten hielt sich ständig in Rufweite des Königs auf. Wenn er ungeduldig war, schlug er schon mal mit dem Krückstock auf sie ein. Ärzte ließ er zwar kommen, spottete aber über ihre Ratschläge. Er soll vor Schmutz gestarrt haben, denn allein konnte er nicht mehr baden, und es wird berichtet, er sei zu »schamhaft« gewesen, um sich selbst vor seinen engsten Vertrauten zu entblößen.

Elisabeth hatte sich gefügt. Sie war alt und müde geworden. Ihre Schwester Luise war inzwischen gestorben. Die Nachfolgerin der Frau von Katsch, die von Friedrich so verehrte Frau von Kamas, war auch nicht mehr bei ihr. Sie kränkelte, die Beine waren schwach und schmerzten. Das immer hektischer werdende Leben wurde oft zur Qual. Ihr jüngster Neffe Leopold war Gouverneur von Frankfurt/Oder. Bei einem Hochwasser im April des Jahres 1785 versuchte er, einige Leute vor dem Ertrinken zu retten, und kam dabei selbst ums Leben. Elisabeth kannte ihn zwar kaum, aber die Reaktion des Königs, »was habe er sich denn um den Pöbel zu kümmern«, schmerzte sie zutiefst. Später im selben Jahr machte Friedrich noch eine Inspektionsreise nach Schlesien, deren Anstrengungen er aber nicht mehr gewachsen war. Auf der Rückreise musste er getragen werden.

Sein letztes Lebensjahr war angebrochen, er verbrachte es in hinfälligem Zustand. Bis zum Ende diktierte er noch lange Schreiben, die Unterschrift fiel kaum lesbar aus. Seinem Bruder Heinrich vermachte er 20 000, den beiden noch lebenden Schwestern Philippine Charlotte und Amalie je 10 000 Taler. Der Königin schrieb er noch am 15. August: »Gnädigste Frau, ich bin Ihnen sehr für die Wünsche verbunden, die Sie geruhen, auszusprechen. Aber ein heftiges Fieber hat mich befallen und hindert mich, Ihnen ausführlicher zu schreiben.« Zwei Tage später starb er. Ein letztes Mal trat Elisabeth ins Rampenlicht als seine Witwe, die die Trauerbekundungen entgegennahm. Einen Tag lang war sie der Mittelpunkt, dem die Beileidsbezeugungen, ja, auch echte Sympathie entgegengebracht wurden. In seinem Testament hatte Friedrich sie mit einem letzten Kompliment bedacht: Sie sei eine Fürstin, die nie vom Pfade der Tugend abgewichen sei. Schon am Tage danach wandte sich das Interesse dem neuen König zu: es war der Neffe Friedrichs, Friedrich Wilhelm II.

Der König hatte sich ausbedungen, neben seinen Lieblingshunden vor dem Schlösschen Sanssouci begraben zu werden. Zum ersten Mal hatte man es gewagt, sich seinem Willen zu widersetzen und ihn in der Potsdamer Garnisonskirche neben seinem Vater zu bestatten. Von dort wurde er nach dem Zweiten Weltkrieg nach Hechingen ins Haupthaus der Hohenzollern überführt, und erst 1991, genau 205 Jahre nach seinem Tode, wurde sein letzter Wunsch erfüllt. Seine Seele hat nun vielleicht ihre Ruhe gefunden.

Elisabeth überlebte ihren Gemahl um elf Jahre. In dieser Zeit gab sie sich zunehmend der Wohltätigkeit hin, oft in einem Maße, das der königlichen Schatulle gefährlich zu werden drohte. Auch kümmerte sie sich um ihre meist schon erwachsenen 25 Patenkinder, die aus Adelsfamilien stammten. Fast alle ihre Kostbarkeiten und Gemälde vermachte sie in ihrem Testament dem König, die Hofdamen wurden mit Legaten bedacht, und den gesamten Hofstaat, die Domestiken und die armen Familien, die von ihr mit einer kleinen Pension versehen waren, empfahl sie der Fürsorge des Königs. Die von ihr erlassene Bestimmung über ihre Beisetzung ist wahrscheinlich das einzige Dokument, das sie je in deutscher Sprache verfasst hat:

»Wahn ich aus dieser Wehlt Wehrde sein und meine Sehle in der Glücksehliegen Ewigkeit mein sarg sol gantz schlegt ausgeschlagen Wehrden und gantz ordienairen sarg von Eigenholtz oder schwarz gebeizt mit versilberte simple Griffe. Ich verlange, dass man mir nicht in Parade setzet Und auch von keinem Menschen mich sehen lassen als von diejenigen Die es nicht verhüten können Bey mir zu sein, auch nicht zu frühe Begraben Wahn es seyn kan und angehet 8 Tage nach meinem Tode ... auch ist mein Wille Gantz in dehr stille Begraben zu Wehrden und ist mein Wille und letzete Bitte keine öffentliege Ceremonie Machen Möchten. Dieses ist mein letzter Wille.« Gez.: »Elisabeth Christine Berlin dehn 28. Februarii 1787«.

Elisabeth Christine starb zehn Jahre, nachdem sie dies geschrieben hatte, am 13. Januar 1797. Sie wurde ihrem Wunsch gemäß in aller

Stille im Berliner Dom, gegenüber vom Schloss, in der Fürstengruft beigesetzt. Die Königin lag nun auch im Tod noch einsam unter den ihr nie ans Herz gewachsenen Hohenzollern.

Der Schinkel-Dom wurde unter Kaiser Wilhelm II. von 1894 bis 1905 nach Plänen von Julius Raschdorff total umgestaltet. Das pompöse, dem Repräsentationsbedürfnis des Kaisers entsprechende Bauwerk beherrscht noch heute Berlins Mitte. Allerdings wurde der Dom im Zweiten Weltkrieg stark beschädigt. Auch die Fürstengruft entging nicht der Zerstörung. Viele Sarkophage erlitten starke Schäden, das Metall schmolz, Samt- und Brokatbezüge verbrannten, Wasserschäden taten ein Übriges.

1975 ordnete die DDR-Regierung mit Zustimmung der evangelischen Kirche den Wiederaufbau des Doms an. Die angebaute Begräbniskirche, in der einige Prunksärge ihren Platz gehabt hatten, wurde abgerissen. In der Fürstengruft wurden die verbliebenen Särge zusammengeschoben und durch ein Metallgitter vor Zudringlichkeiten geschützt. Dieser Zustand herrschte bis zur Wende 1989. Erst 1993 wurde der Dom wieder eingeweiht und danach die Renovierung der Fürstengruft in Angriff genommen. Ein kompliziertes Arbeitsfeld breitete sich aus: Historiker, Pathologen, Denkmalpfleger, Steinmetze, Kunsthistoriker – sie alle waren gefragt. 96 Sarkophage wurden auf einer Fläche von 1.300 Quadratmetern neu aufgestellt. Sie waren vorher restauriert und unter oft großen Schwierigkeiten identifiziert worden.

Am 20. November 1999 wurde die Fürstengruft feierlich neu eröffnet. Alle Särge standen in Reih und Glied, mit Beschriftung und Datierung. Viele von ihnen sind wahre Kunstwerke. Auffallend die große Anzahl von Kindersärgen. Ein Besuch hier ist ein aufschlussreicher Spaziergang durch Preußens Geschichte, eine Begegnung mit Großen und weniger Großen, mit Glücklichen und Glücklosen. Eine Liste liegt aus. Hinter der Nummer 54 steht: »Elisabeth Christine, Königin von Preußen.«

Verfluchte Prinzessin
Elisabeth Christine Ulrike von Braunschweig (1746-1840)
Kronprinzessin von Preußen

Elisabeth Christine Ulrike

Über die grüne Landschaft Brandenburgs wälzte sich eine Staublawine westwärts. Sie verhüllte die sechsspännige Kutsche und drei Begleitwagen, die auf den holprigen, von tiefen Furchen gezeichneten Fahrtwegen mit ziemlicher Eile vorwärts strebten. In der Ersten saß Friedrich, König von Preußen, neben ihm sein Neffe und designierter Nachfolger, Friedrich Wilhelm. Der junge Prinz schaute mürrisch in die Landschaft. »Warum so missmutig, mon neveu?«, wandte sich der Onkel an ihn. »Brautschau ist doch keine Verpflichtung. Aber diese junge Dame scheint äußerst vielversprechend. Sie ist die Tochter meiner Schwester, und das garantiert eine gute Bildung und Disziplin. Dann ist sie auch sehr hübsch. Ihr Französisch ist ausgezeichnet. Und sie bewegt sich behände wie ein Wiesel. Ich habe sie seit einigen Jahren im Auge.«

Friedrich Wilhelms Miene blieb düster. Er wusste, es gab kein Entrinnen. Der »Alte«, obschon erst 51 Jahre alt, wollte seine Nachfolge gesichert wissen. Braunschweigisches und preußisches Blut schienen ihm das Bewährteste. Und – das war dem jungen Mann klar: Die Betonung lag auf Disziplin. Eine Frau würde seine geliebte Freiheit einschränken. Er sah sich am Kamin sitzen mit einer stickenden oder musizierenden Gemahlin, langweiligen Hofschranzen als Gäste, während die entzückenden Mädels von der Oper vergeblich auf ihn warteten. Er würde zum Gespött seiner Freunde aus dem Armeecorps werden. Doch andererseits würde er nach einer Heirat einen eigenen Haushalt bekommen und der lästigen Kontrolle des Onkels entgehen. Mit einer Gemahlin würde er schon fertig werden.

Er dachte an seine Mutter, die nie Enttäuschung zeigte, trotz aller Demütigungen, die ihr ständig zuteil wurden. Und erst deren Schwester, die Königin! In was für eine Nebenrolle hatte sie sich drängen lassen, ohne je zu murren! Mit Frauen aus dem Hause Braunschweig-Wolfenbüttel sollte es nicht allzu schwierig sein, seinen eigenen Neigungen nachzugehen.

Der Braunschweiger Hof hatte sich für diesen Besuch gerüstet. Man traf sich in Salzdahlum. Das Schloss, vor fast siebzig Jahren erbaut, zeigte Spuren des Verfalls. Putz bröckelte und legte das Fachwerk bloß. Ganze Flügel waren bereits unbenutzbar und abgeschlossen. Das Versailles des Nordens war nicht aus solidem Stein gebaut wie das Original; Fachwerk bedurfte ständiger Pflege. Aber da die Herzöge den Bau des Stadtschlosses in Braunschweig vorangetrieben hatten, der dann auch endlich vor genau zehn Jahren fertiggestellt war, musste man Mittel für Salzdahlum kürzen. Trotzdem war es noch immer der einzige Ort für größere Veranstaltungen. Einen so geräumigen Festsaal wie den hiesigen hatte das neue Schloss in Braunschweig nicht zu bieten. Zwar war der schöne Barockgarten recht verwildert, wirkte dadurch aber verzaubert wie ein Märchenwald.

Herzogin Philippine Charlotte strahlte, als sie ihren geliebten Bruder begrüßte. Er bedeutete ihr mehr als sonst etwas auf der Welt, und dass sein Neffe und Erbe nun mit großer Wahrscheinlichkeit ihre Tochter heiraten würde, erfüllte sie mit Befriedigung. Das Leben bot sonst wenig Erbauliches. Der Hof hatte nicht gespart, um seine Gäste würdig zu begrüßen.

Philippine Charlotte stellte ihre Tochter Elisabeth vor. Sie war wirklich hübsch und hatte feine Arme und Hände. Allerdings trug sie ein unkleidsames Gewand, das lose an ihr herunterhing. Nun, in Braunschweig war man nicht so modebewusst wie in Berlin. Ihr Lächeln war freundlich, aber reserviert. Sie zog sich auch gleich nach der Begrüßung wieder zurück. Ein Katarrh mache ihr zu schaffen, sie bedürfe der Schonung, hieß es.

Gleich am nächsten Tag ging es zur Jagd, der sich der Kronprinz nur mit Widerstreben anschloss. Am zweiten Abend fand ein großer Ball statt. Der Prinz von Preußen hoffte, die Prinzessin etwas näher kennen zu lernen. Heute musste er ja mit ihr tanzen, vielleicht würde es eine Gelegenheit geben, mit ihr zu sprechen. Die Paare stellten sich auf. Die Prinzessin stand ihm gegenüber. Sie schaute ihn kurz an und lächelte. Fast schien es ihm wie ein gnädiges Entgegenkommen, eine notwendige Zur-Kenntnisnahme seiner Anwesenheit. Seine Laune verdüsterte sich. Er, der als der schönste Mann in Preußen galt, den man den »Vielgeliebten« nannte, war Unterwürfigkeit, zumindest Entgegenkommen und Bewunderung gewöhnt. Elisabeth war wirklich wunderschön und tanzte mit der Leichtigkeit und Grazie einer Elfe. Sie schaute ihn an – steif und förmlich, sogar ein wenig keck. Sie würde wohl nicht so anschmiegsam sein wie die hübschen Berlinerinnen, in deren Gesellschaft er sich so wohl fühlte. Aber was blieb ihm schon übrig. Das Schicksal hatte ihn zur Nachfolge bestimmt. Die damit einhergehenden Pflichten musste er erfüllen. Daneben gab es gewiss immer wieder Zeit für angenehmere Dinge.

Der Hof kehrte nach Braunschweig, Friedrich nach Berlin zurück. Sein Neffe, Friedrich Wilhelm, Erbprinz von Preußen, blieb noch einige Tage. Es gelang ihm aber nicht, seiner Cousine näher zu kommen. Sie schien seltsam scheu, was gar nicht so zu ihrer Art zu passen schien. Das störte ihn aber nicht weiter. Für eine Gemahlin und als Mutter seiner Kinder war sie so gut wie jede andere Dame aus irgendeinem Fürstenhaus.

Die Verlobung wurde auf den 18. Juli 1764 festgelegt. Eigentlich wollte der König seinen Neffen so schnell wie möglich in festen Händen wissen, da ihm sein lockerer Lebenswandel nicht gefiel. Aber es hieß, Elisabeth sei erkrankt. Ein hartnäckiger Husten hatte einen mehrmonatigen Aufenthalt im waldreichen Solling ratsam erscheinen lassen. Im Winter war sie dann nach Braunschweig zurückgekehrt, und ihre Gesundheit schien völlig wieder hergestellt. Die Verlobung sollte im Schloss Charlottenburg stattfinden. Die herzogliche Familie reiste nach Berlin, das sich fieberhaft auf die große Feier vorbereitete. Die Königin, die ja die Schwester Herzog Karls war, und ihre jüngere Schwester Luise, die Prinzessin-Witwe und Mutter des Erbprinzen von Preußen, erhielten erst im allerletzten Moment Einladungen. Nach der großen Feier, zu der 300 Gäste geladen waren, reisten sie auch bald wieder ab.

Elisabeth war der Mittelpunkt dieses Festes. Sie enttäuschte nicht. Ihre Konversation war »gefällig«, sie reagierte schnell und nicht ohne Humor. Bald hatte sie fast alle Herzen erobert. Aber hinter ihrem

Lächeln verbarg sich ein wacher Verstand. Sie hatte schnell gemerkt, worauf es an diesem Hof ankam. Ein jeder versuchte, den anderen auszustechen. Sich eine Blöße zu geben, kam einer Todsünde gleich. Wer sich einmal lächerlich machte, der hatte für immer verloren. Erbarmungslosigkeit, durch Höflichkeit nur dürftig getarnt, herrschte auf allen Ebenen. Wie tröstliche Lichter in der Finsternis erschienen Elisabeth ihre beiden Brüder, Wilhelm und Friedrich August. Der Preußenkönig hatte ihnen eigene Regimenter anvertraut. Wilhelm hing sehr an seiner Schwester, nur ein Jahr lag zwischen ihnen, und sie hatten seit frühester Kindheit ein stabiles Vertrauensverhältnis. »Übrigens« – mit dem Kinn wies Wilhelm in die Menge – »musst du dich ganz besonders vor dem Hinkebein da drüben vorsehen, dem Kammerherrn unserer Frau Tante, der Königin. Er sieht alles, hört alles – und schreibt abends alles in sein dickes Tagebuch!« Freiherr Ahasver von Lehndorff – er war gemeint – schaute mit scheinbarer Gleichgültigkeit zu ihnen herüber.

Nach Jahresfrist würde man sich hier wieder treffen, dann sollte die Hochzeit stattfinden. Elisabeth dachte mit Grauen an den Tag. Dieser fette, total von sich eingenommene Faun, der nur Ausschau nach gefälligen Frauenzimmern hielt, sollte ihr Gemahl werden! Er würde sich jede Freiheit nehmen dürfen, und sie, das war ihr als Fürstentochter stets eingebläut worden, müsste die Tugendhafte spielen, damit das königliche Blut zweifelsfrei weitervererbt würde. Onkel Fritz hatte sie und ihre Mutter dringlich angemahnt – ein Erbe müsse so bald wie möglich geboren werden, damit er, Friedrich, gelassener seinem Älterwerden entgegensehen könne. Warum hat er nicht selbst einen Erben gezeugt?, fragte sich die Prinzessin. Er lebte nur für Krieg, Musik und Philosophie, das war schon etwas merkwürdig. Und ihre Tante, deren Namen sie trug, seine Gemahlin – zur Nonne hatte er sie gemacht, sie hatte schon alles Irdische hinter sich gelassen und beschäftigte sich nur noch mit Mystikern und Verfassern geistlicher Texte. Sicher wäre sie eine liebevolle Mutter geworden.

Elisabeth hatte in ihrer eigenen Kindheit wenig Liebe empfangen. Disziplin, Disziplin, das war das tägliche Brot gewesen. Ihre Mutter war genauso hart wie ihr Bruder, der alte Fritz. Merkwürdig, dass der Erbprinz so ganz anders geraten war. Von Disziplin hielt er überhaupt nichts, Genuss in jeder Form war sein Leitmotiv. Elisabeth mochte nicht an die erste Nacht mit ihm denken, die ja vor den Augen fast des ganzen Hofes angetreten werden musste.

Anlässlich der Verlobung erschien folgende Schrift, die als Flugblatt in der Öffentlichkeit, vornehmlich in Kirchen, verbreitet wurde: »... demnach die weiseste Vorsehung Gottes es also gefüget hat, dass mit höchster Genehmigung Sr. Königlichen Majestät von Preussen und Beyderseit Durchlauchigster Eltern vergnüglichsten Zufriedenheit zwischen den Durchlauchtigsten Fürsten, Herrn Friedrich Wilhelm, Königl. Prinzen zu Preussen und der Durchlauchtigen Fürstin, Frau Elisabeth Christine Ulrique, Herzogin zu Braunschweig-Lüneburg am 18ten des nächst verwichnen Monats Julius, zu Charlottenburg eine christ-fürstliche Eheversprechung verabredet und geschlossen worden; so wird einer christlichen Versammlung solches hierdurch bekannt gemacht ... Wir preisen die Güte des Allerhöchsten über diese freudige Begebenheit und bitten Ihn demütigst, Er wolle diese Fürstliche Verbindung zur Verherrlichung Seiner Ehre, zu Beider Verlobten glückseligster Zufriedenheit, und zur unzertrennlichen Befestigung der zwischen dem Königlichen Churhause Brandenburg und dem Herzöglichen Hause Braunschweig-Lüneburg, durch mannigfaltige Bande der Freundschaft seit vielen Jahrhunderten glücklichst bestehenden vertraulichsten Vereinigung gereichen, und vollkommen gesegnet sein lassen, um seiner ewigen Liebe willen. Amen!«

Das Jahr ging schnell vorbei. Am 14. Juli 1765 traf sich der Hof wieder, diesmal zur Hochzeit. Die Trauung vollzog der Hofprediger Sack. Lehndorff schrieb in sein Tagebuch, dass beim Ausgang aus der Kirche ein Chaos einsetzte, offensichtlich hatte hier die preußische Organisation versagt. »Die königliche Tafel zeigt eine erstaunliche Pracht, alles Gerät ist von Gold, und die 22 Prinzen und Prinzessinnen, die sich daran befinden, sind mit Schmuck überladen. Die Neuvermählten sitzen in der Mitte, rechts von der Prinzessin die Königin, der Herzog von Braunschweig, die Prinzessinnen Heinrich, Wilhelmine und Luise ... den Neuvermählten gegenüber sitzt der König zwischen der Herzogin von Braunschweig und der Erbprinzessin (Augusta), einer geborenen Prinzessin von England, neben dieser der Herzog von York ... In der Orangerie sind drei große Tafeln gedeckt, an denen der Staatsminister Finkenstein und der Gouverneur Hülsen und der Oberhofmarschall Reuß präsidieren. Die Ordnung ist aber so mangelhaft, dass gerade, als man dort die Schüsseln aufträgt, die Tafel aufgehoben wird. So bleiben wir alle an diesem Tage ohne Abendessen.«

Über den kritischen Moment, vor dem Elisabeth so sehr graute, schrieb Lehndorff: »Nun führt man das junge Paar ins Schlafgemach, und der König entkleidet selbst den Prinzen und bringt ihn zu Bett, und das mit so gütiger Miene, dass alle Anwesenden davon gerührt sind.«

Die Feiern dauerten eine ganze Woche. Bälle, Redouten, Opern, Feuerwerke wechselten ständig. Dann setzte der Alltag ein. Dem jungen Paar wurde eine Wohnung in einem Kabinettshaus am Neuen Markt, Ecke Schwerdtfegerstraße, in Potsdam zugewiesen. Es war erst kürzlich vom König erbaut worden und diente auch anderen Hofbediensteten als Unterkunft. Die beiden bezogen die Eckwohnung in der ersten Etage.

Nur wenige Türen weiter, Schlossstraße 9, wohnte der Musiker Elias Encke, der als Waldhornist in der Kapelle des Königs spielte. Eine der Töchter dieses Mannes, die 1753 in Dessau geborene Wilhelmine, hatte sich für ihr Alter schon außergewöhnlich üppig entwickelt und war dem Erbprinzen längst aufgefallen. Er hatte kurz mit ihrer älteren Schwester anzubändeln versucht, sah aber dann die Reize dieser Dreizehnjährigen und konzentrierte sich mit Hingabe auf sie, die, nicht prüde, sich die Avancen gefallen ließ. Anmutig war sie, aber ungebildet und kindlich-naiv. Friedrich Wilhelm hatte bereits angefangen, ihre Erziehung ein wenig auszubauen. Dann heiratete er, setzte aber danach sein »Bildungsprogramm« ungehindert fort. Der König erfuhr davon, doch bevor er Schritte unternehmen konnte, »entführte« der Erbprinz die junge Wilhelmine und brachte sie bei der Familie Ritz unter. Der Gärtner Johann Heinrich Ritz und seine Ehefrau Olympia waren »ergebene Freunde«. Hier, vor dem »Berliner Tore«, versteckte er seine Geliebte. Seine Abende verbrachte er gerne in »Punschels Landhäuschen im Grünen« und ließ sich von dort heimlich über den Heiligen See rudern, um seine kindliche Herzensdame in die Arme zu schließen. Auch diese Idylle blieb den Spionen des Alten Fritz nicht ewig verborgen. Der Erbprinz schickte die pubertierende Wilhelmine schließlich nach Paris, wo sie unter der Obhut von Vertrauten ihren Bildungshorizont erweitern und natürlich die Hofsprache Französisch lernen sollte.

Elisabeth wusste sehr bald von dieser Affäre, wie ihr auch alle anderen Tändeleien und Amouren getreu überbracht wurden. Ihr Gemahl pries sogar vor ihr die Vorzüge einiger Damen. Elisabeth rächte sich. Sie ging bald ihre eigenen Wege. Und sie wusste, wie sie – oft mit Hilfe ihres treuen Bruders Wilhelm – auf ihre Kosten kommen konnte.

Sehr häufig besuchte sie ihre Tante, die Königin, in ihrem kleinen Schloss in Niederschönhausen im Norden Berlins. Sie ließ sich nicht mit der Kutsche hinfahren, sondern bestieg ihr Pferd und ritt dorthin. Die Königin war äußerst freundlich zu ihr, rügte sie aber wegen des langen Ritts und meinte, es wäre einer Schwangerschaft abträglich, wo doch der König so ungeduldig auf einen Erben wartete. Elisabeth fühlte sich hier wohl, obgleich der Umkreis, der Hof ihrer Tante, ein sehr konservativer war. Aber hier erfuhr sie von den Damen viel über die anderen Personen am Hof, hörte Spott, Verdächtigungen und Meinungen. Sie wurde gern gesehen in diesem »Exil«, das der König seiner Frau einst geschenkt hatte, ohne je selbst auch nur ein einziges Mal dort gewesen zu sein. Sie übte sich dort in Gesang, Spiel und Tanz und riss die Hofdamen, die oft lange keinen Ball mehr besucht hatten, einfach mit. Mit ihren beiden Brüdern studierte sie zu Ehren der Prinzessin Amalie eine Operette ein, die mit großem Erfolg aufgeführt wurde. Unbestritten war sie begabt und schön und hatte eine sehr hohe Meinung von sich selbst. Aber sie scheute den engen Kontakt zu den Familienmitgliedern ihres Gemahls und zu höheren Hofschranzen.

Bald hörte man kritische Stimmen. Besonders Luise von Schwedt, die mit Ferdinand, dem jüngsten Bruder des Königs, verheiratet war, hatte sich gegen Elisabeth verschworen. Noch liebte der König sie nach wie vor, mahnte aber immer wieder das an, was ihm am wichtigsten erschien: einen Erben! Auch in Sanssouci kehrten zeitweise Gesang und Fröhlichkeit ein, wenn Elisabeth dort mit ihren Brüdern eingeladen war. Der Ältere, Friedrich August, verfolgte nach einiger Zeit eigene Ziele und weilte nicht mehr so oft in Berlin, aber Wilhelm blieb ihr treuester Begleiter.

Im Winter 1766/67 geriet der Hof aus dem Häuschen: Elisabeth war schwanger! Wer hätte das gedacht, wo doch der Erbprinz sich gerade mit der bildschönen Gräfin von Holstein so intensiv beschäftige, dass alle Welt mit Spannung hinschaute. Euphorisch schrieb Mutter Philippine Charlotte an ihren hoch verehrten Bruder: »Die Folgen, die sich ergeben hätten, wenn unser Haus ohne Erben geblieben wäre, standen mir nur allzu klar vor Augen ...; ich war oft traurig und bekümmert, wenn ich mir das Unglück vorstelle, das sich unweigerlich auf unsere arme Heimat übertragen hätte ...«. Sie fuhr dann auch im April nach Potsdam, um bei der Geburt präsent zu sein. Am 6. Mai war es so weit: ein Mädchen wurde geboren. Gedämpfte Freude, aber der König schenkte der jungen Mutter ein Porzellanservice im Werte von 40 000 Talern. Am 17. Mai wurde die Kleine auf den Namen Friederike getauft.

Etwas verstimmt hoffte der König nun auf eine weitere Schwangerschaft. Er hörte aber nur, dass Elisabeth sich prächtig amüsierte, tanzte, ritt, kurzum alles tat, was nicht ratsam war. Ihren Mann, der sich wieder mit irgendwelchen Dirnen abgab, schien sie nur selten zu sehen. Gerüchte machten die Runde: Elisabeth hätte einen Geliebten, einen Musiker namens Pietro. Vielleicht sei der auch der Vater ihrer Tochter. Oder war es der Musikus Müller gewesen? Der Volksmund verpasste der armen Kleinen sehr bald den Spitznamen »die kleine Müllken«. Philippine Charlotte war empört. Nicht über die Seitensprünge ihres Schwiegersohnes, sondern über den Vergnügungsdrang ihrer Tochter: »Sie können mein unendliches Bedauern nicht ermessen, das ich bei Ihrer unerfreulichen Nachricht über das schlechte Benehmen meiner Tochter empfinde. Ich bin verzweifelt, dass sie sich so weit vergessen hat, sich in solche Niederungen zu begeben und sich solcher Würdelosigkeit schuldig zu machen, die sie entehren und als ewiger Schandfleck an ihrer Familie haften bleiben werden ...«, schrieb sie ihrem Bruder. Der verbannte den Musiker Pietro in die Festung Magdeburg. Elisabeths Bruder Wilhelm drohte die Entsendung zu seinem Regiment in die Provinz.

Als der König eines Tages die Ruhe auf der Terrasse seines geliebten Sanssouci genoss, sprengte ein Reiter um die Ecke, direkt auf den Alten zu: es war die Prinzessin. Mit dieser Kühnheit verlor sie seine letzte Gunst. Lehndorff seufzte in seinem Tagebuch: »Die Schlechtigkeit des jungen Geschöpfes ist noch viel größer als man gedacht hat. Während sie ihrem Gemahl die Versicherung gibt, dass der Oheim ihr geraten hat, auf jeden Fall Kinder zu bekommen, klagte sie dem Oheim, ihr Gemahl habe sie mit seinen Ausschweifungen zu Grunde gerichtet ... am liebsten möchte man die Verbrecherin nach Braunschweig zurückschicken, aber dort will man von ihr nichts wissen ...«.

Während wilde Gerüchte von Giftanschlägen und Mord die Runde machten, blieb Elisabeth scheinbar bei bester Laune. Sie mied die Begegnung mit ihrem Gemahl, der sie anwiderte. Dem König blieb auch dieses nicht verborgen. Er machte sich inzwischen große Sorgen um eine mögliche nächste Schwangerschaft – die Vaterschaft gälte nicht mehr als gesichert. Friedrich Wilhelm dachte an Scheidung. Aber noch willigte der König nicht ein. Er wollte seiner Schwester in Braunschweig nicht zu sehr weh tun. Dennoch hatte er bereits 1768 eine Kommission eingesetzt, die die Ehe des Erbprinzen und seiner Gemahlin, besonders deren »Irrungen«, beobachten sollte. Als des Königs jüngerer Bruder Heinrich dann im Januar 1769 anlässlich seines Geburtstages einen Maskenball gab, war Elisabeth unvorsichtig genug, sich mit einem der Herren in kompromittierender Pose »erwischen« zu lassen. Jetzt hatte ihr Gemahl die Beweise in der Hand, die er brauchte. Auch der König musste nun in die Scheidung einwilligen. Die Kommission, die aus zwei Obertribunalräten, zwei Oberkonsistorialräten und einigen Ministern bestand, sezierte die Verfehlungen der Prinzessin bis ins kleinste Detail. Ihre Untersuchungen wurden in Akten festgehalten, die das Eigentum des Hauses Hohenzollern blieben und in die niemand jemals Einblick erhalten durfte. Bis heute ist es nur ganz wenigen Personen gelungen, Bruchstücke davon zu Gesicht zu bekommen.

Am 21. April 1769 wurde die Ehe geschieden. Elisabeth wurden ihre Titel aberkannt. Da sie die Mutter einer Prinzessin war, durfte sie aber als »Königliche Hoheit« tituliert werden und hieß, wie auch vor ihrer Ehe, Prinzessin von Braunschweig. Sie wurde verurteilt, bis an ihr Lebensende in die Verbannung zu gehen, und sollte auch ihre Tochter nie wieder sehen dürfen. Das Urteil wurde schleunigst vollzogen. Bereits zwei Tage nach der Scheidung wurde ihr beim Abendessen mitgeteilt, dass es um Mitternacht auf eine weite Reise gehe. Es war wohl doch ein Schock, Elisabeth soll die Fassung verloren und ziemlich geweint haben. Die Hofdame Frau von Focade begleitete sie dann in einer Kutsche bis vor das Stadttor, dort stand ein schwerer

Reisewagen bereit, der mit sechs Pferden bespannt war. Ein Offizier und eine Anzahl militärischer Reiter warteten darauf, das Gefährt zu begleiten. Viele Leute hatten sich versammelt und waren ziemlich traurig; es zeigte sich, dass die Prinzessin trotz aller bösen Gerüchte doch recht beliebt gewesen war.

Bei Nacht und Nebel ging es nun in Richtung Nordost. In Oranienburg wurde tagsüber Rast gemacht, erst in der Nacht fuhr man weiter bis Angermünde. Da die ungepflasterten Straßen um diese Jahreszeit aufgeweicht waren, wurden 40 zusätzliche Pferde vorgespannt. Sie standen jedes Mal bereit – dieser ganze Coup war längst sorgfältig vorbereitet worden. Das zeigte sich auch, als man endlich am Ziel der Reise ankam: in Stettin. Hier, in dem Schloss, das lange nicht mehr bewohnt worden war, warteten eine Frau von Bismarck und Baronin von der Goltz auf sie, die als ihre Hofdamen benannt worden waren. Elisabeth wurde eine Reihe von Räumen im rechteckigen Innenhof zugewiesen, die über einem Bogengang lagen. Sie wurde anfangs streng bewacht und durfte außerhalb ihrer Gemächer nur durch diesen Bogengang bis zur Kapelle gehen. Mit keinem männlichen Wesen durfte sie auch nur ein Wort wechseln. Zufällig war ihr Onkel, der dicke Herzog August Wilhelm von Braunschweig-Bevern, Gouverneur dieser zur Festung ausgebauten Anlage. Auch er betrachtete seine »missratene« Nichte anfangs nur aus der Ferne.

Auf diesem Hügel am westlichen Oderufer hatten bereits im 9. Jahrhundert eine Burg und ein slawisches Heiligtum gestanden. Die pommerschen Herzöge aus dem Hause der Greifen verlegten ihre befestigte Residenz im 13. Jahrhundert an diese Stelle und bauten sie nach und nach aus. 1575 entschied Herzog Johann Friedrich, dass ein neues Bauwerk im Stil der Renaissance entstehen sollte, das dann von seinen Nachfolgern noch erweitert wurde. Im Dreißigjährigen Krieg übernahmen die Schweden den Stettiner Teil Pommerns, und als sie 1720 wieder abzogen, fiel dieses Gebiet an die Preußen, die hier aber keine Residenz, sondern nur Verwaltungs- und Militärstützpunkte einrichteten.

Obgleich die Königlich privilegierte Stettinische Zeitung gar nichts über die Ankunft der Prinzessin in der Stadt verlauten ließ, machte die Neuigkeit doch schnell die Runde. Da man sich nach dem Glanz der Monarchie sehnte, war man ganz angetan, ein Mitglied des Hochadels in den Mauern zu wissen. Elisabeths Geschichte war zwar nicht bekannt, aber wilde Gerüchte ersetzten das Wissen um die dramatischen Vorgänge. Elisabeth richtete sich ein, so gut es ging.

Vier Wochen später kam der König mit dem Erbprinzen nach Stettin, um eine Truppenschau abzuhalten. Sie nahmen von Elisabeth keinerlei Notiz. Die Presse berichtete weitläufig über die hohen Herrschaften. Prinz Wilhelm, Elisabeths Bruder, der seinen Onkel sonst zu derlei Veranstaltungen zu begleiten pflegte, war nicht dabei. Er war zu seinem Regiment nach Frankfurt/Oder geschickt worden und hatte die Auflage erhalten, sich nicht ohne königliche Order von dort zu entfernen. Elisabeth sollte ihn nie wieder sehen; er nahm an zwei aufeinander folgenden Schlachten teil, um nach der letzten, im August 1770, plötzlich zu sterben. Der andere Bruder, Friedrich August, hatte 1768 eine württembergische Herzogstochter geheiratet und war mit ihr nach Öls in Schlesien gezogen.

Alte Akten geben Auskunft darüber, dass in Stettin nicht genügend Atlasstoff aufzutreiben war, um die Stühle für die Prinzessin zu beziehen. Das weist darauf hin, dass ihr doch ein gewisser standesgemäßer Komfort zugebilligt wurde. Man baute ihr sogar ein kleines Lusthäuschen auf das Dach des Nordflügels, von wo aus sie einen umfassenden Blick über den Hafen und die Oderlandschaft hatte. Allerdings zog sie es vor, auf der Galerie über dem Bogengang entlang zu spazieren und das Geschehen auf dem Schlosshof zu beobachten.

Ihr war außer den beiden Damen noch weiteres Personal zur Verfügung gestellt worden. So wurde J.E.F. Krüger ihr Haushofmeister und Sekretär; Kriegs- und Hofrat Sauer, der die Kriegskasse führte, kümmerte sich nebenberuflich auch um die Finanzen der Prinzessin. Unterhalb ihrer Gemächer befand sich die Küche, dort arbeitete eine Köchin mit zwei Gehilfinnen. Friedrich II. hatte ihr eine jährliche Summe von 6000 Talern zugebilligt; darüber hinaus erhielt sie Zuwendungen von mehreren tausend Talern, je nach Wirtschaftslage. Von diesen Geldern musste sie ihre Angestellten bezahlen und sämtliche anderen Ausgaben bestreiten.

Graf Lehndorff, der, um seine Güter im fernen Ostpreußen zu besuchen, jedes Mal über Stettin reiste, bewahrte ihr auch weiterhin sein Interesse. So berichtete er bereits ein Jahr nach der Verbannung, dass er die Prinzessin vom Fenster seiner Unterkunft aus »mit Rührung« betrachtete. Sie nutzte das inzwischen erweiterte Privileg, spazierengehen zu dürfen, weidlich aus. Drei ausgewählte Familien durfte sie ebenfalls besuchen. Da sie nicht viel Wert auf ihr Äußeres legte, spazierte sie in praktischer Kleidung umher; die Röcke waren kürzer als damals von der Mode vorgeschrieben. Dazu meint Lehndorff:

»... da sie schön ist, steht ihr alles gut, während die Stettiner Damen, die ihr alles nachmachen, so merkwürdig aussehen ...«

Über ihre Gemütslage wird nichts berichtet. Es lässt sich aber denken, dass ihr das fassettenreiche Leben am Hofe fehlte – sie durfte hier nicht reiten, und die belebende Konversation mit gebildeten Menschen dürfte sie ebenfalls schmerzlich vermisst haben. Obgleich ihre Privilegien von Jahr zu Jahr ein wenig erweitert wurden, dürfte die Stadt Stettin, die damals 16 000 Einwohner zählte, nicht allzu viel Abwechslung geboten haben. Ob sie mit ihren Damen musizieren konnte, ist ebenfalls unbekannt. So blieb am Ende wohl nur das Laster aller Herrschaftshäuser: das Kartenspiel. Elisabeth hatte die Gabe, alles mit Gelassenheit hinzunehmen und sich nie allzu große Sorgen zu machen. Sie hatte anscheinend auch keine Sehnsucht nach ihrer kleinen Tochter. Ihr war bewusst, dass sie sie wohl nie wieder sehen würde. Aber Mutterliebe hatte sie selber niemals kennen gelernt und deshalb davon auch wenig weiterzugeben. Zudem gab es da aus der letzten Braunschweiger Zeit noch ein ganz anderes Geheimnis, das sie einfach verdrängte. Sie verstand es, buchstäblich auf Trümmern zu tanzen.

Mutter Philippine Charlotte kam 1772 zum ersten Mal seit der Katastrophe nach Potsdam. Als sie ihrem Ex-Schwiegersohn begegnete, umarmte sie ihn und sagte: »Ich verfluche den Augenblick, wo ich einer so abscheulichen Tochter das Leben geschenkt habe!«

Während die ersten Jahre in Stettin vergingen, gewöhnten sich die Berliner schnell an die neue Erbprinzessin. Friedrich Wilhelm heiratete nämlich knapp drei Monate nach der Verbannung seiner geschiedenen Gemahlin die unansehnliche Friederike von Hessen-Darmstadt. Sie kannte ihre Pflichten und besaß nicht das Selbstbewusstsein ihrer Vorgängerin. Gehorsam gebar sie dem Erbprinzen acht Kinder, von denen sechs überlebten. Nebenbei schenkte ihm auch Wilhelmine Encke zwischen 1770 und 1780 fünf Kinder, von denen drei im

Säuglingsalter starben, ein Knabe wurde zehn, eine Tochter 34 Jahre alt. Als ihm von seinen Rosenkreuzlern der intime Verkehr mit der nicht »gesellschaftsfähigen« Wilhelmine Encke ausgeredet wurde, bemühte sich Friedrich Wilhelm – inzwischen König-, die Freundschaft auf »geistigem Niveau« zu erhalten und heiratete als Bigamist (Königin Friederike lebte noch!) nacheinander zwei Adelsfräulein »zur linken Hand«.

Alle diese Nachrichten sickerten durch bis nach Stettin, während von dort wenig in die Hauptstadt zurückfloss. Gerüchte kamen allerdings auf, als sich Elisabeths Lebensumstände plötzlich änderten. Im Jahre 1774 wurde ihr ein altes Schloss am linken Oderufer in Jasenitz, einige Meilen nördlich von Stettin, zur Verfügung gestellt. Es handelte sich um ein Klostergebäude, das um 1300 von den Pariser Victoriner-Mönchen gegründet worden war und bis zur Reformation 1534 bestanden hatte. Danach wurde es herzoglich, dann schwedisch und zuletzt preußisch. Das ehemalige Wohnhaus der Mönche stand noch und diente der Pächterin der Domäne als Wohnsitz. Der Kreuzgang und viele der früheren Wirtschaftsgebäude waren verfallen. Die Kirche an der Nordseite diente der Gemeinde für ihre Gottesdienste. Der Pächterin wurde kurzfristig gekündigt, und ein Trupp von Bauarbeitern machte sich daran, das aus roten Backsteinen errichtete Gebäude für die Prinzessin in Stand zu setzen. Da es am südlichen Ende des aufgeschütteten Klosterkarrees lag, war es auf der Rückseite ein- und auf der Vorderseite zweigeschossig. Feuchtigkeit drang ungehindert durch die Wände und zog bis in die gewölbten Decken der noch immer in kleine Zellen eingeteilten Räume hinauf. Baumeister war der renommierte Berliner Architekt David Gilly, dem es aber auch nicht gelang, die kargen Mönchszellen in ein Luxusdomizil zu verwandeln. Das Gebäude war 35 Meter lang und 13 Meter breit. An der Ostseite lag eine Art Wintergarten. Insgesamt gab es am Ende zwölf bewohnbare Zimmer, die teilweise mit eisernen Öfen ausgestattet wurden, und im oberen Teil befand sich ein Saal mit Kamin. Parallel zum Kreuzgang wurde ein 20 Meter langes Gebäude, das als Pferdestall und Remise dienen sollte, errichtet. Auf der Ostseite wurde ein Garten angelegt, der in Terrassen zur Oder, deren Ausbuchtung hier »Papenwasser« genannt wurde, herabführte. Darin waren auch einige kleine Hütten und ein größeres Haus für das Gartenpersonal entstanden.

Dieser Aus- und Umbau soll fast eintausend Taler gekostet haben, was deshalb so günstig war, da die arbeitsfähige Bevölkerung von Jasenitz noch immer Hand- und Spanndienste zu leisten hatte und einen großen Teil dieser Arbeit ohne Bezahlung ausführte.

Im Sommer 1775 war der Umbau beendet, ein Kahn brachte allerlei Mobiliar aus Stettin herbei, das von den Dorfbewohnern gebührend bestaunt wurde. Elisabeth hielt Einzug, aber ihre Begeisterung hielt sich in Grenzen. Es gab hier kaum jemand, mit dem sie sich unterhalten konnte, abgesehen von ihren Hofdamen, mit denen sie bereits alle gängigen Themen bis zur Ermüdung durchdiskutiert hatte. Es gab einen Mühlenbesitzer, dann war da noch die Amtsrätin, die zuvor in dem Kloster gewohnt hatte, ferner ein Förster, der Pastor und ein Organist. Auch hatten sich einige Kapitäne hier niedergelassen, aber deren Frauen gehörten kaum zum Bildungsbürgertum. Bald langweilte Elisabeth sich und kehrte wieder nach Stettin zurück, wo sie bei einigen der angesehenen Familien häufig zu Gesellschaften eingeladen wurde. »Lieschen«, wie sie nicht nur hinter ihrem Rücken genannt wurde, genoss große Popularität.

Stettin war eine Stadt des Handels, viele Schiffe liefen den Hafen an, und auch die Bevölkerung war bunt zusammengewürfelt – skandinavische und englische Namen tauchten neben französischen und westdeutschen auf. Die »besseren Kreise« hatten ihr Vermögen zumeist als Kaufleute erworben. Unter ihnen befanden sich durchaus

Kloster Jasenitz, Sommerresidenz von Elisabeth seit 1774

weit gereiste und gebildete Leute. Es gab auch ein altes Theater in der Schuhstraße, und Elisabeth unterhielt zu einigen Schauspielern freundliche Kontakte. Auch die Freimaurerloge Zu den drei Zirkeln warb um sie. Mit der Zeit war sie in die Gesellschaft integriert. Reisende trugen Neuigkeiten und auch Klatsch hin und her – so erfuhr Elisabeth, was es Neues am Hof zu Berlin gab, und dort wiederum fragte man voller Neugierde nach dem Schicksal der einst so schmählich Verbannten. Als bekannt wurde, dass ihr ein Sommersitz vor den Toren der Stadt eingerichtet worden war, tauchten gleich neue Gerüchte auf, sie unterhalte dort Liebhaber und führe ein wüstes Liebesleben. Dem dürfte jedoch kaum so gewesen sein.

In Jasenitz, wo sie einige Monate im Sommer zubrachte, verfügte sie inzwischen über einen erweiterten Hofstaat, der sie immer noch diskret bewachte. Dennoch konnte sie ihrer unvermindert ausgeprägten Lebensfreude hier ungehindert Ausdruck verleihen – viele Feste wurden gefeiert, über die man noch nach Jahrzehnten sprach. Ihre Reitkünste hatten es den Leuten besonders angetan – nie hatten sie eine Frau im Reiterkostüm und Herrensitz so durch die Landschaft fegen sehen, einer Truppe fröhlicher Gäste immer voraus. Da viele der Gäste im Kloster zu nächtigen genötigt waren, empfand sie das Bauwerk bald als zu klein. Sie richtete ein Gesuch an den inzwischen zum König avancierten Ex-Gemahl, der ihr auch die Mittel genehmigte, das »Sommerschloss« um eine Etage zu erhöhen. 1792 war der Erweiterungsbau bezugsbereit. Auch erhielt sie jetzt etwas mehr Geld – vielleicht regte sich das Gewissen des »Vielgeliebten«. Jasenitz sah in diesen Jahren äußerlich recht präsentabel aus. In der kälteren Jahreszeit wieder in Stettin, widmete sich Elisabeth der Musik, verkehrte in der Gesellschaft und unterhielt eine lebhafte Korrespondenz mit einigen »alten Freunden« in Berlin, aber mit niemandem aus ihrer oder der Hohenzollernfamilie. So dürfte sie ein Leben in der Provinz geführt haben, in dem sich Freud und Leid in Grenzen hielten. Ihre Musikabende waren sehr populär, aber der berühmte Stettiner Komponist Carl Loewe gehörte nicht zu ihren Kreisen.

Als im Jahre 1801 ihre Mutter starb, fiel ihr ein Erbteil von über 30.000 Talern zu. Sie verbesserte zunächst ihre Lebensumstände und vergrößerte ihren Hofstaat. Inzwischen fühlte sie sich kaum noch als Gefangene. Einige Male reiste sie zur Kur nach Bad Freienwalde, aber

Gerüchte, dass sie sich immer wieder in Berlin aufhielt, lassen sich nicht beweisen. Im Laufe der Zeit richtete sie verschiedene Gesuche an den jeweils regierenden Monarchen, ihren Wohnsitz wechseln zu dürfen, doch dies wurde jedes Mal abgelehnt.

Die französische Besatzung berührte sie kaum. Das preußische Herrscherhaus aber begab sich auf die Flucht. Friedrich Wilhelm III. und Königin Luise machten in Stettin Halt. Prinzessin Elisabeth stand wie selbstverständlich an der Spitze des Empfangskomitees und wurde von Luise kurz umarmt. Die Herrschaften residierten jedoch nicht im Schloss, sondern in einem Landhaus. Die Fürstin Luise Radziwill, eine Nichte Friedrichs II., deren Fluchtweg ebenfalls über Stettin führte, berichtete über ihre Eindrücke folgendermaßen: »Alter und Unglück hatten sie (Elisabeth) nicht geläutert. Die ganze Unbesonnenheit ihrer Jugend steckte noch in ihr. Sie sprach mit solcher Unüberlegtheit von ihrer Vergangenheit und sprachlich so unbeherrscht von ihrem Schicksal, dass es uns alle ganz traurig machte. Die Prinzessin hatte viel Esprit und war sehr originell, aber gleichzeitig so gefühllos, dass es einen niedergeschlagen machte, mit anzusehen, wie eine Frau von Rang und ihrem Alter so auf den Hund kommen konnte ...«

Später schrieb sie über eine weitere Begebenheit: »Ich kehrte noch mal zur Prinzessin Elisabeth zurück. Die beiden Minister, Graf Schulenburg-Kehnert und der Baron von Stein, speisten mit uns zum Abend. Die Prinzessin sprach mit einer unglaublichen Ausgelassenheit und Sorglosigkeit von den Ereignissen, die sie nach Stettin gebracht hatten. Sie erinnerte sich, den Grafen Schulenburg als jungen Offizier gekannt zu haben und überlegte, wo sie ihn das letzte Mal gesehen hatte. Der Graf, peinlich berührt, zögerte. ›Ach ja‹, sagte sie, ›ich erinnere mich: Sie waren das, der den Wachsoldaten vorstand, die mich eskortiert hatten, als ich zur Festung geführt wurde‹.«

Als das Königspaar 1809 von Königsberg nach Berlin zurückkehrte, versäumte Elisabeth nicht die Gelegenheit, sie zusammen mit dem General von Blücher in Stargard zu begrüßen. Die preußische Kasse war in der Franzosenzeit geleert worden. Jasenitz war nicht mehr zu halten, die vielen Reparaturen verschlangen jährlich große Summen. Das »Schlösschen« mit den dazugehörigen Gartenanlagen wurde verkauft. Für Elisabeth war der Weg schon längst zu weit und lästig geworden. Aber der ihr gewogene Friedrich Wilhelm III. sorgte für

Ersatz. Am Anklamer Tor, an der Grenze von der Stadt Stettin nach Grabow, befand sich einst die Pädagogienmühle. In dem noch bestehenden Wohngebäude richtete die Prinzessin sich nun ein. Ein neuer Flügel wurde angebaut und alles auf eineinhalb Stockwerke erhöht. Mehr erlaubten die Franzosen nicht. Als Preußen und Russen 1813 die Franzosen vertrieben, ging während der Belagerung alles in Flammen auf. Doch mit eisernem Willen ließ Elisabeth das Gebäude wieder genauso aufbauen. Sie nannte diesen neuen Wohnsitz nun »Friedrichsgnade«. Da auch sie ihr Vermögen durch die Besatzung eingebüßt hatte, kamen ihr die getreuen pommerschen Landstände zu Hilfe. Man sammelte für sie bei den Adligen, und die Tatsache, dass sie längst nicht mehr dem Königshaus angehörte, wurde ignoriert. Elisabeth war gerührt. Sie war überhaupt recht volksnah geworden. Zog sie es früher noch vor, französisch zu sprechen, übte sie sich nun mehr und mehr in der deutschen Sprache.

Im Jahr 1820 starb ihre Tochter Friederike, die mit dem Herzog von York verheiratet gewesen war. Sie hinterließ keine Kinder. Elisabeth bemühte sich – allerdings vergeblich – um die Hinterlassenschaft. Diese fiel an das Haus Preußen zurück.

Zu ihrem neuen Domizil gehörte ein großer Park, den sie sorgsam pflegen ließ. Hier entstand auch 1837 ein massives, von ihr entworfenes Mausoleum. Ihrer Kammerfrau erklärte sie: »Ich will nicht bei den alten Kerls in Braunschweig liegen!« Zu diesem Zeitpunkt war sie bereits 90 Jahre alt und empfand noch immer ein diebisches Vergnügen daran, andere Leute in Verlegenheit zu bringen. So beauftragte der König den Stettiner Hofprediger Richter, sich um das Seelenheil der alten Dame zu kümmern. Als er mit ihr das Abendmahl zelebrieren wollte, saß einer ihrer geliebten Hunde auf einem Stuhl neben ihr. Sie weigerte sich, dem Wunsch des Geistlichen nachzukommen und das Tier zu entfernen. Es gab daher kein Heiliges Abendmahl, und ob es doch noch einmal dazu kam, bevor sie starb, ist nicht gesichert. Berichtet wird aber, dass ihre Lieblingshunde, wenn sie starben, in Seide gewickelt nachts mit feierlichem Zeremoniell im Park beigesetzt wurden. Ihrem kleinen Hofstaat wurde jedes Mal befohlen, daran teilzunehmen.

Elisabeth Christine Ulrike, geborene Prinzessin von Braunschweig-Wolfenbüttel, geschiedene Erbprinzessin von Preußen, die

71 Jahre ihres Lebens in der Verbannung verbracht hatte, starb in ihrem Schlösschen Friedrichsgnade am 18. Februar 1840. Sie war 93 Jahre alt geworden. Im Kirchenbuch wurde »Entkräftung« als Todesursache angegeben. Drei Tage später fand die feierliche Beisetzung in ihrem Mausoleum statt. Aus Berlin war Kammerherr Oberstleutnant von Roeder als Repräsentant des Königshauses gekommen. Braunschweig war nicht vertreten, aber die gesamte Elite von Stettin und der Oberpräsident von Pommern waren anwesend. Alle Kirchenglocken der Stadt läuteten.

In den letzten Jahren ihres Lebens war sie recht wohltätig gewesen; sie hinterließ auch ihren Bediensteten großzügige Legate. Ihr Kammermusikus Carl G. Ch. Herrosé erhielt mehr als alle anderen, was wiederum Gerüchten Auftrieb gab, er sei ihr Enkel, sie hätte heimlich Kinder zur Welt gebracht. Dafür sind nirgendwo Beweise zu finden. In Jasenitz wurden in den Jahren, in denen sie gebärfähig war, nur Kinder der Dorfbevölkerung sowie zwei ihrer Angestellten ins Geburtenregister eingetragen. Als die Geheimrätin Frau Tilebein, mit der Elisabeth verkehrte, einmal 1812 den mysteriösen Eintrag in ihr Tagebuch machte, »habe bei der Prinzessin Gevatter gestanden«, da war diese bereits im 67. Lebensjahr. Aber ein Geheimnis kam dann doch ans Licht: Das Geschwisterpaar de Joly erschien und verlangte seinen Teil des Erbes. Sie waren die Nachkommen einer Tochter, die Elisabeth im Jahr 1763 in aller Heimlichkeit in Grünenplan im Solling zur Welt gebracht hatte. Das Mädchen wurde von einem Heinrich Voss als sein eigenes Kind ausgegeben, aber es ließen sich genügend Beweise für die Legitimität des Erbanspruchs finden. (In den Kirchenbüchern von Grünenplan ist keine Spur eines Nachweises zu finden.) Anscheinend hatten zwar Elisabeths Lieblingsbrüder von der Sache gewusst, aber ihre Mutter soll es nie erfahren haben. Die Spur der Geschwister de Joly ist inzwischen auch verloren.

Friedrichsgnade vermachte die Prinzessin der Fürstin von Liegnitz, der zweiten Gemahlin Friedrich Wilhelms III. Es wurde verkauft und wechselte bis 1851 mehrere Male den Besitzer, bis der Gesangsverein »Die neue Liedertafel« hier Einzug hielt, die es viele Jahrzehnte im Besitz hatte. Der Park wurde umgestaltet, wobei das Mausoleum die neuen Besitzer störte. Also wurde der Sarg 1849 in die Herzogsgruft der Schlosskapelle überführt.

Hiermit wäre die Geschichte eines langen und traurigen Lebens eigentlich zu Ende. Aber es kamen andere Zeiten. Weltkriege brachten große Veränderungen. Bomben zerstörten Stettin. Das Schloss wurde stark beschädigt. Stettin fiel nach dem Krieg an die Polen, die das Schloss mit unglaublicher Akribie wieder aufbauten. Die Krypta, in der die Prunksärge der Greifenherzöge standen, war ebenfalls stark in Mitleidenschaft gezogen. Einige der Särge waren zertrümmert, unter ihnen einer aus Eichenholz mit Messinggriffen. Der Inhalt lag teilweise verstreut auf dem Schlosshof. In den ersten Nachkriegsjahren war den Polen die deutsche Geschichte Stettins nicht sonderlich geläufig; noch weniger wusste man über die Biografie der verstoßenen Prinzessin. Die Sarkophage wurden nach Krakau gebracht, um dort restauriert zu werden, und man versuchte, die Gebeine wieder den richtigen Särgen zuzuordnen. Übrig blieben einige Särge von Greifenfürsten, die nach 1534 protestantisch geworden waren, und ein hundert Jahre alter Eichenholzsarg, zu dem die Überreste einer Frau gehörten. Inzwischen kannte man das Schicksal der Prinzessin und war ziemlich sicher, dass es sich hier um Elisabeth Christine Ulrike handelte. Der Inhalt des Sarges wurde inventarisiert und fotografiert. Ein Stück Spitze war noch gut erhalten, das haargenau so aussieht wie der Schleier, den die Prinzessin auf ihrem Altersbildnis, 1827 von Ludwig Most gemalt, trug. Man erwies ihr die nötige Ehre: Ihr Sarg wurde zusammen mit den unidentifizierten Greifenfürsten in die zum Dom erhobene Jakobuskirche transferiert und dort in einer Seitenkapelle unter stolzen Greifenwappen feierlich beigesetzt. Der evangelische Pastor Piotr Gas führte, begleitet von zwei Glaubensbrüdern, in Anwesenheit des katholischen Erzbischofs einen bewegenden Einsegnungsgottesdienst durch. Das war im Jahr 1994. Eine ähnliche ökumenische Handlung hat es in Polen kein zweites Mal gegeben. Wenn genetisch einwandfrei geklärt ist, dass hier wirklich die Braunschweiger Prinzessin liegt, soll die Kapelle auch mit den Wappen ihrer Familie geschmückt werden.

Eine britische Welfin in Braunschweig
Augusta Herzogin von Braunschweig (1737-1813)

Herzogin Augusta

Die Krone Großbritanniens fiel im Jahre 1714 durch Erbfolge an das Haus Hannover. Daraufhin machten die hannöverschen Kurfürsten London zu ihrer Hauptresidenz. Es gab eine Kette königlicher Wohnsitze, die fast alle an der Themse lagen. Der Transport von einem Sitz zum anderen war per Boot weitaus der schnellste und bequemste. Einige Schlösser – Greenwich und das alte Richmond – hatte man schon aufgegeben. Auf dem Gelände des Letzteren waren Wohnhäuser und Herrensitze entstanden. Der Palast von St. James inmitten der Stadt galt als Hauptsitz, Windsor und Hampton Court waren die Ausweichstationen. Häufiger Wechsel der Residenzen war aus hygienischen Gründen angezeigt. König Georg II. (1727-1760), der zweite Herrscher aus dem Hause Hannover seit 1714, übernahm in dem Teil Richmonds, der als Kew bekannt war, die Ormonde Lodge. Um dieses Landhaus herum, das später in Richmond Lodge umbenannt wurde, entstand um 1730 einer der ersten englischen Parks, die den berühmten »Capability« Lancelot Brown als Landschaftsgärtner des neuen Stils bekannt machen sollten.

Die Vielzahl der Paläste erwies sich als vorteilhaft: Vater und Sohn, Georg I. und Georg II., lebten nämlich in einem ständigen Spannungsverhältnis. Das galt eigentlich auch für alle folgenden Generationen. Diese Tatsache gab der Presse immer wieder Stoff zum Füllen der Klatschspalten, die Öffentlichkeit ergötzte sich daran. Durch getrenntes Wohnen konnte man sich aus dem Wege gehen.

Erst als Georg I. 1727 gestorben war, durfte der 1707 in Hannover geborene Sohn Georgs II. nach London kommen. Friedrich Ludwig, nun Frederick, Prinz von Wales, hatte seine Familie 13 Jahre lang nicht gesehen und war ihr fremd geworden. Seine Mutter favorisierte ihren in England geborenen Sohn William, Duke of Cumberland, und ließ keine Gelegenheit aus, ihren Ältesten in aller Öffentlichkeit zu degradieren. Das brachte ihm allerdings eher die Sympathie des Volkes ein. Um Friedrich herum bildete sich ein »Shadow Court«, ein Schattenhof, an dem sich alle jene sammelten, die zur Opposition zählten oder sonst keinen Zugang zum Hof des Königs fanden.

In Kew erwarb Friedrich 1731 ein Herrenhaus, das ziemlich heruntergekommen war. Er beauftragte den Architekten William Kent, dieses Haus, das schlicht als White House bekannt war, zu restaurieren. Gegenüber, nur etwa 50 Meter entfernt, stand ein solides Backsteinhaus, das Dutch House. Es war 1631 von einem Händler holländischer Herkunft erbaut worden, und Königin Caroline hatte es gepachtet, um hier einige ihrer Kinder nebst deren Personal unterzubringen. So traf Friedrich häufig seine Geschwister, mit denen er sich aber kaum verstand, weil er nicht mit ihnen zusammen aufgewachsen war.

Georg II. besuchte 1735 wieder einmal sein Kurfürstentum Hannover. Dort weilte die Herzogin von Sachsen-Gotha-Altenburg mit ihrer Tochter, einer mageren Sechzehnjährigen namens Augusta. Der König wurde mit der Mutter einig, die Tochter sollte seinem Sohn Friedrich nach Jahresfrist angetraut werden.

Am 17.4.1736 holte Friedrich seine junge Braut vom Boot in Greenwich ab. Noch am selben Abend fand die Trauung statt. Das junge Paar teilte die Residenzen des Königspaares.

Die neue Prinzessin von Wales war still, klug und anpassungsfähig. Sie war sich ihrer Position bewusst und verstand zu warten. Sehr bald wurde sie schwanger und brachte am 1. August 1737 (AS) im Palast von St. James eine Tochter zur Welt. Friedrich hatte seine Eltern nicht darüber informiert, was deren heftigsten Unmut heraufbeschwor. Nachdem der Erzbischof von Canterbury die Kleine am 29.8.1737 auf die Namen Augusta Frederica Ludovika (Luise) getauft hatte, wurde die junge Familie sämtlicher Paläste verwiesen. Die Mitnahme jeglichen Mobiliars wurde untersagt. »Ein Korb mit Kleidung genügt«, soll der König geäußert haben. Zugleich informierte er Parlament,

Botschafter und Beamte, dass jeglicher Kontakt mit seinem Ältesten und dessen Familie unerwünscht sei.

Friedrich mietete als Stadtwohnung das Haus des Herzogs von Norfolk am St. James´s Square. An schönen Tagen zog es die Familie nach Kew in das White House. Bevor die kleine Augusta ein Jahr alt war, bekam sie einen Bruder, der George genannt wurde, später bekannt als Georg III., König von Großbritannien und Irland.

Um seinem »Schattenhof« einen würdigen Rahmen zu geben, pachtete Friedrich den Herrensitz Cliveden von der Tochter des Earls von Orkney. Dieser lag bei Maidenhead, weit hinter Windsor an der Themse. Hier war das Leben unbeschwert. Künstler kamen in großer Zahl, es wurde musiziert, Theater gespielt, gewagte Maskeraden waren sehr beliebt. An ruhigeren Tagen spielte man oft Karten.

Georg erklärte seinen Sohn Friedrich für kriegsuntauglich – vermutlich, um ihn von jeder Macht fernzuhalten.

Für Friedrichs Kinder war Cliveden zu anstrengend, denn es bot nicht genügend Raum für sie und ihre Erzieher. Sie lebten hauptsächlich im White House in Kew. Häufig sah man das Boot mit den königlichen Kindern die Themse zwischen Kew und Cliveden hin- und herrudern, vorbei an Windsor, das mit seinen beiden riesigen Rundtürmen großen Eindruck machte. Aber niemals, selbst wenn der König sich dort aufhielt, machte das Boot dort fest.

Nach dem Tod der Königin war Georg II. Friedrichs Familie gegenüber etwas milder gestimmt. Er achtete darauf, dass die Kinder ordentliche Erzieher bekamen. Besonders Georg, der künftige Herrscher, sollte so erzogen werden, dass die Briten endlich mit den Hannoveranern zufrieden sein würden. Augusta und die älteren der nachfolgenden Geschwister beteiligten sich an vielen dieser Unterrichtsstunden. Interessanterweise wurde Italienisch unterrichtet, aber kein Deutsch. Einige Brocken »Haushaltsdeutsch« kursierten zwar weiter in der königlichen Familie, aber nur im engsten Familienkreis.

Der schottische Peer John Stuart Bute, als Delegierter nicht sonderlich beachtet und als Stuart der Jakobitenanhängerschaft verdächtigt, fand Zugang zu Friedrichs Hof. Hier übernahm er bald eine führende Rolle, und zum Missvergnügen des Parlaments erteilte er auch dem Kronprinzen Unterricht. Dieser nannte ihn bald seinen »besten Freund«.

Ruhe vor der Hektik in Cliveden fanden der Prinz und die Prinzessin von Wales in Richmond, wo sie sich gern der Gärtnerei hingaben. Es stellte sich heraus, dass Lord Bute ebenfalls dieses Interesse teilte. Den Kindern wurde eingeschärft, die königlichen Tanten, die in so enger Nachbarschaft lebten, höflich zu grüßen, aber sich nicht weiter mit ihnen einzulassen. Diplomatie war hier oberstes Gebot.

Als Augusta gerade 14 Jahre alt war (1751), starb Friedrich an einer Infektion. Die Prinzessin von Wales erwartete gerade ihr neuntes Kind, das dann zwei Monate später zur Welt kam. Es wurde Mathilda genannt, und Augusta übernahm die Rolle der Patin. Ihr Bruder Georg wurde nun der neue Prinz von Wales. Cliveden gab man auf, die Familie zog sich nach Kew in Richmond zurück.

Lord Bute blieb der Familie ein treuer Berater. Vermutlich wollte er seinen Kontakt zu Georg nicht verlieren, von dem er sich später, wenn jener König sein würde, Vorteile versprach. Die Prinzessin von Wales geriet darüber in böses Gerede – Bute sei ihr Geliebter, und sie vernachlässige darüber ihre Kinder: Die Kleinen müssten abends Käse- und Brotrinden zusammensuchen, um nicht hungrig ins Bett zu gehen, denn die Mutter und der Lord seien unauffindbar. Hierbei dürfte es sich um böswillige Gerüchte gehandelt haben, denn Bute war glücklich verheiratet mit der Tochter der streitbaren Lady Wortley Montagu, und die Prinzessin von Wales war als Mutter vielleicht nicht besonders herzlich, aber äußerst gewissenhaft und verstieß nie gegen Regeln. Sie mied jedoch den Hof und vertiefte sich in ihre Gartenarbeit. Aus ihren Bemühungen entstand mit der Zeit der berühmteste botanische Garten der Welt – Kew Gardens.

Im Jahre 1760 starb Georg II. Er war der Familie seines Sohnes, mit Ausnahme des Kronprinzen, ein Fremder geblieben. Dieser wurde nun, 22-jährig, als König Georg III. gekrönt. Er übernahm den Thron in friedloser Zeit. In Deutschland herrschte der Siebenjährige Krieg, an dem auch England beteiligt war.

Eine Heirat des jungen Monarchen mit einer Prinzessin aus Braunschweig kam ins Gespräch, um die protestantische Bündniskette zu verstärken. Dieser Plan wurde verworfen, und Georg heiratete 1761 die unscheinbare, aber sehr selbstbewusste Charlotte von Mecklenburg-Strelitz. So jung sie auch war, soll sie nicht gezögert haben, Friedrich II. von Preußen ihre Meinung über Leiden und Übel, die durch Kriege entstehen, mitgeteilt zu haben.

Für Georgs ältere Schwester Augusta, die (mit 24 Jahren!) fast das heiratsfähige Alter überschritten hatte, wurde eine schon vor Jahren in Betracht gezogene Verbindung konkret: Der Erbprinz von Braunschweig-Wolfenbüttel, Karl Wilhelm Ferdinand, war noch unverheiratet. Die Verhandlungen wurden intensiviert, die Kandidaten nicht lange nach Meinung oder Neigung befragt – Fürstenehen hatten in erster Linie Zweckbündnisse zu sein.

In den amerikanischen Ländern, die man 1763 (Frieden von Paris) von den Franzosen übernommen hatte, ließen sich gerade englische und schottische Siedler nieder. Es bot sich an, einen Teil von Nova Scotia in New Brunswick umzubenennen, und ein Ort, der im jetzigen Staat Maine liegt, erhielt den Namen Augusta. Viele Namen der damaligen Minister finden sich noch heute auf Teilen der kanadischen Landkarte wieder.

Am 16. Januar 1764 fand die Trauung in der Chapel Royal des Palastes von St. James statt. Augusta erhielt eine Mitgift von 30 000 Pfund Sterling, weitere 8000 Pfund jährlich wollte die englische Staatskasse zahlen, und in Hannover wurde eine ähnliche Summe bereitgestellt. In klirrender Kälte machte sich das jungvermählte Paar auf den Weg von London nach Braunschweig.

Am Wendenturm vor Braunschweig standen am 21. Februar 1764 alle Truppen, die der Herzog von Braunschweig-Wolfenbüttel zur Verfügung hatte, trotz der Kälte in tadelloser Haltung stundenlang stramm. Endlich erschien die erwartete Kutsche mit den Neuvermählten. Herzog Karl und Herzogin Philippine Charlotte traten aus ihrem beheizten Zelt und umarmten die Ankömmlinge. Die Liebenswürdigkeit auf beiden Seiten täuschte. Hier trafen zwei Welten aufeinander. Die Preußin Philippine Charlotte, stolz auf ihre Herkunft, hielt ihre Kultur für die aufgeklärteste und beste, während Augusta von dem Bewusstsein geprägt war, zu denen zu gehören, die derzeit das größte Weltreich regierten.

Das Schloss, ein Fachwerkbau im schlichten norddeutschen Barock, entsetzte die junge Fürstin. In London besäßen selbst die Pferdeställe mehr Eleganz, meinte sie, äußerte den Gedanken zunächst aber nicht laut.

Die Braunschweiger ließen es nicht an Huldigungen mangeln. Die

Zeitungen brachten anfänglich fast täglich groß aufgemachte Proklamationen zu Augustas Ehren. Diese aber reiste bald wieder nach England zurück; sie war schwanger und wollte ihr Kind in gewohnter Umgebung zur Welt bringen. Im Dezember desselben Jahres gebar sie eine Tochter, die nach ihr Augusta genannt wurde. Da es »nur« ein Mädchen war, hielt sich die Reaktion auf dieses Ereignis in Grenzen. Augusta blieb vorerst noch in England. Ihr Gemahl reiste hin und her; er bemühte sich, im Süden Braunschweigs den Zuckerberg aufzukaufen, der sanft zur Oker abfiel. Hier sollte Augusta sich ein Schlösschen bauen, um unabhängig zu sein. Es sollte so englisch wie möglich aussehen und den Namen Little Richmond bekommen. Man kann vermuten, dass der Hofarchitekt William Chambers, der auch im Botanischen Park von Kew, dem Garten der Prinzessin von Wales, viele Gebäude (darunter auch die berühmte Pagode) entworfen hatte, hierzu einige Skizzen beisteuerte. In England hatte es kaum einen Barockstil im mitteleuropäischen Sinn gegeben. Die Queen-Anne-Periode, die noch der stuartschen Renaissance verpflichtet war, wechselte mit Ankunft der Hannoveraner ins Neo-Palladianische und wurde immer klassizistischer. So sollte dann auch das Schlösschen werden, mit dessen Ausführung der Baumeister Fleischer beauftragt wurde.

Augusta brachte, immer noch in London, am 8. Februar 1766 einen Sohn zur Welt. Böllerschüsse begrüßten dort den künftigen Erbprinzen Karl Georg August von Braunschweig-Wolfenbüttel. Kurz danach begann Karl Wilhelm Ferdinand seine längst geplante Reise nach Frankreich und Italien und lernte in Neapel die schöne Frau von Branconi, eine junge Witwe, kennen, die er überredete, mit nach Braunschweig zu kommen. Gemeinsam reisten sie zunächst nach Paris. Dort traf der Erbprinz auf seine aus London kommende Gemahlin mit dem Neugeborenen, und gemeinsam setzten sie die Reise heimwärts fort.

Nach Braunschweig zurückgekehrt, war der Jubel, der Augustas Person galt, viel gedämpfter als beim ersten Einzug. Die Leute hielten die Prinzessin inzwischen für hochmütig, sie schien nichts so recht wahrzunehmen. Zwar lächelte sie stets, aber es wirkte mechanisch. Von ihr ging keine Herzlichkeit aus.

Augustas Schwiegermutter, die regierende Herzogin Philippine Charlotte, blieb weiterhin der unumstrittene Mittelpunkt des Hofes.

Alle Professoren, die an dem vor 20 Jahren gegründeten Collegium Carolinum lehrten, führten mit ihr regelmäßigen Diskurs über Künste und Wissenschaften. Berühmte Leute aus allen Teilen des Landes besuchten ihren Hof wie Lavater, Gottsched und seine Frau, und auch Goethe machte ihr im August 1784 seine Aufwartung.

Augusta blieb diesen Runden fern. Zwar war ihr Französisch passabel, ihr Deutsch eher dürftig, aber am liebsten sprach sie Englisch, was in Braunschweig kaum verstanden wurde. Auch erschienen ihr die dort verkehrenden Gelehrten reichlich verbohrt und engstirnig. Die Stufe der humanistischen Aufklärung hatten sie offensichtlich noch nicht erreicht. Zwar hatte Augusta von Gotthold Ephraim Lessing gehört, aber als er tatsächlich am Braunschweiger Hof erschien, hatte sie bereits resigniert.

Im Jahre 1768 geschahen zwei sehr wichtige Dinge: Zum einen brachte Augusta eine Tochter zur Welt, Karolina Amalia Elisabeth. Dass diese Prinzessin dereinst skandalöse Geschichte schreiben würde, war natürlich noch nicht abzusehen. Zum anderen wurde das Schlösschen Richmond endlich fertig, und Augusta konnte sich nun in ihr eigenes Reich zurückziehen. Ein Park im englischen Landschaftsstil um das Schlösschen herum war vorgesehen, der Plan dafür stammte von Lancelot Brown selbst. Es war eine Kopie des Gartens, der um Ormonde Lodge für Augustas Großeltern angelegt worden war. Der Blick über die Teiche und Wiesen auf die roten Dächer

Schloss Richmond nahe Braunschweig

Melverodes entschädigte für Twickenham.

Im folgenden Jahr kam wieder ein Sohn zur Welt, und dieses Kind, Georg Wilhelm, war von Geburt an schwachsinnig. Das gab Anlass zur Sorge, da der Älteste sich auch nicht erwartungsgemäß entwickelte – er war langsamer als andere Kinder in seinem Alter. Als Augusta wieder schwanger wurde, reiste sie nach London, wo 1770 Prinz August zur Welt kam. Er hatte einen Klumpfuß und wies noch weitere Behinderungen auf. Augusta wurde nun in aller Öffentlichkeit heftig beschimpft – das Gerücht machte in Braunschweig die Runde, sie bade ihre Neugeborenen nach »englischer Sitte« in kaltem Wasser, und das führe zu solchen Schäden. Sie hatte durch diese Schicksalsschläge an öffentlichem Ansehen verloren, schien jedoch die Meinungsäußerungen des Volkes nicht wahrzunehmen.

Der nächste Sohn, Friedrich Wilhelm, wurde 1771 geboren, er schien völlig normal zu sein.

Als Augusta im Februar 1772 anlässlich der Beerdigung ihrer Mutter nach London reiste, klagte sie dort bitterlich über ihr Schicksal, in eine so freudlose Provinz verheiratet worden zu sein. In Hannover, wo Königin Charlottes Bruder residierte, war es auch nicht lustiger, und das benachbarte Preußen erschien ihr wie eine riesige Kaserne. Sie erntete Achselzucken – welche Fürstin war schon glücklich verheiratet?

Augusta stumpfte ab, begann füllig zu werden, und widmete sich zunächst der Religion. Sie hatte noch einmal ein kleines Mädchen zur Welt gebracht, das aber bald nach der Geburt verstarb. Von der Öffentlichkeit und vom Hof zog sie sich fast völlig zurück. Offensichtlich machte ihr Gemahl ihr deshalb Vorwürfe, denn im Königlichen Archiv in Windsor befindet sich ein Schreiben, verfasst im Juli 1777, mit folgendem Inhalt:

»Ich kann alle die Pflichten erfüllen, die meinem Herzen teuer sind. Ich kann vor mir nicht verbergen, dass meine Kinder meine Aufmerksamkeit benötigen, und dass ich vor Gott für sie verantwortlich bin. Ich weiß, dass Ihr Euch ärgert wenn ich spreche, aber mit der Zeit würde es Euch noch mehr erzürnen, wenn ich aus Schwäche schwiege, wenn es das Wohlbefinden der Kinder betrifft. Kurzum, wir könnten einen Skandal vermeiden, wenn ich weniger öffentlich lebe. Die Kinder würden nichts (mit) ansehen, und sich nicht mit Leuten abgeben, die ihnen schaden könnten. Das Beispiel Eurer Schwester läßt mich erbeben.«

Die letzte Bemerkung bezog sich auf die Schwester ihres Gemahls, Elisabeth (1746-1840), die nach vierjähriger Ehe wegen skandalösen Lebenswandels von ihrem gleichfalls leichtlebigen Gemahl, dem preussischen Erbprinzen Friedrich Wilhelm (II.), geschieden und nach Stettin verbannt worden war.

Peinlichkeiten, die nicht erwähnt werden durften, gab es auch auf Augustas Seite: Ihre junge Schwester Mathilda (1751-1775) war 15-jährig mit dem ihr eng verwandten, psychisch gefährdeten Christian VII. von Dänemark vermählt worden. Friedrich Struensee wurde des jungen Königs Leibarzt, mischte sich in die Politik ein und hatte eine Liebesaffäre mit der jungen Königin. Struensee wurde geköpft, und auf Geheiß Georgs III. musste sich Mathilda ohne ihre Kinder in die Verbannung nach Celle begeben, in das seit Jahrzehnten unbewohnte Schloss, wo sie bereits nach wenigen Jahren starb.

Als der regierende Herzog Karl I. 1780 starb, wurde Augusta an der Seite ihres Gemahls regierende Herzogin. Sie änderte ihren Lebensstil nur wenig. Karls Witwe Philippine Charlotte verließ das Residenzschloss, und Augusta musste nun häufig repräsentieren. Sie machte das auf ihre Art, mit dem unpersönlichen Lächeln, das als Hochmut interpretiert wurde. Es hieß, sie würde erst beim Kartenspiel »auftauen« und dann lebhaft mit ihren Damen schwatzen.

Die Mätressen ihres Gemahls schienen sie auch nicht sonderlich zu stören. Die Branconi hatte nach zehn Jahren ihre Habe zusammengepackt und war fortgezogen in das von ihrem eigenen Vermögen erworbene Schloss Langenstein bei Halberstadt. Deren Nachfolgerin, Luise von Hertefeld, kam aus Berlin, war vornehm, dennoch lebhaft und sehr gebildet. Philippine Charlotte hatte sie gleich in ihre Kreise einbezogen und stellte ihr sogar Räume im Schloss zur Verfügung.

Von beiden Mätressen ist vieles der Nachwelt überliefert, über sie ist oft mitfühlend und liebevoll berichtet worden. Über Augusta hingegen hat kaum jemand ein Wort verloren. Das wenige Auffindbare ist oft negativ gefärbt. Es ist aber kaum denkbar, dass die vielen Schicksalsschläge, die Augusta trafen, spurlos an ihr vorübergingen. Da waren die Behinderungen ihrer Kinder, für die man sie persönlich verantwortlich machte. Auch in den Persönlichkeiten von Karoline und Friedrich Wilhelm schien es einige »Webfehler« zu geben; sie waren schwer erziehbar, eigenwillig und manchmal fast nicht zu kontrollieren. Als Georg III. im Jahre 1788 einen schweren Anfall von geistiger Umnachtung erlitt, der fast zwei Jahre währte, verdichteten sich die Gerüchte. Auch Christian VII. von Dänemark, der englischwelfische Vorfahren hatte, war ja erkrankt. Die Familie trug anscheinend einen üblen Keim in sich, und Augusta hatte ihn auf ihre Kinder vererbt. (Selbst im Lichte der heutigen Wissenschaft sind diese über mehrere Generationen verteilten Anomalitäten noch nicht eindeutig geklärt.)

Das Jahr 1788 brachte weitere böse Nachrichten für die Herzogin: ihre älteste Tochter Auguste, mit dem späteren König von Württemberg verheiratet, war diesem nach Russland gefolgt und dort bei der Geburt eines Kindes auf grausamste Weise ums Leben gekommen. Die Katastrophe hatte sich schon länger angebahnt, der Herzog sich aber geweigert, bei der Zarin zu intervenieren. Augusta muss hinter ihrer lächelnden Maske sehr gelitten haben.

Im Jahr darauf brach in Frankreich die Revolution aus und versetzte die adlige Welt in Angst und Schrecken. Hochgeborene Flüchtlinge überschwemmten die Höfe des restlichen Europa und berichteten Unglaubliches. Von nun an verging kein Tag mehr ohne Aufregung.

Abwechslung kam 1794, als Lord Malmesbury aus London eintraf, um Prinzessin Karoline auf ihre geplante Ehe mit dem englischen Kronprinzen vorzubereiten. Augusta lebte angesichts der vielen Neuigkeiten, die sie nun aus ihrer Heimat erfuhr, sichtlich auf. Hätte sie gewusst, was der Lord abends über sie und ihre Tochter in sein Tagebuch eintrug, wären ihre Gefühle sicher anderer Art gewesen. So aber genoss sie die unbändige Freude, die ihre Tochter über das bevorstehende Glück zeigte.

Anfang 1795 begleitete Augusta ihre Tochter ein Stück des Weges in deren Unglück. Erst anderthalb Jahre später begann sie zu ahnen, dass die Dinge sich für Karoline anders entwickelten als erwartet.

1801 starb Philippine Charlotte, im Jahr darauf heiratete Prinz Friedrich Wilhelm die Prinzessin Marie von Baden, eine Schwester der russischen Zarin. Dieser jüngste Sohn, der selten lachte, hatte mit Erfolg die militärische Laufbahn eingeschlagen. Der Erbprinz, Karl Georg August, starb am 20. September 1806.

Karl Wilhelm Ferdinand, obgleich inzwischen schon 71jährig, übernahm 1806 die Führung der preußischen Truppen im Krieg gegen Frankreich. Am 14. Oktober wurde er in der Schlacht bei Jena und Auerstädt lebensgefährlich am Kopf verwundet. Seine Getreuen trugen den Erblindeten über Braunschweig bis nach Ottensen bei Hamburg. Hier war dänisches Territorium, man war sicher.

Augusta war mit ihren behinderten Kindern inzwischen schon nach Rostock geflüchtet. Als sie vom Schicksal ihres Gatten erfuhr, reiste sie sofort nach Ottensen. Karl von Strombeck, Kammerherr der Prinzessin Auguste Dorothee, der Lieblingsschwester des Herzogs, war mit seiner Herrin ebenfalls dort eingetroffen. Er berichtete, wie er die Herzogin in das Sterbezimmer ihres Gemahls gehen sah. Ob noch ein Gespräch möglich war, ist nicht überliefert. Der Herzog starb am 10. November 1806.

Kammerherr von Hohnhorst, gerade aus England zurückgekehrt, agierte geistesgegenwärtig. Er überredete Augusta, schnellstens mit ihm das Schiff in Lübeck zu besteigen, das sofort wieder nach England zurücksegelte. Die beiden behinderten Söhne blieben in Glücksburg, wo Herzog Karl Friedrich Ferdinand aus der Nebenlinie Bevern residierte und sich ihrer annahm.

Als Witwe und Flüchtling kam Augusta nun in ihre Heimat zurück. Das White House in Kew war inzwischen abgerissen. Ihr Bruder, der König, wies ihr das Ranger´s House in Greenwich zu. Da Rangers (Wildmeister) königliche Beamte, ja oft Mitglieder des Hochadels waren, entsprach das Haus durchaus gehobenen Ansprüchen. Es gab auch einen besonderen Grund, sie gerade hier anzusiedeln. Auf dem benachbarten Grundstück stand das Montagu House, in dem ihre längst vom Prinzen von Wales getrennte Tochter Karoline lebte. Da diese sehr eigenwillig war und der Hof auch ohne ihr Zutun genügend Skandale produzierte, hoffte man auf den sanften korrektiven Einfluss der Mutter.

Obgleich Augusta mit ihrer Tochter in deren Jugend in Braunschweig nicht immer gut zurechtgekommen war, band die beiden Frauen hier doch die gemeinsame Erinnerung an Braunschweig aneinander, besonders an das Schlösschen Richmond, das in der

Erinnerung wie eine Insel der Glückseligkeit glorifiziert wurde. Dabei wussten beide, dass darin nun Fremde, Franzosen, hausten. Sie mochten sich oft darüber unterhalten, in welchem Zustand diese es zurücklassen würden – falls sie je wieder das Land verließen. Es gab viele weitere Themen, über die mit Sicherheit eifrig diskutiert wurde. Aber eng und herzlich wurde der Kontakt zwischen den beiden nicht mehr, dafür war es inzwischen zu spät.

Karolines Tochter, die Prinzessin Charlotte, erhielt nur selten Erlaubnis, ihre Mutter zu besuchen. Dann war allerdings die Freude auf allen Seiten groß. Charlotte fasste eine innige Zuneigung zu ihrer Großmutter, der sie ihre letzten Lebensjahre ohne Zweifel verschönte.

König Georg III. erkrankte im Jahre 1810 erneut schwer. Diesmal gab es keine Besserung, sein Zustand verschlechterte sich ständig.

1811 gelang es ihm gerade noch, seinem Sohn die Regentschaft zu übertragen. Augusta besuchte ihn in Windsor, wo er nun fast ständig lebte. Da die Königin sie nie besonders gemocht hatte, hielt sich die Anzahl ihrer Besuche jedoch in Grenzen.

Als Karolines Gemahl nun Regent war, wehte ein kühlerer Wind vom St. James's Palast nach Greenwich herüber. Es kamen weniger Besucher; Charlotte durfte überhaupt nicht mehr erscheinen. So vergingen die letzten Jahre der Herzogin. Zum Kartenspiel fanden sich noch immer Damen, die dann im Salon ihre kleine Gesellschaft pflegten. Greenwich war durchaus ein königlicher Ort. Dort, wo sich heute das Marinehospital befindet, stand einst ein riesiger Palast, in dem sowohl Heinrich VIII. als auch seine Tochter Elisabeth I. geboren wurden. Die Anwesenheit einer Fürstin erinnerte an alte, vielleicht glänzende Zeiten.

Augusta entschlief am 23. März 1813 in ihrem Ranger's House. Weder Karoline noch Charlotte erhielten Erlaubnis, die Herzogin auf ihrem letzten Weg zu begleiten. Der Regent wünschte nicht, dass Tochter und Mutter einander begegneten. Der Herzog von Gloucester und seine Gemahlin, die Augusta sehr zugetan waren, gaben ihr das letzte Geleit. Sie wurde in der Königlichen Gruft in Windsor beigesetzt.

Entwurzelt und verweht
Maria Antonia von Branconi (1746-1793)

Im Jahre 1758 saß Johann Andreas von Elsner, Major der Königlichen Neapolitanischen Schweizergarde, in Neapel auf der Veranda seines kleinen Hauses und war dem Himmel dankbar für das kleine Reich, das er sein eigen nennen durfte. Seine Heimat Schlesien war vor fünfzehn Jahren gewaltsam von Preußen der österreichischen Herrschaft entrissen worden. In Italien war Österreichs Stern ebenfalls gesunken, und er hatte Glück, jetzt dem Bourbonenkönig Carlos dienen zu können. Die Erinnerung an den Tod seiner schönen, leb-

Maria Antonia von Branconi

haften Frau, die bis vor wenigen Jahren hier neben ihm zu sitzen pflegte, begann gerade, seine Gedanken zu trüben, als er seinen Nachbarn kommen hörte. Don Giuseppe Francesco Pessina de Branconi hatte es sich zur Gewohnheit gemacht, seinen Abendspaziergang zu unterbrechen, um mit dem Major zu plaudern. Er wohnte in einer stattlichen Villa an der gleichen Straße. Als königlicher Generalpächter schien er sehr wohlhabend zu sein. Er mochte um die vierzig sein, und es hieß, er sei schon seit vielen Jahren Witwer.

Sein Blick galt immer häufiger der elfjährigen Tochter des Majors, Maria Antonia. Sie wirkte schon viel erwachsener und ernsthafter, als es die schlesischen Schwestern und Cousinen des Majors in diesem Alter waren. Auch besaß sie eine natürliche Grazie und war stets höflich, fast liebenswürdig wie eine Dame. Jetzt erschien sie, den kleinen Bruder Ignazio an der Hand und begrüßte den Marchese – so ließ Branconi sich anreden – wie einen Onkel. Der zeigte auf Ignazio: »So groß wie dieser ist jetzt der Kronprinz Ferdinand – und in einem Jahr soll er König von Neapel werden. Man stelle sich vor, mit acht Jahren! Aber Tanucci«, setzte er hinzu, »wird ihn schon zu einem tüchtigen Herrscher erziehen. Aber Major von Elsner, Eure Tochter ist dabei, sich in eine wunderschöne junge Frau zu verwandeln – und sie ist sehr intelligent. Wollt Ihr sie mir nicht zur Ehefrau geben?«

Der Major hatte insgeheim mit einem solchen Antrag gerechnet. Er dachte an die vielen Feldzüge, an denen er teilnehmen musste und an den Tod, der ein ständiger Begleiter war. Wer würde sich um seine Kinder kümmern, falls er fiele? Den Kontakt mit seiner Familie hatte er verloren, und die wenigen Verwandten seiner Frau wollten von ihm, dem Protestanten, nichts wissen. Wäre es nicht beruhigender, seine Tochter in der Obhut dieses aufrichtigen Mannes zu wissen, der zudem nicht arm war, anstatt sie dem Risiko auszusetzen, als Vollwaise in die Hände habgieriger Vormünder zu fallen?

Nach reiflicher Überlegung meinte er: »Lasst sie erst zwölf werden, dann werden wir sehen.« Am 27. Oktober 1758 wurde Antonia zwölf, und einen knappen Monat später fand die Trauung statt. Antonia zog nun in das Haus des Marchese und setzte dort ihre schulische und musische Bildung fort. Ihr Mann schien gütig und geduldig. Er führte sie allmählich in die Gesellschaft ein. Kindsbräute waren nichts Ungewöhnliches in jener Zeit. Bruder Ignazio wurde in eine Kadettenschule geschickt, um später die militärische Laufbahn einzuschlagen.

Vier Jahre nach ihrer Hochzeit, am 31. Oktober 1762, brachte Antonia einen Sohn zur Welt, Antonio Mariano Salvatore Francesco, später kurz Franz Anton genannt. Knappe anderthalb Jahre danach folgte eine Tochter, Anna Maria Antonia. Major von Elsner konnte sich nur noch kurz an seinen Enkeln erfreuen, im Jahre 1765 starb er. Er fehlte Antonia sehr, denn ihr Mann war oft dienstlich längere Zeit abwesend. Kurz vor ihrem 20. Geburtstag jedoch erhielt sie die unfassbare Mitteilung, dass ihr Ehemann ganz plötzlich in Rosarno (Calabrien) verstorben sei. Nun stand sie allein da, eine unerfahrene, blutjunge und verwöhnte Frau, mit zwei kleinen Kindern und ganz ohne Kenntnisse, wie sie mit Geld und Gütern umgehen sollte. Man würde sie mit Aufmerksamkeit, aber nicht immer wohlwollend beobachten. Sie hatte Dienstboten, die ihr vieles abnahmen – aber niemanden, den sie um Rat fragen konnte, und war nicht gewohnt, große Entscheidungen zu treffen. In dieser Situation lud die Frau des britischen Botschafters, Sir William Hamilton, Antonia zu einem Empfang ein – mit ungeahnten Konsequenzen.

Karl Wilhelm Ferdinand, Erbherzog von Braunschweig-Wolfenbüttel, hatte im Januar 1764 die englische Prinzessin Augusta geheiratet, die nach kurzem Aufenthalt in Braunschweig gleich wieder nach England zurückgekehrt war, um dort ihr erstes Kind zur Welt zu bringen. Der Erbherzog folgte ihr, und im Februar 1766 wurde der ersehnte Thronfolger, Prinz Karl, geboren. Während Augusta in London blieb, machte ihr Gemahl sich auf eine lange geplante Bildungsreise. Sie führte ihn über Paris nach Genf, wo er Voltaire traf, weiter nach Venedig, aber der permanente Karneval behagte ihm weniger als einigen seiner welfischen Vettern etliche Jahrzehnte zuvor. In Rom ließ er sich von Winckelmann ins Reich der Antike einführen, und nun war er nach Neapel gekommen, wo der britische Gesandte, Sir William Hamilton, ihm Pompeji, Herculaneum und sogar den Vesuv zeigen wollte. Hamilton war ein begeisterter Forscher, der viel eigenes Kapital einsetzte, um Ausgrabungen zu tätigen. Aber für den inkognito reisenden Erbherzog musste zunächst der übliche Empfang stattfinden, zu dem Antonia zu erscheinen gebeten worden war.

Dieser 4. November 1766 sollte zum Schicksalstag für Antonia werden. Sie erschien auf dem Empfang und erregte des jungen Erbprinzen Aufmerksamkeit. Dieser hatte auch bald herausgefunden, in welch trauriger Lage sie sich befand, und näherte sich ihr verständnisvoll und einfühlsam. Der Erbprinz schien insgeheim, gemeinsam mit Hamilton, schon längst über das Schicksal der jungen Witwe entschieden zu haben. Während des Aufenthaltes in Neapel sah er sie fast täglich, setzte seinen Charme ein und band die hilflose und schutzbedürftige Frau immer fester an sich. Antonia war keineswegs leichtfertig, doch ihre Skrupel wurden von Hamilton weggelacht. (Diese Epoche hatte wenig übrig für hohe Moral – man lese die Memoiren des Zeitgenossen Casanova.) Antonia war schließlich bereit, dem Erbprinzen nach Braunschweig zu folgen – als seine Geliebte.

Hamilton schlug sogleich vor, die Schiffe Seiner Majestät, des Königs von England, einzusetzen, um ihr Mobiliar bis nach Magdeburg transportieren zu lassen. Auch wollte er sich um Antonias Vermögen und ihres Gatten Nachlass kümmern. So reiste sie mit ihren Kindern, dem vom Vater übernommenen Kutscher Kruse und einigen Dienstboten in zwei eigenen Kutschen zusammen mit Karl Wilhelm Ferdinand und seinem Gefolge nach Norden. Weihnachten verbrachte man in Venedig. Im Frühjahr ging die Reise weiter nach Paris. Dort wartete Augusta mit ihren beiden Kindern bereits auf ihren Gemahl, um von hier aus gemeinsam weiter nach Braunschweig zu reisen.

Der Gedanke an die Erbprinzessin hatte Antonia häufig beunruhigt, aber Karl Wilhelm Ferdinand wischte ihre Bedenken weg: Es sei nicht unüblich, jemanden im Gefolge mitzunehmen. Besonders eine schutzbedürftige junge Witwe mit Kindern habe geradezu ein Recht darauf. Und selbst wenn die Erbprinzessin von Braunschweig, Prinzessin von Großbritannien, herausfände, dass da eine Beziehung bestünde, würde sie es als unter ihrer Würde betrachten, solches wahrzunehmen. Jeder Fürst, ja selbst der Adel schmücke sich mit Mätressen. Letztendlich würden Ehen auf Herrscherebene nicht aus Liebe, sondern aus politischem Kalkül geschlossen.

Dann erreichte die Reisegruppe endlich Paris. Einige Hofräte aus dem Gefolge der Prinzessin holten den Erbherzog ab, um ihn zu seiner Gemahlin zu führen, und Antonia fand sich zum ersten Mal verantwortlich für ihr eigenes Gefolge, die Kinder und sich selbst. Hatte sie genug Geld bei sich? Welches Wirtshaus entsprach ihren Ansprüchen? Sie durfte nicht »zu tief« absteigen – Fehler konnte sie sich ab sofort nicht mehr leisten. Als sie in den nächsten Tagen der Erbherzogin vorgestellt wurde, die schon längst alles wusste und sie mit kaltem, verächtlichem Blick maß, ohne ein Wort zu sprechen, da wurde ihr klar, dass sie sich in eine Abhängigkeit begeben hatte, die ihr nicht lag und die sie nicht nötig hatte. Aber dem Kind zuliebe, das sie in sich trug, wollte sie erst einmal ausharren und alles ertragen.

In Braunschweig war das Gepäck bereits eingetroffen. Eine Wohnung fand sich in der kleinen Straße Hintern Brüdern. Antonia erregte großes Aufsehen wegen ihrer außergewöhnlichen Schönheit und Freundlichkeit. Sie war das Thema erster Wahl in allen Kreisen der Gesellschaft. Es wurde viel spekuliert, aber man sprach nicht schlecht von ihr. Selbst als sie am 29. Dezember 1767 einen Sohn zur Welt brachte, dessen Vater eindeutig der Erbherzog war, nahm man ihr das nicht übel. Das Kind wurde am 31. Januar 1768 von Pastor Steinbrück aus St. Andreae auf die Namen Karl Anton Ferdinand de Branconi evangelisch getauft. Gevatter bzw. Pate war der alte regierende Herzog Karl I. persönlich. Der hatte viel übrig für die liebenswürdige Italienerin, und er verbrachte so manchen Nachmittag in ihrer Gesellschaft. Er war es auch, der sich mit Legationsrat Vockel in Wien in Verbindung setzte und ihn bat, mit aller Diskretion für ein Kind, »für das er sich sehr interessiere«, den Titel eines Grafen – er schlug den Namen Fürstenberg vor – zu beschaffen. Da dieser Name bereits besetzt war, wurde Forstenburg vorgeschlagen und akzeptiert. Bevor das Adelspatent erteilt wurde, musste Vermögen zur standesgemäßen Lebensführung nachgewiesen werden. Auch das erledigte Herzog Karl I.

Er belegte in der fürstlichen Rentkammer ein Kapital von 100 000 Gulden, von dem ein großer Teil so schnell wie möglich in »liegende Gründe« konvertiert werden sollte. Die Gelegenheit ergab sich bald. Die Güter Watzum und Groß Vahlberg, die seit Generationen vom Geschlecht derer von Weferling bewirtschaftet wurden, waren gerade vakant geworden, und Herzog Karl I. legte sie für seinen kleinen Enkel, den Grafen von Forstenburg, an.

1772 erwarb Antonia ein größeres Haus unweit der Katharinenkirche. Es gehörte vormals der Frau des Oberamtmanns Voigts – genau an der Stelle befindet sich heute das Finanzamt Wilhelmstraße.

Blasiusdom in Braunschweig

Das Haus wurde schnell Mittelpunkt der Gesellschaft. Der alte Herzog Karl I. und sein Sohn Karl Wilhelm Ferdinand gingen hier fast täglich ein und aus, und die Gesellschaft ließ sich gerne einladen. Der edle Geschmack der Marchesa wurde gelobt, ihr italienisches Mobiliar fand viel Bewunderung, und sie schwamm auf einer Woge der Popularität. Sie genoss es, obwohl sie ahnte, dass man sie zumeist als Türöffnerin zum Palast benutzte. In Braunschweig lernte sie, Menschen und ihre Motive zu erkennen und zu bewerten, sie lernte zu wirtschaften und zu planen. In ihrer Freizeit befasste sie sich mit Literatur, Wissenschaft und Kunst. Sie bestritt alle persönlichen Ausgaben, auch die für die Branconi-Kinder, aus eigener Kasse. Für den kleinen Grafen ließ sie den Erbherzog zahlen. Der berief dann auch im Jahre 1773 Johann Joachim Eschenburg zu seinem Erzieher, und der Kleine zog, wie damals üblich, in dessen Haus. Franz Anton und Anna hatten ihre eigenen Erzieher, die zu ihnen ins Haus kamen. Zu dieser Zeit trat auch ein Mann auf, der später eine große Rolle in Antonias Leben spielen sollte: Carl Matthaei. Er war der Sohn des jüdischen Kaufmanns Simon Geithel und erhielt, nachdem er sich hatte taufen lassen, den Namen des Evangelisten mit dem Engel. Er hatte studiert und war lange als Erzieher bei bekannten Familien tätig gewesen. Matthaei besaß auch große Fähigkeiten als Sekretär und Verwalter. Sein Charakter war von größter Integrität, und für die Marchesa de Branconi empfand er vom ersten Moment an tiefe, selbstlose Verehrung.

Ebenfalls im Jahre 1773 starb der Geheime Rat und Kämmerer von Schliestedt. Mit Entsetzen wurde nach seinem Tode festgestellt, dass die Staatskasse leer war. Es befanden sich weder Gelder noch Abrechnungen noch Schuldscheine darin. Das Herrscherhaus und mit ihm das Land standen am Rande des Ruins.

Antonia wurde wegen ihres aufwändigen Lebensstils kritisiert, auch aus den Kreisen der Herrscherfamilie. Ihren Beteuerungen, dass sie alles selbst bezahle, wurden nicht immer geglaubt. Von Hamilton erhielt sie in dieser Zeit die Zusicherung, dass ihr Kapital in England gut angelegt und absolut sicher sei. Eine diskrete Warnung war der Nachricht beigefügt: Sie möge sich aus der Finanzmisere des Landes heraushalten und solle auf keinen Fall ihr Geld, auch nicht leihweise, zur Verfügung stellen. Hamilton war stets bestens aus vielerlei Quellen informiert und besaß einen hervorragenden Überblick. Antonia beschloss, ihren Status zu festigen. Der Titel »Marchesa« war in Norddeutschland unbekannt und klang fremdartig. Sie richtete ein Gesuch an den Kaiser des Heiligen Römischen Reiches, Josef II., und bat um Bestätigung ihres Titels. Am 30. Novernber 1774 wurde sie mitsamt ihren ehelichen Kindern in den Adelsstand des Heiligen Römischen Reiches versetzt und nannte sich von nun an Frau von Branconi. Den Titel einer Gräfin oder Baronin hatte sie nie erhalten, wurde aber aus Höflichkeit oft so angeredet. Ihr ältester Sohn, Franz Anton, wurde nun nach Straßburg auf eine Akademie geschickt, und Karl Wilhelm Ferdinand verwendete sich dafür, dass er Erlaubnis erhielt, die kurbairische Uniform zu tragen – alles Adelsprivilegien, die nun wahrgenommen werden konnten. Nun schaute Antonia sich nach einem Landsitz um, was bei Erteilung des Adelspatents dringend empfohlen wurde.

Mit Karl Wilhelm Ferdinand hatte sie einige Wochen in Blankenburg verbracht und wurde auf das Gut Langenstein aufmerksam gemacht. Es lag halbwegs zwischen Blankenburg und Halberstadt auf preußischem Gebiet und gehörte Prinz Heinrich, dem Bruder Friedrichs II., Königs von Preußen. Da Karl Wilhelm Ferdinand ein Regiment in Halberstadt unterhielt, schien die Idee reizvoll, sich hier einen behaglichen Aufenthaltsort zu schaffen. Antonia unterzeichnete den Kaufvertrag am 24. April 1776 und zahlte 110 000 Taler aus ihrem eigenen Vermögen. Mit Langenstein erwarb sie zugleich die Herrschaft über Sargstedt und Klein Quenstedt. Das Gutshaus auf Langenstein war alt und für sie als Wohnhaus nicht akzeptabel. Sie entschied sich für den Abriss und den Bau eines kleinen Schlosses.

Sie hatte sich nun unabhängig gemacht und mit eigenen Mitteln selbst etabliert. Sie war erwachsen geworden und hatte begriffen, dass es für eine Mätresse keine Möglichkeiten des Aufstiegs mehr gab, aber dafür umso leichter war, nach einer gewissen Blütezeit in die Bedeutungslosigkeit abzusinken. Das Verhältnis zum Erbherzog war allmählich nicht mehr eng und herzlich. Ihm passten wahrscheinlich ihre Unabhängigkeitsbestrebungen nicht. Auch mochte er es als verletzend empfunden haben, dass sie es wagte, angesichts der Flaute in der Staatskasse so viel eigenes Geld auszugeben, anstatt es ihm anzubieten. Er hatte kein Interesse, Langenstein zu besichtigen, und hat sich nie dort aufgehalten. Es wird nur von einem Spaziergang berichtet, den er mit Frau von Branconi am Hoppelberg machte, der zu ihrem Gut zählte. Am Waldrand wurden Wachen aufgestellt, damit sie nicht gestört würden. Es muss bei diesem Spaziergang zu heftigem Streit gekommen sein, vermutlich über Geldangelegenheiten. Antonia wollte die Güter Watzum und Groß Vahlberg nicht mehr als Landbesitz für ihren Sohn, den Grafen Forstenburg, behalten, sondern bat darum, sie verkaufen zu dürfen und den Erlös zu verzinsen. Das alles deutet darauf hin, dass sie alle Bindungen zum Braunschweiger Hof abbrechen wollte. Kurze Zeit später wurden die beiden Güter an den Oberhofmarschall von Münchhausen verkauft. Und nun begannen Antonias Wanderjahre.

Im Mai besuchte sie ihren Sohn in Straßburg. Im Juli sah man die Branconi in Blankenburg, von wo aus sie den Abriss des alten Gutshauses überprüfte. Dann kehrte sie nach Braunschweig zurück. Im Herbst wurde sie zu einem Empfang ins Schloss eingeladen. Der Erbherzog sollte nach längerem Aufenthalt in Berlin wieder in seiner Heimatstadt willkommen geheißen werden. Während sie zwischen den vielen Gästen stand und auf ihn wartete, hörte sie wieder ein Gerücht, das ihr schon vor einigen Wochen zu Ohren gekommen war: Der Erbherzog habe eine neue Geliebte. Sie wollte es nicht glauben – aber da erschien er tatsächlich, zufrieden lächelnd, mit einer zierlichen, selbstbewusst dreinschauenden jungen Dame an seiner Seite. Aber das Schlimmste kam noch: Philippine Charlotte, die Antonia stets mit einer Art Misstrauen begegnet war, beugte sich herab und küsste die Neue auf die Stirn! Antonia eilte nach Hause.

Luise von Hertefeld war am Hof der Königin Elisabeth Christine von Preußen dem Erbprinzen, der ja der Neffe der Königin war, begegnet. Er war so von ihr eingenommen, dass er sie überredete, ihm nach Braunschweig zu folgen. Luise hatte französische Vorfahren und war mit ihren Sprachkenntnissen den meisten bei Hof weit voraus. Das wurde von Philippine Charlotte, die danach lechzte, wieder gutes Französisch zu hören, großartig honoriert – die Dame bekam ein Schlafgemach im Schloss zugewiesen, nahe dem der Herzogin.

Antonia sah ihren Geliebten nur noch einmal. Er teilte ihr mit, dass Professor Zachariae gestorben sei und Eschenburg seinen Posten einnehmen solle. Deshalb könne dieser Karl nicht mehr unterrichten, das müsse nun Matthaei übernehmen, qualifiziert genug sei er ja – und nicht ganz so teuer. Damit verabschiedete sich Karl Wilhelm Ferdinand von Antonia für immer.

Der Gesellschaft war der Wechsel keineswegs entgangen, und Antonia war plötzlich kaltgestellt. Sie hielt es noch bis zum Juli 1777 aus, dann verließ sie Braunschweig, um nie wieder zurückzukehren. Mit Matthaei und den Kindern reiste sie nach Straßburg, wo der knapp 11-jährige Sohn Karl an der Universität immatrikuliert wurde. Sohn Franz Anton hingegen reiste nach Braunschweig, um das Haus zu bewohnen. Es gab wohl Gründe, es nicht leer stehen zu lassen.

Antonia etablierte sich in dem Dreieck Straßburg-Lausanne-Zürich. Hier war sie der Sphäre des Braunschweiger Hofklatsches entzogen und konzentrierte sich auf neue Bekanntschaften. So lernte sie bald den »Zürcher Seelenrat« Johann Caspar Lavater kennen, der sich als Theologe, Dichter und Moralist einen Ruf erworben hatte. Am bekanntesten wurde er durch seine physiognomischen Studien, in denen er versuchte, aus dem Gesicht eines Menschen seine Seele, seinen Charakter zu deuten. Wissenschaft wurde damals sehr viel weiter ausgelegt als heute, und so hatte er großen Zulauf aus aller Welt. Mit Antonia, aber auch mit Matthaei freundete sich Lavater sogleich an. Er kannte Goethe von einer Rheinfahrt her, und als dieser im Zuge einer Bildungsreise im Oktober 1779 nach Lausanne kam, machte Lavater ihn mit Frau von Branconi bekannt. Goethe soll wie von Sinnen gewesen sein und konnte seine Augen nicht von der schönen Frau abwenden. An »Frau von Stein«, der er regelmäßig Reiseberichte sandte, schrieb er eher vorsichtig. Er gab aber zu, froh zu sein, nicht den Platz Matthaeis innezuhaben, »... ein verfluchter Posten, das ganze Jahr par devoir wie Butter an der Sonne zu stehen.«

Der junge Graf Forstenburg sehnte sich nach seinem Lehrer Eschenburg. Er schrieb ihm rührende Briefe, die von seiner Zuneigung Zeugnis geben. Oft drückte er die Hoffnung aus, ihn bald zu treffen. Er sah ihn aber nie wieder.

Im Sommer 1780 reiste Antonia nach Langenstein. Hier lernte sie Frau von Berg kennen, die sehr viel Einfluss besaß und Antonia in die Halberstädter Gesellschaft einführte. Sie wurde mit großer Freundlichkeit akzeptiert und konnte sogar ihre Tochter auf deren Wunsch hin bei einer Familie lassen. Auf dem Rückweg reiste sie über Weimar, wo sie Goethe besuchte. Dessen Freude war von Angst vor »Frau von Steins« Misstrauen getrübt. Er empfahl Antonia an seine Mutter, die ihr in Frankfurt ein herzliches Willkommen bot.

In Straßburg nahm sie die Verbindung zu Lavater wieder auf. Der war inzwischen auf den wohl berühmtesten Betrüger jener Zeit, den »Grafen Cagliostro« alias Giuseppe Balsamo hereingefallen und bewunderte dessen magische Künste. Goethe, der aus Freimaurerkreisen von der wahren Natur des »Grafen« wusste, warnte den Menschenkenner Lavater vergeblich. Antonia war zunächst bereit, dem geschickten Scharlatan zu glauben, aber ihr Verstand riet ihr zur Vorsicht, und sie zog sich zurück.

Als im Jahre 1781 ein großes Feuer in Langenstein ausbrach und 17 Höfe zerstörte, sandte sie sofort 200 Goldtaler als Hilfsgelder zu den Geschädigten und versteigerte Schmuck, um noch mehr Mittel zur Verfügung zu stellen. Sie selbst besuchte die Bäder von Luxeuil und ließ Matthaei nach Langenstein reisen. Der kümmerte sich um den Bau des neuen Schlosses, anschließend fuhr er nach Braunschweig, wo er das Haus seiner Herrin in der Wilhelmstraße an Carl von Hardenberg verkaufte. Es gelang ihm auch, mit Karl Wilhelm Ferdinand, der seit zwei Jahren regierender Herzog war, ein Gespräch über seinen Sohn Karl zu führen. Der Herzog zeigte sich interessiert, wollte aber über Frau von Branconi nichts hören.

Im Mai des nächsten Jahres reiste die ganze Familie nach Langenstein. Das Haus war fast fertig, und die energische Hausherrin drang darauf, dass auch das Obergeschoß schnell ausgebaut wurde. Goethe tauchte noch einmal auf mit dem jungen Fritz von Stein, den er auf den Brocken führen wollte. Antonia kümmerte sich mit großer Energie um die Belange des Dorfes. Sie duldete keinen Schlendrian, sondern bestätigte die Verordnungen bezüglich der Abgaben, des Holzsammelns, der Weiderechte und ließ sogar einen neuen Schandpfahl aufstellen, an dem die Missetäter während des Kirchgangs bloßgestellt wurden. Nach einem Winter im milderen Zürich kam sie im folgenden Jahr wieder. Auch Goethe kam wieder vorbei. Er war mit dem Weimarer Fürsten in Braunschweig gewesen und erholte sich nun zwei Tage bei Antonia. Es war ihre letzte Begegnung. Goethe, der so vielen Damen anmutige und geistreiche Gedichte in ihre Poesiealben schrieb, hatte anscheinend keines der von ihm so verehrten Antonia gewidmet. Wagte er es nicht, weil sie die abgelegte Geliebte des Bruders seiner Herzogin war?

Im Winter fuhr Antonia mit Sohn Karl nach Paris, wo sie ihn im Regiment Schomburg unterbrachte. Im Frühjahr reiste sie nach London, vermutlich, um sich um ihr dort angelegtes Geld zu kümmern. Kurz darauf kaufte sie sich ein »kleines Landgut« in Chanet bei Neuchâtel. Ihre Rastlosigkeit ließ sie auch dort nicht heimisch werden. Das nächste Jahr, 1786, war sie noch einmal in Langenstein. Sie hatte die große Freude, ihren Sohn Franz Anton als Kanonikus an der Liebfrauenkirche zu Halberstadt etabliert zu sehen. Er übernahm auch schon einige Pflichten und Rechte auf Langenstein. Gerichtsakten berichten von einem heftigen Streit, den Franz Anton mit dem Dichtervater Gleim hatte, der das Jagdrecht gepachtet hatte und dem jungen Herrn von Langenstein nichts davon überlassen wollte.

In Neuchâtel traf Antonia noch einmal mit Cagliostro zusammen. Nach der berüchtigten »Diamant-Halsbandaffäre« war er aus Frankreich geflüchtet. Von verschiedenen Kerkeraufenthalten stark gezeichnet und von seinem Mythos verlassen, machte er einen eher erbärmlichen Eindruck. Er zog auch bald weiter nach Rom, wo seine Frau Serafina ihn der Inquisition auslieferte. Danach wurde er auf die Festung Leo gebracht, wo er 1795 starb.

Im Jahre 1787, als Antonia immerhin schon 41 Jahre alt war, geschah etwas Rätselhaftes: Sie reiste ohne Erklärung nach Paris und schickte Matthaei mit Tochter Anna nach Langenstein. In den nächsten zwei Jahren hörte man wenig von ihr, es wurde viel spekuliert, und man verstand nicht, warum sie nicht einmal ihren besten Freunden ein Lebenszeichen zukommen ließ. Ihr untadeliges Ansehen erhielt die ersten Flecken. Mit einem »kleinen Ritter« sei sie auf und davon, hieß es, und habe total ihren Kopf verloren. Matthaei verteidigte ihren Ruf, Lavater suchte zu verstehen.

Im Revolutionsjahr 1789 verließ Karl schleunigst Paris, um in die russische Armee einzutreten. Außer mit seinem Vater, mit dem er kurz zusammentraf, sprach er mit niemandem darüber. Antonia suchte die heißen Bäder von Bad Brückenau auf, kannte dort aber niemanden und entschwand wieder nach Paris. Sie schien krank zu sein. Ihre Tochter Anna schrieb ihr von ihrer bevorstehenden Heirat, aber von der Mutter kam keinerlei Reaktion. So fand die Hochzeit mit dem

Major und Rittergutsbesitzer Bernhard von Lebbin im Jahre 1791 ohne Beisein Antonias statt. Ein ganzes Jahr später meldete sich der getreue Matthaei bei guten Bekannten in der Schweiz und bat um die Vermittlung eines zuverlässigen Kindermädchens für den »angenommenen Sohn der Frau von Hoppelberg«. So nannte sich Antonia nun. Sie hatte Paris verlassen und lebte jetzt in der Nähe von Freunden im Frankfurter Raum. In ihrem Gefolge befand sich ein gewisser Vincent, von dem nicht viel überliefert ist. Es kann spekuliert werden, dass er ein großes Geheimnis hütete – vielleicht in Verbindung mit der Revolution – und deshalb seine Identität auf keinen Fall preisgeben durfte. Er war mit ziemlicher Sicherheit der Vater des kleinen »angenommenen« Jules Adolph Marie.

Antonia war tatsächlich sehr krank aus Paris zurückgekehrt. In Frankfurt machte sie ihr Testament, wohl ahnend, dass ihr Leiden nicht zu heilen war. Sie wagte einen letzten Versuch und reiste mit Matthaei, Vincent, dem Kleinkind samt seinem tüchtigen Kindermädchen und dem getreuen Kruse nach Abano in der Nähe von Padua. Dort konsultierte sie einen berühmten Arzt, der ihr aber auch nur heiße Bäder verordnete. Es nützte nichts. Maria Antonia von Branconi, geborene von Elsner, starb am 7. Juli 1793 in Padua. Der Grund war vermutlich Unterleibskrebs.

Matthaei, der sich um alles gekümmert hatte, fiel am gleichen Abend, an dem seine geliebte Herrin gestorben war, in ein heftiges Fieber, das ihn an den Rand des Grabes brachte. Nur mühsam erholte er sich wieder. So oblag es Vincent, die Todesnachricht in alle Welt zu schicken und sich um die Beerdigung zu kümmern. Er war zugleich der einzige Trauernde am Grabe, denn auch Kruse war krank, und das Kindermädchen musste bei dem ebenfalls fiebrigen Kind bleiben. Sobald Matthaei wieder einigermaßen bei Kräften war, ließ er eine Marmorplatte mit dem Namen und den Lebensdaten der Verstorbenen anfertigen und auf ihr Grab in Padua legen.

In Frankfurt traf sich die ganze Familie zur Testamentseröffnung. Antonia hatte alle, die ihr gedient und beigestanden hatten, großzügig bedacht. Das Rittergut Langenstein ging in den Besitz Franz Antons über, der seine Schwester auszahlen musste. Dem »Pflegekind« Jules Adolph setzte sie eine jährliche Rente von 300 Goldtalern aus bis zu seiner Volljährigkeit. Die gleiche Summe erhielt Matthaei auf Lebenszeit. Auch die treuen, langjährigen Diener wurden mit Legaten bedacht, die ihren Lebensabend sicherten.

Karl Anton Ferdinand, Graf Forstenburg, hatte Russland verlassen und diente nun im Möllendorfer Regiment. In einem Gefecht bei Kaiserslautern wurde er am 20. September 1794 so schwer verletzt, dass er vier Tage später starb. Er wurde auf dem Petri-Friedhof in Frankfurt beigesetzt.

Franz Anton heiratete Sophie Caroline von Rössing aus dem im Vorharz bekannten Adelsgeschlecht. Der Name von Branconi existierte bis in das vorletzte Jahrhundert hinein in jener Gegend. Das Geschlecht derer von Lebbin starb mangels männlicher Nachkommen aus.

Frau von Berg übernahm die Erziehung Jules Adolphs, der später Stallmeister bei Herzog Georg von Mecklenburg-Strelitz wurde. Der getreue Matthaei richtete seinen Wohnsitz bei ihm ein, reiste und korrespondierte viel. Er starb 1830 im Alter von 86 Jahren. Bis zum letzten Lebenstag hielt er das Bild seiner verehrten Maria Antonia von Branconi in höchsten Ehren.

Ein allzu kurzes Leben
Auguste von Braunschweig (1764-1788)
Herzogin von Württemberg

Auguste von Württemberg

Ein Frauenleben, dessen Tragik schwer zu überbieten ist, wurde Auguste von Braunschweig-Wolfenbüttel zuteil: mit fünfzehn an einen rechthaberischen und gewalttätigen Gatten verheiratet, mit zwanzig bereits Mutter von vier Kindern, mit noch nicht vierundzwanzig Jahren ein elender Tod unter mysteriösen Umständen, die erst viel später aufgeklärt wurden.

Auguste Karoline Friederike Luise, so ihr vollständiger Taufname, kam am 3.12.1764 in London zur Welt. Knapp neun Monate zuvor hatten ihre Eltern in in der Themsestadt glanzvoll Hochzeit gefeiert: Karl Wilhelm Ferdinand von Braunschweig-Wolfenbüttel und Augusta, Tochter des unglücklichen Frederick, der als Prinz von Wales starb, bevor er den englischen Thron besteigen konnte. Wie sich herausstellen sollte, geriet die Ehe der beiden nicht gerade gut, dafür waren sie zu verschieden. Der Erbprinz – ein fähiger, gebildeter, tatkräftiger Mann, der sich noch als umsichtiger Regent erweisen sollte; seine Gemahlin – wohlerzogen, gutmütig, aber etwas oberflächlich und von trägem Wesen. Augustes Kindheit wurde von dem immer tieferen Zerwürfnis der Eltern geprägt, dazu von dem entsetzlichen Umstand, dass fast alle ihre Geschwister (die ab 1766 in beinahe jährlicher Reihenfolge geboren wurden) Opfer unglücklich gekreuzter Gene wurden. Auf Außenstehende wirkte es, als liege ein Fluch über der Familie: Karl (1766-1806) war fast blind und blieb lebenslang geistig unselbstständig. Noch schlimmer traf es Georg (1769-1811) und August (1770-1820), die beide blind und geistig behindert waren. Die Tochter

Amalie (1772-1773) starb schon als Baby. Nur Friedrich Wilhelm (1771-1815), der spätere Erbe, war ein gesunder Mensch, fiel allerdings mit 43 Jahren im Kampf gegen Frankreich. Auch Augustes Schwester Karoline (1768-1821) erfreute sich weitgehender Gesundheit, erlitt aber ein trauriges Schicksal als ungeliebte und infolgedessen auch ungekrönte Gemahlin Georgs IV. von England.

Es wurde später oft bemängelt, dass die Ausbildung Augustes und Karolines allzu oberflächlich gewesen sei, geistige Interessen waren nicht unbedingt gefördert worden. Das allerdings störte Prinz Friedrich von Württemberg kaum, als er auf Brautschau ging. Zehn Jahre älter als Auguste, kam es ihm bei der Wahl einer Gattin eher auf die richtige Religionszugehörigkeit an sowie die Abstammung aus einer hochgestellten und möglichst fruchtbaren Dynastie. 1779 stand Friedrich seit fünf Jahren in Diensten des preußischen Königs, und Friedrich der Große hatte ihm wohl den Wink gegeben, sich einmal in Braunschweig umzuschauen, wo seine Schwester Philippine Charlotte an der Seite Karls I. herrschte. Die Großeltern gaben, ebenso wie Augustes Vater, gern ihre Einwilligung zur Eheschließung, als Friedrich andeutete, er habe sich in das hübsche Mädchen verliebt. Schließlich musste man damit rechnen, dass Friedrich eines Tages Herzog von Württemberg werden würde. Sein noch regierender Onkel Carl Eugen, Schillers gestrenger Landesherr, hatte keine legitimen Nachkommen, ebenso wenig der nächstjüngere Bruder Ludwig Eugen, weswegen die Herrschaft nach deren Tod aller Voraussicht nach an den dritten Bruder Friedrich Eugen und dann an dessen Sohn, also den jungen Friedrich, fallen würde.

Durch den überraschenden Tod von Augustes Großvater, Karl I., musste die für das Frühjahr 1780 geplante Hochzeit verschoben werden. Sie fand schließlich am 15.10. desselben Jahres im »Grauen Hof« zu Braunschweig statt. Zwei Tage lang wurde gefeiert und getafelt; die Lustbarkeiten endeten schließlich mit einem glanzvollen Maskenball im Opernsaal.

Prinzessin Auguste zählte erst 15 Jahre, Prinz Friedrich war 26 und damit viel lebenserfahrener als sie. Er galt als intelligenter, begabter Mensch und hatte eine gründliche Ausbildung absolviert, zu der auch zahlreiche Reisen und ein drei Jahre dauerndes Studium in der Schweiz gehörten. In seinem Äußeren erinnerte er, vor allen Dingen in puncto Figur und Statur, an seine preußischen Vorfahren: Mit den Jahren wurde Friedrich immer korpulenter. Charakterlich schien er vieles von seinem Urgroßvater geerbt zu haben, dem »Soldatenkönig« Friedrich Wilhelm I. von Preußen. Zum Schrecken seiner Erzieher entpuppte sich der Württemberger als übertrieben stolz und selbstbewusst, mit einer Neigung zu Sturheit und kaum zu bändigenden Zornesausbrüchen.

Seine junge Gemahlin war zwar kaum der Kinderstube entwachsen, wusste aber dennoch sehr genau, was sie wollte. Auguste konnte mindestens so sturköpfig sein wie ihr Mann, doch erntete sie damit bei ihrer Umgebung nichts als Kopfschütteln. Eine Frau hatte sich gefälligst anzupassen, sanft und unterwürfig die Launen des Ehemannes zu ertragen und im Übrigen die Contenance zu wahren. Auguste war sich ihrer körperlichen Schönheit wohl bewusst und genoss es, von anderen Männern bewundert zu werden. Friedrich reagierte aufbrausend und eifersüchtig, statt stolz auf seine attraktive Frau zu sein. Bald kam es zum Streit.

Das junge Paar ließ sich zunächst in Lüben nieder, einer Garnisonsstadt in Schlesien, nördlich von Liegnitz. Anfänglich tat beiden die Zurückgezogenheit gut, doch Auguste vermisste schließlich das bunte Treiben der Höfe und langweilte sich unsäglich. Zunehmend lästig fand sie auch die lehrerhafte Art ihres Mannes, der glaubte, an ihr herumerziehen zu können. Ihre Gesellschafterin, Gräfin Karoline Friederike von Görtz, spionierte Auguste heimlich aus und teilte Prinz Friedrich alles, was sie herausfand, schriftlich mit. Nicht einmal Augustes Post war vor der Gräfin sicher, meldete diese doch entrüstet an Friedrich, Auguste habe ihn im jüngsten Brief an ihre Eltern in Braunschweig mit keinem Wort erwähnt!

Auch die etwa drei Monate nach der Hochzeit eingetretene Schwangerschaft Augustes brachte dem Paar keine Versöhnung. Im Gegenteil, Friedrich beschwerte sich schriftlich bei einem Vertrauten seines Schwiegervaters über die junge Frau an seiner Seite. Dies hatte zur Folge, dass Auguste im Herbst 1781 einen zornigen Brief ihres Vaters erhielt, der ihr größten Kummer bereitete. Die im sechsten Monat schwangere Sechzehnjährige musste sich sagen lassen, Prinz Friedrich könne ihr gegenüber niemals Unrecht haben, denn Gott wolle, dass die Frau gehorche. Sollte noch einmal eine Beschwerde des

Ehemanns laut werden, werde er sich weder für die Tochter einsetzen noch wolle er sie jemals wiedersehen. Auguste solle sich ihrem Gemahl zu Füßen werfen und für ihre »Verfehlungen« um Verzeihung bitten. In einem weiteren Brief malte der Vater seiner Tochter aus, was sie im Falle einer Scheidung zu erwarten habe: gesellschaftliche Ächtung und ein Leben im Elend.

Unerwartete Hilfe wurde Auguste durch Amalie von Preußen zuteil, eine unverheiratete Schwester Friedrichs des Großen und Tante Friedrichs von Württemberg. Sie ermahnte den Prinzen, dass er mit seiner Grobheit und Überheblichkeit nichts bei Auguste erreichen könne, sondern vielmehr mit Geduld, Liebe und Einfühlungsvermögen auf sie zugehen solle. Aufgrund seines »schulmeisterlichen Verhaltens« habe Friedrich Auguste in den Trotz getrieben. Vorübergehend besserte sich das Verhältnis der beiden. Die Geburt des Sohnes Wilhelm Friedrich Karl (später König Wilhelm I. von Württemberg) am 27.9.1781 ließ zunächst alle Unstimmigkeiten vergessen.

Eine ganz neue Lebenssituation ergab sich für Auguste und Friedrich, als dieser sich mit seinem Onkel und Dienstherrn, dem preußischen König, überwarf und in Ungnade fiel. Friedrich der Große lastete dem jungen Württemberger das Scheitern der Heiratsverhandlungen für dessen jüngste Schwester Elisabeth an, die der König gern nach Dänemark vermählt hätte. Infolgedessen bat Friedrich um seine Entlassung aus dem Militär, die im Dezember 1781 gewährt wurde.

Zum Glück hatte eine andere der zahlreichen Schwestern Friedrichs in Russland eine bedeutende Stellung inne. Sophie Dorothea hatte den Thronfolger Paul geheiratet, Sohn Katharinas der Großen, und bei ihrem Übertritt zum orthodoxen Glauben den Namen Maria Feodorowna angenommen. Sie schaffte es, die Zarin für den Bruder einzunehmen. Friedrich wurde zum russischen Generalleutnant befördert und als Generalgouverneur von Russisch Finnland eingesetzt.

Bis zum Umzug nach Sankt Petersburg durfte Auguste mehrere Monate lang bei ihren Eltern in Braunschweig weilen, wo sie zu malen begann und Italienisch lernte. Auch ein Besuch in Württemberg wurde unternommen, wo sie die liebevolle Zuwendung ihrer Schwiegereltern dankbar genoss.

Das Jahr 1783 wurde ein äußerst anstrengendes für Auguste: Am 21.02. gebar sie die Tochter Katharina Friederike Sophie Dorothea (später die gutmütige, oft betrogene Ehefrau des Napoleon-Bruders König Jérôme) – und wurde, kaum dem Kindbett entronnen, schon wieder geschwängert. Noch im selben Jahr, nämlich am Weihnachtstag 1783, schenkte sie einem weiteren Kind das Leben: der Tochter Sophie Dorothea.

Trotz des fürstlichen Gehalts, das Friedrich für seine Ämter bezog, machte er ständig Schulden und lebte über seine Verhältnisse. Er und Auguste glänzten als Teil der Zarenfamilie bei allen denkbaren gesellschaftlichen Anlässen. Insbesondere Katharina die Große hatte Auguste ins Herz geschlossen, die sich allerdings als nicht leicht zugänglich, schüchtern und spröde zeigte.

Die Streitigkeiten zwischen den Eheleuten flammten alsbald wieder auf, als die Kinder größer wurden. Nun ging es um Erziehung und Bedienstete. Hauslehrer, Pagen und Diener kamen und gingen im Takt von Zank und Versöhnung. Immer schneller drehte sich das Personalkarussell. Zarin Katharina schrieb über Auguste an Potemkin: »Am Donnerstag in der Eremitage waren ihre Augen so verschwollen und so verweint, dass es schrecklich war, sie anzusehen; man sagt, sie leben wie Hund und Katze.« Als »Strafmaßnahme« nahm Prinz Friedrich seiner Frau die Kinder weg: »Ich habe indessen dafür gesorgt«, schrieb er ihr, »dass Sie die Kinder nur so oft sehen, als dies zu Ihrer Unterrichtung über deren Gesundheitszustand erforderlich ist ...«

Die Auseinandersetzungen zwischen Auguste und Friedrich wurden mittlerweile handgreiflich. Immer wieder schlug der Prinz seine Frau, riss sie an den Haaren und sperrte sie in ihren Gemächern ein. Weiteres Leid ereilte die beiden, als ihre Tochter Sophie Dorothea, noch nicht einjährig, an Zahnkrämpfen starb. Doch die fruchtbare Auguste wurde bald wieder schwanger. Am 19.1.1785 kam der Sohn Paul Karl Friedrich August zur Welt: das vierte Kind in vier Jahren.

Allmählich wurde die Geduld der Zarin Katharina angesichts des aufregenden Ehelebens der Württemberger auf eine harte Probe gestellt. Als Friedrich im April 1785 wieder einmal seine Frau misshandelte und einsperrte, warf Auguste einen schriftlichen Hilferuf aus dem Fenster, der auch gefunden und der Zarin überbacht wurde. Sie befahl Friedrich augenblicklich, sich auf sein neuerbautes Schloss bei Wiborg in Finnland zurückzuziehen, wobei er wie selbstverständlich »seine« Kinder mitnahm. Auguste dagegen durfte am Hof in Zarskoje

Selo bleiben. Als aber Zarin Katharina eine längerfristige Reise in die von Potemkin verwalteten Provinzen plante, bekam Auguste es mit der Angst zu tun. Sie fürchtete neuerliche Übergriffe ihres Gatten, dem sie kurzfristig noch einmal ein Versöhnungsangebot gemacht hatte. Daher warf sie sich in einer spektakulären Szene, im Anschluss an eine Theateraufführung in der Eremitage, am 17.12.1786 der Kaiserin zu Füßen und bat sie um Hilfe. Katharina hatte einst selbst unter Grausamkeit und Willkür ihres Gemahls Peter gelitten (der dann von einem ihrer Geliebten umgebracht worden war) und konnte sich lebhaft in Auguste hineinversetzen. So wies die Zarin Prinz Friedrich an, Russland zu verlassen. Da die Scheidung der Württemberger unumgänglich schien, nahm Katharina Verbindung nach Braunschweig auf und bat Augustes Vater um Vorschläge zur weiteren Verfahrensweise. Geplant war, die junge Frau in absehbarer Zeit an den Hof ihrer Eltern zurückzuschicken. Doch während der Reise wollte sie Auguste keinesfalls allein am Petersburger Hof zurücklassen, einem Intrigennest sondergleichen. Daher – und um möglichst viel Gras über die Sache wachsen zu lassen – stellte sie ihrem jungen Schützling ein Schloss in Estland zur Verfügung, weitab vom jeglichem politischem Geschehen.

Im Januar 1787 begab sich Auguste mit ihrer Dienerschaft in die Hafenstadt Pernau. Einige Monate später bezog sie dann ihren endgültigen Aufenthaltsort, das Wasserschloss Lohde bei Hapsal. Dort sollte sich der mit zahlreichen Vollmachten ausgestattete General Reinhold Wilhelm von Pohlmann um sie kümmern, ein 60-jähriger pensionierter Hofjägermeister, seit kurzem Witwer. Dieser begann bald damit, Augustes Dienerschaft nach und nach zu entlassen und seine Schutzbefohlene gegen jeglichen Außenkontakt abzuschirmen. Als beispielsweise am 22.6.1787 der Erzieher von Augustes Söhnen auftauchte und um eine Unterredung bat, wurde er von Pohlmann abgewiesen, wobei dieser sich auf angebliche Befehle der Zarin berief. Natürlich langweilte sich die Prinzessin bald in jener Einöde. Auf ihre Bitten hin stimmte Katharina die Große zu, dass Auguste und der ihr verbliebene Hofstaat den Winter im geselligen Reval verleben durften.

Was nun geschah, liegt im Dunkel der Geschichte. Es gibt allerdings nur zwei Möglichkeiten. Entweder hat Pohlmann, wie es lange gemutmaßt wurde, ein Verhältnis mit Auguste begonnen. Denkbar wäre auch, falls es keine beiderseitige Liebesbeziehung war, eine Vergewaltigung Augustes. Das Ergebnis war jedenfalls dasselbe: die Prinzessin erwartete ihr fünftes Kind.

Oder aber Auguste hat sich während des Winters in Reval mit einem unbekannten Liebhaber eingelassen, von dem sie nun schwanger war. Pohlmann, der der Zarin gegenüber für das Wohlergehen Augustes verantwortlich war, wird dieses »Missgeschicks« wegen sicherlich Blut und Wasser geschwitzt haben. Es musste auf alle Fälle vertuscht werden; allein schon, um den Ruf der Zarin im Ausland zu schützen.

Am 27.9.1788 drangen fürchterliche Schmerzensschreie aus Schloss Lohde, bis hinaus zu den auf ihren Feldern arbeitenden Bauern. Ein zufällig vorbeikommender Arzt klopfte sofort an das Schlosstor, wurde aber nicht eingelassen. Sämtliche Türen waren und blieben geschlossen.

General Pohlmann meldete Zarin Katharina alsbald den Tod Augustes, die an »ununterbrochenen Blutstürzen« gestorben sei. Nirgendwo wird ärztlicher Beistand oder versuchte medizinische Hilfe erwähnt. Stattdessen beschäftigt sich Pohlmann ausgiebig mit der Frage des Erbes, vor allem des Brillantenschmucks, und der Kostenerstattung für die Beisetzung. In aller Eile, ohne kirchliche Zeremonie, wurde die Leiche der Prinzessin in einer Kirche im nahe gelegenen Goldbeck bestattet.

Auguste von Braunschweig-Wolfenbüttel starb bei der Geburt ihres Kindes, das ebenfalls nicht überlebte. Ob beim Tod beider (oder eines von ihnen) »diskret« nachgeholfen wurde oder das Verweigern ärztlicher Hilfe schon ausreichend für einen fatalen Verlauf der Geburt war, muss offen bleiben. Pohlmann brauchte sich jedenfalls nicht für sein Tun zu verantworten. Er starb unbehelligt im Jahr 1796. Der Historiker Baron von Toll vermutet, Zarin Katharina habe in Pohlmanns Schuld gestanden, da dieser sie bei ihrem Staatsstreich 1764 unterstützt hatte, und daher die ganze Affäre vertuscht.

Prof. Hansmartin Decker-Hauff weist auf die Memoiren einer preußischen Adligen hin, die behauptete, Auguste habe einen Mann geliebt, der auch zum Favoritenkreis der Zarin gehörte. Aus Rache, aber auch um ihren Ruf als Augustes Beschützerin nicht zu beflecken, habe Katharina Anweisung gegeben, die Gebärende ihrem

Schicksal zu überlassen und keinerlei medizinische Hilfe zu leisten.

Es wäre im Übrigen nicht das erste Mal gewesen, dass sich Katharina auf diese Weise einer unliebsamen Person entledigte. Ihre Schwiegertochter Natalia Alexejewna, die erste Frau des Thronfolgers Paul, war auf ähnliche Weise wie Auguste ums Leben gekommen. Am 25.6.1755 geboren als Auguste-Wilhelmine von Hessen-Darmstadt, war die Prinzessin mit ihrer Mutter (der »Großen Landgräfin« Karoline) und zwei ihrer Schwestern nach Russland gereist, wo in einem für die Beteiligten demütigenden Auswahlverfahren Prinz Paul aus den drei Schwestern seine zukünftige Frau auswählte. Nach dem Übertritt zum orthodoxen Glauben nannte sich Wilhelmine nun Natalia. Doch die Ehe mit Paul gedieh nicht. Während dieser in seiner Gattin eine Verbündete gegen die übermächtige Mutter suchte, konnte Natalia nicht mit Pauls Launen und Depressionen umgehen. Die Siebzehnjährige verlor schließlich ihr Herz an den Grafen Andrej Rasumowski, dem sie glühende Liebesbriefe schrieb. Dazu kam die Geldgier ihrer Verwandtschaft, die stets neue Forderungen an die Zarin richtete. Zornig schrieb Katharina über Natalia: »... in achtzehn Monaten hat sie nicht ein Wort Russisch gelernt. Ihre Schulden sind schon auf das Doppelte ihrer jährlichen Apanage angewachsen ...« Am 15. April 1776 begann die Geburt des ersten Kindes von Natalia und Paul. Rasch gab es Komplikationen, als sich das Becken der Mutter als zu schmal erwies. Die Zarin sah offensichtlich eine hervorragende Gelegenheit, die unbequeme Schwiegertochter loszuwerden, und verhinderte jeglichen operativen Eingriff der Leibärzte. Natalia starb unter grausamen Umständen, mit ihr das Kind, das bereits dunkelblau angelaufen war. Die Trauer des Thronfolgers Paul suchte Katharina zu beenden, indem sie ihm die Liebesbriefe seiner verstorbenen Frau an den Nebenbuhler Rasumowski zeigte. Bald darauf verheiratete sie ihren Sohn erneut, diesmal mit der schon erwähnten Schwester Friedrichs von Württemberg.

Friedrich erhielt lediglich die Nachricht vom Tod der Mutter seiner Kinder. Über die genauen Umstände schwieg sich Zarin Katharina aus, wie hartnäckig er auch nachfragte. Erst neun Jahre später heiratete Friedrich ein zweites Mal, nun eine Kusine seiner ersten Frau: die englische Prinzessin Charlotte Mathilde (1766-1828). Aus dieser Ehe gingen keine Kinder mehr hervor. In Württemberg aber wurde

Augustes Andenken nahezu ausgelöscht. Ihre Porträts wurden abgehängt, die Kupferstiche aufgekauft und verbrannt. Von ihr zu sprechen war tabu. Wilhelm aber, der älteste Sohn, der sich mit seinem Vater nicht besonders gut verstand, sorgte für eine späte Rehabilitation seiner Mutter. Er war es auch, der ihren mysteriösen Tod aufklärte. Im Jahr 1819 wandte sich Wilhelm an seinen Vetter, den Zaren Alexander I., um Augustes Sarg exhumieren und öffnen zu lassen. Hierbei entdeckte man die Gebeine des verstorbenen Babys. Mit 31 Jahren Verspätung erhielt Prinzessin Auguste ein kirchliches Begräbnis zu Goldbeck.

Die verletzte Königin von Großbritannien
Karoline von Braunschweig (1768-1821)

Dem Besucher des Braunschweiger Doms sei empfohlen, auch die wenigen Stufen zur Krypta hinunter zu steigen und das Gewölbe zu besichtigen. Eine Veränderung wurde dort allerdings 1935 vorgenommen, als die Bewunderer des Germanentums dem Domstifter Heinrich dem Löwen (1128-1195) und seiner anglonormannischen Gemahlin, Mathilda Plantagenet, eine neue, düster anmutende Gruft aus Granit stifteten. Außer den beiden Sandsteinsärgen dieses berühmten Herrscherpaares

Karoline von Braunschweig

befinden sich in dem unverändert gebliebenen Teil 23 Särge, teils pompös, teils schlicht gestaltet. In ihnen ruhen Welfen und einige ihrer sächsischen Vorfahren. Der Betrachter wird hier an über 800 Jahre Geschichte erinnert, die oft weit über die Grenzen Braunschweigs hinaus wirkte. Der Sarg Nummer 8 ist einer der bescheideneren, klassisch in der Form und mit purpurnem Samt bezogen. Auf einer Silberplatte ist folgender Text in lateinischer Sprache eingraviert: »Hier ruht Ihre Durchlaucht, Prinzessin Karoline Amalia Elisabeth, durch die Gnade Gottes Königsgemahlin Seiner allerhöchsten und allermächtigsten Majestät Georgs des Vierten, durch die Gnade Gottes Königs von England, Verteidigers des Glaubens, Königs von Hannover, Herzogs von Braunschweig und Lüneburg. Verschieden am 7. August 1821 im Alter von 54 Jahren.«

Wie kommt eine Königin Englands in den Braunschweiger Dom? Wer war sie? Nur wenige Schritte weiter steht der Sarg ihres Vaters, des Herzogs Karl Wilhelm Ferdinand von Braunschweig (1735-1806). Seine Frau war Augusta, Schwester des englischen Königs Georg III.

Sie muss Braunschweig wohl als recht provinziell empfunden haben. Um sich an ihre Heimat zu erinnern, ließ der Herzog ihr das Schlösschen Richmond im fast getreuen neopalladianischen Stil erbauen.

Karoline Amalie Elisabeth, die später Georg IV. von England heiraten sollte, wurde am 17. Mai 1768 in Braunschweig geboren. Sie war das dritte Kind des erlauchten Paares. Ihr folgten noch drei weitere Kinder, von denen zwei jedoch geistig behindert waren. Gerüchte um Erbkrankheiten begannen damals, in der Öffentlichkeit zu kursieren.

Das sechste Kind war Friedrich Wilhelm, der den Braunschweigern als »Schwarzer Herzog« unvergesslich geworden ist. Georg III. von Großbritannien und seine Frau Charlotte von Mecklenburg-Strelitz hatten 15 Kinder. Der älteste Sohn, Kronprinz Georg, später Regent und zuletzt König Georg IV. von Großbritannien und Hannover, erregte schon in seinen frühen Jahren die Aufmerksamkeit des Volkes. Er hatte ein ausgeprägtes Selbstbewusstsein, einen exquisiten Geschmack. Er kaufte und baute alles, was ihm gefiel. Sein besonderer Charme versöhnte das Volk meistens wieder mit seiner Verschwendungssucht. Eines der beredtesten Zeugnisse seiner Ausschweifungen ist wohl der königliche Pavillon in Brighton. Sein Schuldenberg war unermesslich, und das Parlament war sehr besorgt, denn dem Volk ging es just zu jener Zeit nicht besonders gut.

1785 heiratete Georg heimlich in Brighton die zweimal verwitwete und strenggläubige Katholikin Maria Fitzherbert. Zwar war die Ehe morganatisch, d. h., dass die Frau auf alle königlichen Privilegien verzichtete, aber in den Augen der katholischen Kirche war sie gültig. Der Hof ignorierte diese Verbindung. »Prinny«, wie der immer hemmungsloser werdende Kronprinz gemeinhin genannt wurde, lebte mit Maria zehn Jahre lang in Brighton. Er hatte zahlreiche Mätressen nebenher und geriet zuletzt an Lady Frances Jersey, die Frau des Stallmeisters. Sie war eine der dreistesten Intrigantinnen, die den Hof je betreten hatten, und es gelang ihr, einen langjährigen Bruch zwischen »Prinny« und Mrs. Fitzherbert herbeizuführen. Dennoch musste er, um seine Schulden zu reduzieren, an eine standesgemäße Ehe denken. Die zu erwartende Mitgift war für ihn von Interesse, außerdem wurde von ihm erwartet, für die Thronfolge zu sorgen. Da sein Liebesleben zu seiner Befriedigung ausgefüllt war, ließ er seine Eltern nach einer passenden Gefährtin Umschau halten. König Georg III. schlug die

Tochter seiner Lieblingsschwester Augusta, derzeit Herzogin in Braunschweig, vor. Seine Frau Charlotte hatte Vorbehalte. Sie hielt Heirat unter so nahen Verwandten für bedenklich, außerdem hatte sie »einige Dinge« über die junge Karoline gehört, die nicht gerade dem Ruf einer Kronprinzessin förderlich waren. Zudem hatte sie Augusta nie sehr geschätzt. Doch blieb der König bei dieser Wahl, seinem Sohn war ohnehin alles gleichgültig. Lady Jersey nahm seine ganze Aufmerksamkeit in Anspruch.

Lord Malmesbury, ein Vertrauter des Hofes, wurde ausgewählt, die delikate Aufgabe zu übernehmen, Prinzessin Karoline in Braunschweig auf ihre Aufgaben am britischen Hof vorzubereiten. Er verbrachte geraume Zeit in Braunschweig, und seine Notizen waren sehr interessant. Diese waren aber privater Natur und wurden erst später der Umwelt zugänglich gemacht. Der König erfuhr nichts von den Eindrücken des Lords am Braunschweiger Hof. Lord Malmesbury fand die Herzogin Augusta ein wenig »schwierig«, von Karoline war er wenig beeindruckt. Er schrieb u. a., dass sie zwar von fröhlicher Natur sei, humorvoll, großzügig und gutherzig. Auch scheine sie mit großer Aufmerksamkeit allen Instruktionen zu folgen, verändere ihre Natur aber überhaupt nicht in die gewünschte Richtung. Sie bliebe eigenwillig, vorlaut, zügellos, taktlos, und ihr Urteilsvermögen lasse nach wie vor zu wünschen übrig. Auch habe sie so gar keine natürliche Vornehmheit und großes Vergnügen daran, mit dem gewöhnlichen Volke Umgang zu pflegen. Dennoch schien Malmesbury optimistisch. Entsetzen drückte er noch einmal aus, als er feststellte, dass Karoline es mit der Körperpflege nicht so genau nahm. »Sie wirkte geradezu anstößig durch diese Nachlässigkeit, erstaunlich, wie sehr ihre Mutter, obwohl Engländerin, diesen Punkt in ihrer Erziehung übersehen hat.« Aber eine aus England mitgebrachte Hofdame bügelte diesen Fehler schnell aus. Als Karoline auf der Elbe ihrem Schicksal entgegensegelte, schrieb er: »... es ist unmöglich, fröhlicher und umgänglicher zu sein als die Prinzessin, und so voll guter Laune ...«

Klatsch war Karoline schon vorausgeeilt, und ihre gute Laune verdüsterte sich gleich nach der Landung in Greenwich. Niemand war da, um sie gebührend zu empfangen; nur die Invaliden des nahen Marinespitals »begafften« sie. Nach einer Stunde peinlichen Wartens erschien der Grund der Verzögerung: Lady Jersey hatte sich vom Hof zu einer von Karolines Kammerfrauen ernennen lassen und darauf gedrungen, sie zu empfangen. Dies war nun der Auftakt zu einer endlosen Folge von Demütigungen, Beleidigungen und Lächerlichkeiten, denen Karoline, in höfischen Intrigen völlig ungeschult, von jetzt an ausgesetzt war. Böse Vorahnungen stiegen in ihr empor. Am Abend des Ankunftstages in England sollte sie ihrem künftigen Gemahl begegnen. Mit Lord Malmesbury an ihrer Seite erwartete sie ihn in einem kleinen Saal des Palastes. »Prinny« trat ein, und sie versuchte, niederzuknien, wie es ihr aufgetragen war. »Prinny« hob sie »gnädig genug« empor, umarmte sie kurz, zog sich schnell in eine Ecke des Gemaches zurück und verlangte einen Brandy. »Mir ist nicht gut, Harris«, sagte er. Dann eilte er zu seiner Mutter und ließ eine äußerst konsternierte Karoline zurück.

Am 8. April 1795 fand die Trauung in der Hofkapelle des Palastes von St. James statt. Lord Holland berichtete in seinen Memoiren: »Die Braut erwartete den Bräutigam vor dem Altar. Herein kam ›Prinny‹, gestützt von den Herzögen von Bedford und Roxburghe er war derart betrunken, dass er ohne deren Hilfe nicht aufrecht stehen konnte. Während der ganzen Zeremonie schaute er nicht seine Braut an, sondern sein Blick schweifte fortwährend hinüber zu Lady Jersey ...«

Über die Brautnacht liest man im »Leeds Memoranda«: »Abends ins Schlafgemach geleitet, war er noch immer derart betrunken, dass er in den offenen Kamin fiel und dort liegen blieb. Erst gegen Morgen kam er zu sich und kletterte zu seiner Gemahlin ins Bett.« Dennoch sahen die ersten Monate dieser Ehe fast normal aus. Karoline wurde auch sofort schwanger. Das Volk schien sie zu mögen, wohl weil sie weniger überheblich war als die übrige Hofschar. Sogar die Schwiegermutter bemühte sich, nett zu sein. Aber bald wurde »Prinny« wieder an der Seite von Lady Jersey gesehen. In aller Öffentlichkeit trank sie aus seinem Glas; heimlich mischte sie starken Alkohol in den Wein der Prinzessin, um diese betrunken und lächerlich zu machen. Man sah Lady Jersey an der Seite des Prinzen, auch da, wo eigentlich Karoline sich hätte zeigen sollen. Diese aber war hilflos. Sie fühlte sich verletzt und beleidigt und reagierte nicht immer mit königlicher Großzügigkeit. Es sollen recht starke braunschweigische Kraftausdrücke zu vernehmen gewesen sein! Der Kronprinz redete schließlich gar nicht mehr mit ihr. Sie verkehrten schriftlich miteinander auf Französisch.

Als am 7. Januar 1796 die Tochter Charlotte geboren wurde, schenkte Georg ihr noch einmal seine wohlwollende Aufmerksamkeit, indem er sich sogar zu ihr begab. Das war das letzte Mal. Danach steigerte sich seine Ablehnung bis zum Hass. Das Volk verhielt sich unterschiedlich; natürlich wurde der höfische Klatsch wollüstig verbreitet. Karoline genoss die Sympathie des einfachen Volkes, aber wer bei Hofe bestehen oder es zu etwas bringen wollte, der hielt es mit dem Kronprinzen. Noch eine andere Teilung durchzog das Volk: Die althergebrachte konservative Partei, die Tories, wurden von einem neuen, freiheitlichen Wind in ihrer Ruhe gestört. Die politische Opposition, die Whigs, strebten zur Macht. Man vergesse nicht, was zu jener Zeit in Frankreich geschah – die Revolution krempelte dort alles um und schuf eine neue, monarchenfeindliche Staatsform. Die Whigs stellten sich natürlich auf die Seite Karolines, und einige berühmte Rechtsanwälte aus ihren Reihen, unter ihnen Lord Brougham, standen ihr auch in den folgenden Jahren bei, zwar mehr zum Nutzen ihrer Partei als aus wirklichem Interesse für die Prinzessin. Aber sie konnte auf dieser Woge der Sympathie mitschwimmen.

Nach etwa zwei Jahren hatte sie das Leben am Hof satt. Sie wurde kontrolliert, zurechtgewiesen und durfte nicht einmal im Park spazieren gehen. Ihre Tochter Charlotte wuchs unter der Obhut des alten, zeitweise geistig gestörten Königs und seiner Frau auf. Karoline durfte die Tochter nur einige Male in der Woche besuchen, aber es war ihr verboten, sie erzieherisch zu beeinflussen. Nach einer kurzen, bitteren Unterhaltung mit dem Kronprinzen zog Karoline aus dem Palast aus. Sie behielt zwar ihre Räume in der königlichen Residenz Carlton House, war dort aber nur noch selten zu sehen. Darauf mietete sie die »Alte Pfarre« in Blackheath, einige Meilen vor der Stadt. Hier hatte sie mehr Freiheit, konnte Gäste empfangen und war dem bedrückenden Diktat des Hofes entronnen. Aber unter ihrem Personal befand sich eine große Anzahl vom Hof bezahlter Spitzel, die fleißig berichteten, wie die Prinzessin ihre Zeit verbrachte. Hier wurde sie erst recht zu einem erstklassigen Thema für Klatsch, und dieser bestand häufig aus Bosheiten und Lügen, derer sie sich nicht erwehren konnte. An diesem Ort verbrachte sie die nächsten 15 Jahre. Aber bei Hof durfte sie die Rolle der Regentin nicht ausüben. Ihr Gemahl war nach einer schweren Erkrankung des Königs – vermutlich Porphyrie, die zu geistiger Umnachtung führte – zum Regenten gekürt werden. »Prinny« vermied jeden Kontakt mit Karoline. Offizielle Anlässe blieben ihr verschlossen, auch durfte sie keine ausländischen Besucher privat empfangen. Das traf sie besonders hart, als der russische Zar England besuchte. Ihr Vater, Herzog Karl Wilhelm Ferdinand von Braunschweig, hatte im Dienste des Zaren gestanden und hatte 1806 nach einer Verwundung in der Schlacht bei Auerstädt den Tod gefunden. Der Zar wollte Karoline persönlich kondolieren, konnte aber die um sie errichtete Barriere nicht durchbrechen. Auch die ihr wohlgesonnene Herzogin von York, Nichte Friedrichs von Preußen, musste die Kontakte zu ihr unterbrechen, während ihr Bruder in London weilte.

Der Regent hatte sich inzwischen von Lady Jersey getrennt und eilte von einer Mätresse zur anderen. Die Lady stellte sich nun ganz auf die Seite Karolines, vermutlich nicht, um ihr zu nützen, sondern um dem Regenten zu schaden. König Georg III. verbrachte die letzten zehn Jahre seines Lebens wegen seiner Krankheit in totaler Abgeschiedenheit und konnte der Prinzessin auch nicht mehr helfen. Sie wurde von der königlichen Familie gemieden, und ihre Mutter, Herzogin Augusta von Braunschweig, die vor den in Braunschweig einmarschierenden napoleonischen Heerscharen nach England zurückgekehrt war, starb im Jahre 1813.

Die Whigs wurden immer unempfindlicher für Karolines Wünsche und missbrauchten sie für ihre Ziele und Zwecke. »Kein Kind wurde schlimmer behandelt und kontrolliert als Karoline ...«, schrieb ein mitfühlender Journalist. Als ihr Mann dann auch das Verbot durchsetzte, auf gleicher Ebene mit der königlichen Familie in der Kathedrale zu sitzen, wurde der Wunsch, dieses Land endlich zu verlassen, immer stärker. Ihre Tochter Charlotte wandte ein, dass dieses dem Vater Grund zu einer legalen Scheidung liefern könnte, und wenn er sich erneut vermählte, würde Charlotte ihren Anspruch auf den britischen Thron verlieren, wenn ein Kind aus dieser Ehe hervorgehen sollte. Ihr Vater Georg, versuchte, Charlotte sich untertan zu machen; er verwünschte oftmals ihren eisernen Willen. Er leitete Versuche ein, sie mit dem Prinzen von Oranien zu vermählen, was Charlotte von England weggeführt hätte.

Trotz aller Einwände verließ Karoline im Jahre 1814 die britischen Inseln. Nach einem kurzen Aufenthalt in Braunschweig fuhr sie über

Baden-Baden weiter nach Italien. Am britischen Hof war man empört
– sie besuchte Napoleon auf Elba. Es folgte eine Reise in das Heilige
Land, danach ließ sie sich für mehrere Jahre in Italien nieder. Sie hatte
immer noch Spione um sich, die regelmäßig nach London berichteten.
So hieß es, dass ein gewisser Signore Pergamo allzu häufig in ihrer
Begleitung sei. Die Klatschspalten füllten sich, man empörte sich am
Hofe von St. James über die Prinzessin, übersah dabei aber völlig, dass
»Prinny« inzwischen die Vaterschaft dreier unehelicher Kinder aner-
kannt hatte.

Karoline lebte ihr eigenes Leben. Es schien sogar, dass sie manchmal glücklich war. Vom Tode ihres Bruders Friedrich Wilhelm, des
»Schwarzen Herzogs« von Braunschweig, erfuhr sie erst viel später.
Nachrichten erreichten sie nur durch die offiziellen höfischen Rund-
briefe und Zeitungen. Ihre Tochter Charlotte hatte den sympathi-
schen Leopold von Sachsen-Coburg-Saalfeld geheiratet, den die napoleonischen Wirren nach England verschlagen hatten. Die Hochzeit
fand am 2.5.1816 statt; »Prinny« hatte diese Tatsache widerwillig akzeptiert. Aber das Glück des jungen fürstlichen Paares währte nicht
lange. Eineinhalb Jahre nach der Hochzeit wurde Charlotte von einem
Sohn entbunden. Er war bei der Geburt tot, und auch Charlotte starb
in der folgenden Nacht.

Karoline, die zu jener Zeit in Pesaro weilte, erfuhr von dieser Tragödie nur durch Zufall, denn kein Sonderkurier brachte ihr jemals
irgendwelche Nachrichten. Im Jahr darauf starb Königin Charlotte,

Hafen in London

und zwei Jahre später, am 29.1.1820, starb auch König Georg III. Nun stand der Krönung Georgs IV. nichts mehr im Wege, und Karoline als seine legale Gattin meinte, dass sie an dieser Krönung teilnehmen müsse. Sie kehrte nach England zurück. Obgleich sie ihre Reisetermine angekündigt hatte, wurde sie von keiner königlichen Fregatte aus Calais abgeholt, so dass sie mit dem Paketboot fahren musste. Sie ließ sich nicht anmerken, wie sehr sie unter dieser Demütigung litt. Fand sie unter dem Volk auch noch viele Anhänger, so hatte der Hof doch inzwischen die bekannte »Mailänder Kommission« einberufen, die ihr Betragen in Italien untersuchen sollte. Da fast alle Zeugen gekauft, bestochen oder sonstwie unglaubwürdig waren, kam diese Kommission zu keinem Urteil. Dennoch verlor Karoline, die nun – wenngleich nicht gekrönt – als Königin anerkannt wurde, an Ansehen.

Die Krönung Georgs IV. fand nach viermonatiger Vorbereitung am 19. Juli 1821 statt. Karoline sollte auf jeden Fall von der Zeremonie ausgeschlossen werden. Zutritt zur Westminster Abbey erhielt nur, wer eine Einladung besaß. Karoline erschien dennoch, in ihrem kleinen Gefolge auch Lord Hood. Ein bulliger Wächter verlangte, die Eintrittserlaubnis zu sehen, ohne die niemand an der Krönung teilnehmen konnte. Lord Hood sagte: »Hier ist Eure Königin. Sie wird wohl Eurer Erlaubnis nicht bedürfen.« Aber der Wächter blieb dabei, dass er strengste Befehle erhalten habe, und Karoline, die Königin Großbritanniens, blieb vor den Portalen der Abtei stehen. Dieser letzte Akt der Entwürdigung brach ihr das Herz. Sie wurde krank, extrem nervös, hatte Magenschmerzen, Magenbluten – vielleicht war Gift im Spiel (?) –, und wenige Wochen darauf, am 8. August 1821, starb sie unter fürchterlichsten Qualen. Die peinliche Frage, wo man sie begraben solle, hatte sie dem Königshaus erspart. Es war ihr ausdrückliche Wunsch, in der Stadt ihrer Geburt und Herkunft, in Braunschweig, ihre letzte Ruhestätte zu finden.

Ihren Mann, den König, erreichte die Nachricht von ihrem Tode auf seinem Weg nach Irland. Die Herzogin von Glengall berichtete, dass er bei der Landung volltrunken war (dead drunk) und nicht aufrecht stehen konnte. Er ließ sich aber überreden, als Zeichen der Trauer immerhin eine schwarze Kreppbinde am Ärmel zu tragen. Er befahl, den Leichenzug in aller Stille, ja heimlich um die Stadt London herum nach Harwich bringen zu lassen.

Als das Volk dies erfuhr, rottete es sich zusammen und erzwang eine große, letzte Parade für seine Königin. Der Zug führte durch die Stadt, über Temple Bar, Ludgate Hill und die ganze Essex Road entlang. Die Straßen waren dicht gesäumt mit offensichtlich traurigen Menschen, alle Kirchenglocken läuteten. Karoline hatte kurz vor ihrem Tode eine silberne Platte anfertigen lassen, die die Aufschrift trug: »KAROLINE VON BRAUNSCHWEIG DIE VERLETZTE KÖNIGIN VON ENGLAND«.

Als der Leichenzug in Chelmsford über Nacht anhielt und der Sarg in der Kirche abgesetzt wurde, fiel Lord Hood unglücklicherweise diese Silberplatte aus dem Mantel und wurde von königstreuen Wächtern, die den Zug ebenfalls begleiteten, sofort konfisziert. Auf den Sarg schraubte man die Platte mit den üblichen heuchlerischen Phrasen in Latein, damit dem Volk vieles unverständlich bliebe. Lord Brougham schrieb: »Die Szene, die wir in Harwich vorfanden, war derart, dass ich mich ihrer nicht ohne Rührung zu erinnern vermag. Große Menschenmengen hatten sich aus allen Teilen des Landes versammelt, bis weit auf den Pier hinaus. Zahllose Boote jeder Größe und Art lagen auf dem Wasser und hatten Halbmast geflaggt, wie an einem großen Trauertag. Der Kontrast der hellen Sonne und der Trauer auf den Gesichtern war erschreckend, und die in Intervallen abgegebenen Schüsse machten einen feierlichen Eindruck. Der Sarg wurde langsam in das Schiff hinabgelassen ...«

Das damals verwaiste Braunschweiger Herzogtum stand in der Zeit von 1815, als Friedrich Wilhelm in Quatrebras bei Waterloo fiel, und der Rückkehr seines Sohnes Karl aus England im Jahre 1823 ironischerweise unter der Obhut und Verwaltung von »Prinny«.

Die erhabene Prinzessin
Charlotte von Großbritannien (1796-1817)

Charlotte von Großbritannien

Eine der katastrophalsten arrangierten ehelichen Verbindungen, die es je gab, dürfte wohl die der braunschweigischen Prinzessin Karoline mit dem britischen Kronprinzen Georg (später König Georg IV.) gewesen sein. Die junge Prinzessin, ungeübt in höfischer Intrige, fiel nach ihrer Ankunft in England in die Hände der damaligen Favoritin des Kronprinzen, Lady Jersey, die ihr das Leben zur absoluten Hölle machte. Aber allmählich kam sie hinter die Spielregeln des Hofes, konnte sie zwar nicht ändern oder lenken, lernte aber, sich ihnen zu entziehen.

Am 8. April 1795 hatte die Eheschließung stattgefunden, und es ist wahrscheinlich, dass ihr frisch angetrauter Gemahl in der Hochzeitsnacht seine eheliche Pflicht erfüllte, vielleicht, weil er im Rausch glaubte, seine Mätresse sei bei ihm.

Danach, selbst als erkennbar wurde, dass Karoline schwanger geworden war, widmete er ihr nur das unerlässlichste Minimum an Aufmerksamkeit. Sie bezog einen Seitenflügel im pompösen Carlton House und verbrachte einsame Wochen und Monate bis zur Geburt ihrer Tochter. Die englische Presse, schon seit jeher sensationsgierig, beobachtete jede Bewegung auf der Prachtstraße »Mall« mit der Genauigkeit von Seismographen. Caroline, wie sie hier genannt wurde, schnitt eher negativ ab, doch wurde ihr auch von manchen Journalisten Sympathie entgegengebracht.

Am 7. Januar 1796 teilte der Kronprinz seiner Mutter mit, dass Karoline von einer »immens großen Tochter« entbunden worden sei, die die Namen Charlotte Augusta erhalten sollte. Bereits drei Tage nach der Geburt gab der Kronprinz förmlich bekannt, dass »die

Mutter des Kindes in keiner Weise sich in die Erziehung und Fürsorge einzumischen habe. Auch dürfe sie sich der Person des Kindes nicht bemächtigen, da es schließlich seine Pflicht sei, als Vater und als Mann zu verhindern, dass das Kind in solche ungeeigneten Hände wie die ihren [Carolines] fiele«. Vermutlich hatte ein Gefühlsstau den Prinzen in einen Zustand versetzt, der ihn derart unbeherrscht reagieren ließ. Er hatte sich nämlich von Lady Jersey getrennt und war in weinerlicher Verfassung nach Brighton geeilt, wo eine ihm einst morganatisch angetraute katholische Witwe, Maria Fitzherbert, auf ihn wartete. Er wollte in dieser Idylle vorerst ungestört bleiben. Zwar kehrte er immer wieder nach Carlton House zurück, das er mit Karoline teilte, aber der von ihr bewohnte Flügel war von seinen Gemächern so weit entfernt, dass er seiner ungeliebten Gemahlin monatelang aus dem Wege gehen konnte. Er ließ sich dann immer die kleine Charlotte bringen und betrachtete sie, während er sein Frühstück einnahm. Vorerst entzückte ihn die Kleine noch. Pflegerinnen kümmerten sich liebevoll um das Kind, und Karoline spielte nachmittags mit ihr.

Je mehr der Prinz zu Maria zurückfand, desto mehr hasste er seine Gemahlin. Da er glaubte, seine Pflicht mit der Zeugung einer Thronerbin erfüllt zu haben, bat er seinen Vater, die Ehe scheiden zu lassen. Der König lehnte solches Ansinnen strikt ab. Die Form musste gewahrt bleiben, denn Charlotte war das einzige legitime Enkelkind aus der Schar seiner 13 erwachsenen Nachkommen. Außerdem liebte er die Kleine, die sich prächtig entwickelte, geradezu abgöttisch. Auch für ihre Mutter blieb Charlotte der einzige Halt, den sie in dieser feindseligen Familie hatte. Die Königin wiederum fand ihre Enkelin recht passabel, aber wirklich leidenschaftlich liebte sie nur ihren genusssüchtigen, krankhaft eitlen Ältesten. In ihren Augen war er ohne Fehl. Beide, Mutter und Sohn, wurden übrigens ständig korpulenter, was die Karikaturisten mit spitzem Bleistift festhielten.

Karoline wurde eine Sommerresidenz in Blackheath am Rande des königlichen Parks von Greenwich zugewiesen. Der Prinz, der genau festlegte, mit wem seine Gemahlin Besuche austauschen oder auch nur korrespondieren dürfe, verbot ihr, das Kind dort bei sich zu haben. Erst als die empörte Prinzessin beim König intervenierte, wurden ihr kurze Besuchsperioden bewilligt. Jetzt setzte ein gnadenloser Kampf ein um Einflussnahme und auch um die Gunst des Kindes.

Hochadlige Gouvernanten wurden engagiert, die die Kleine zur zukünftigen Königin Großbritanniens erziehen sollten. Die ältliche Gräfin Elgin und die Subgouvernante Lady Garth füllten fürs erste diese Rollen. Sie verhielten sich so neutral wie nur möglich. Das war oft schwer. Der Prinz sprach von seiner Gemahlin als der »vilest wretch«, der »elendesten Nichtswürdigen«, wogegen Karoline sich wehrte, was wiederum ihrer Würde schadete. Die kleine Charlotte wuchs in diesem Klima der Feindseligkeit auf. Sie erwies sich nicht nur als außerordentlich intelligent, sondern auch als spontan und gutmütig. In vielem schien sie ihrer Mutter zu gleichen, nur neigte sie nicht zu deren Überschwang. Schon im zarten Alter war ihr bewusst geworden, welche Konflikte um sie entbrannten. Mit geradezu genialem Geschick verstand sie sich aufs Lavieren. Dem Vater zeigte sie nie, wie sehr sie ihre Mutter liebte. Zur Mutter sprach sie nur mit Takt und Vorsicht von ihrem Vater und der Großmutter.

Karoline war mittlerweile in der Öffentlichkeit recht beliebt. Erschien sie im Theater, so brauste minutenlanger Applaus auf, und das Orchester spielte »God save the King«. Der Prinz hatte kaum wirkliche Freunde, aber wer im Staat vorankommen wollte, musste sich gut mit ihm stellen und ihm schmeicheln. Gefeiert wurde er in der Öffentlichkeit nicht gerade – im Gegensatz zu Karoline und der Tochter: Wenn die beiden nachmittags eine Kutschfahrt unternahmen, blieben die Passanten stehen, winkten und jubelten, und die Zeitungen berichteten darüber im Detail. Die kleine Charlotte fand mit ihrem hübschen Aussehen und ihrer freundlichen Art großen Anklang. Mehr Wohlwollen dürfte kaum je einem Königskind auf seinem frühen Lebensweg entgegengebracht worden sein. Der Prinz reagierte darauf mit Eifersucht. Er redete noch übler von seiner Gemahlin, obgleich er ihr fast nicht mehr begegnete. Ein Ehepaar wurde in ihre Dienste gestellt. Die beiden hatten die Aufgabe, ein geschicktes Netz von Lügen über den Lebenswandel zu spinnen, den die Prinzessin in ihrem Landhaus in Blackheath führte. Als Karoline sich des Sohnes einer armen Familie annahm, behauptete das Ehepaar in der daraufhin angestrengten »delicate investigation«, sie schwanger gesehen zu haben. Obgleich die Untersuchung im Sande verlief, wurden die Besuchsrechte zwischen Tochter und Mutter weiter eingeschränkt. Charlotte musste zu den Großeltern nach Windsor ziehen. Sie schaffte es mit Hilfe vertrauenswürdiger Hofdamen, ihrer Mutter immer wieder kleine Briefe zukommen zu lassen und auch solche zu empfangen.

Die Prinzessin wuchs heran. Als sie acht Jahre alt war, sah ihr Tagesablauf bereits recht anstrengend aus: Von 8.00-10.00 Uhr Religion und Gebete, danach eine Stunde Spazierengehen. Dem folgten eineinhalb Stunden Französisch und neue Geschichte, nach einer kurzen Pause Latein und Geschichte des Altertums. Mittagessen wurde zwischen 14.00-15.00 Uhr eingenommen, danach waren zwei Stunden für Ausfahrten vorgesehen. Zwischen 17.00 und 19.00 Uhr standen Schriftübungen, Musik und Tanz auf dem Stundenplan. Danach durfte sie sich endlich eine Stunde lang »amüsieren«, bevor sie sich zu Bett begab.

Lady de Clifford löste als Gouvernante die Gräfin Elgin ab, und der Bischof von Salisbury wurde Hauptverantwortlicher für die Ausbildung der vermutlichen künftigen Königin von Großbritannien. Das Parlament bewilligte 12 000 Pfund pro Jahr allein für diesen Zweck. Die Sommermonate verbrachte Charlotte mit ihren Tanten am Strand von Weymouth. Ihre Mutter machte währenddessen oft Negativschlagzeilen, und ihr Vater verbaute Tausende von Pfund beim Umbau seines Landsitzes in Brighton zum orientalischen Phantasiepalast Brighton Pavilion.

Der Kronprinz hatte allmählich seine väterliche Zuneigung auf Minnie Seymour, ein Ziehkind der Mrs. Fitzherbert, übertragen. Minnie durfte ihn ohne Förmlichkeit anreden, mit ihm schmusen, und sie erhielt reichliche Geschenke. Seine leibliche Tochter dagegen erinnerte ihn zunehmend an die ungeliebte Gemahlin. Sie habe diesen »stierenden Blick« der Braunschweiger, behauptete er. Tatsächlich war Charlotte sehr selbstbewusst geworden. Sie konnte auch ihre Rolle recht gut einschätzen, ohne dabei hochmütig zu werden. Wenn ihre Erzieher ihr aber nicht mit dem gebührenden Respekt begegneten, verstand sie es, sie gegeneinander auszuspielen. Als Lady de Clifford ihr einmal sagte, sie möge doch die Tür wieder schließen, wenn sie einen Raum beträte, antwortete sie:»Wenn Madame die Tür geschlossen wünscht, soll sie doch nach einem Diener läuten!« Sprach's und verließ den Raum, die Tür hinter sich offen lassend. Ein andermal hatte sie wieder einmal eine Auseinandersetzung mit dem Bischof von

Salisbury, der ihr stets nur seine Meinung einpauken wollte und den ihre Gedanken gar nicht interessierten. Sie riss ihm die Perücke vom Kopf und warf sie in den brennenden Kamin. In jenen »Flegeljahren« glich sie wohl sehr ihrer stets zu deftigen Scherzen aufgelegten Mutter.

König Georg III. litt an einer Krankheit, die damals noch als mysteriös und unheilbar galt. Heute nimmt man an, dass es mit großer Wahrscheinlichkeit Porphyrie war, eine Stoffwechselstörung. Sie hatte bereits mehrfach zu langen Ausfallzeiten geführt, in denen der König alle Anzeichen des Wahnsinns aufwies. Jedes Mal erholte er sich wieder, trotz der Quacksalberei, der er ausgesetzt war. Als er im Jahre 1810 erneut erkrankte, schien es ernster zu sein, denn eine Besserung trat nicht mehr ein. Der Kronprinz triumphierte heimlich und bereitete sich und das Parlament auf seine Regentschaft vor. Im Jahre 1811 musste sie ihm dann erteilt werden, denn der König war von geistiger Umnachtung umgeben wie von einer dunklen Wolke, und die Öffentlichkeit sah ihn nie wieder. Charlotte und besonders Karoline hatten nun ihren starken und einzigen Beschützer verloren. Die Restriktionen und Demütigungen im täglichen Leben nahmen zu. Beider Handlungen wurden genauestens registriert und kontrolliert. Im Jahre 1813 gab es zwei wichtige Ereignisse in Charlottes Leben: Ihre Großmutter Augusta, Herzogin von Braunschweig-Wolfenbüttel, die vor sieben Jahren vor Napoleon nach England geflüchtet war, starb. Der Regent verbot seiner Tochter, an der Beerdigung teilzunehmen, da sie dort ihre Mutter Karoline treffen würde. Charlotte schrieb trotzdem sämtliche wichtigen Kondolenzbriefe; es war Teil ihrer Wesensart, korrekt zu sein und Kontakte, soweit möglich, zu pflegen. Außerdem trat Miss Kornelia Knight in ihr Leben. Sie war eine 55-jährige, weit gereiste Admiralstochter, die nach dem Tode ihrer Mutter in den Haushalt der Königin gekommen war. Das Arbeitsklima dort fand sie unerträglich; die durch ihren kranken Mann gestresste Königin sowie ihre beiden noch verbliebenen unverheirateten Töchter waren alles andere als inspirierend. Miss Knight wechselte zum Ärger der Königin in den Haushalt der Prinzessin, der sie eine zuverlässige Stütze und Ratgeberin wurde.

In diese Situation platzte ein Skandal wie eine Bombe: Charlotte, die ihre Mutter hin und wieder besuchen durfte, hatte sich dort regelmäßig mit einem Kapitän der Armee getroffen. Der Mann, Charles oder Karl Hesse, vermutlich ein uneheliches Königskind, wurde schleunigst aus der königlichen Umgebung entfernt, und Lady de Clifford musste ihren Dienst quittieren, der nun von der Herzogin von Leeds weitergeführt wurde. Charlotte wurde in das düstere Warwick House umquartiert. Es stand direkt hinter dem Carlton House, von wo aus man durch die Fenster hineinsehen und jedes Geschehen beobachten konnte. Miss Knight wurde eingebläut, die Prinzessin auch nicht eine Sekunde lang aus den Augen zu lassen. Auch habe Charlotte ihr nichts zu befehlen, alle Anordnungen kämen von ihrem Vater. Wörtlich sagte Georg zu Miss Knight: »Denken Sie daran, mein lieber Kavalier (einer der Spitznamen dieser Dame), dass Charlotte diese unsinnige Idee, einen eigenen Willen zu haben, ablegen muss. Solange ich lebe, wird sie meine Untertanin sein, so wie sie es jetzt ist.« Der Portraitmaler George Sanders sollte bald darauf von der Prinzessin ein Gemälde angefertigen, was fast daran scheiterte, dass Warwick House zu dunkel war und der Regent sich weigerte, seine Tochter in das Studio des Meisters fahren zu lassen.

Wieder machte der Regent einen Versuch, sich von Karoline scheiden zu lassen, aber das Parlament sah sich dem Widerspruch des Königs verpflichtet und beschied sein Verlangen negativ. Als Charlotte dann einige Male ins Carlton House zu Bällen eingeladen wurde, bei denen eine Reihe preußischer und anderer Prinzen anwesend waren, die die napoleonischen Wirren auf dem Kontinent nach London verschlagen hatte, vermutete sie bald eine bestimmte Absicht dahinter. Mit den preußischen Prinzen durfte sie sich nicht unterhalten, obgleich sie besonders einen von ihnen sehr anziehend fand. Sie wurde förmlich in die Richtung des Prinzen von Oranien gedrängt, der ihr artig den Hof machte.

Prinz Wilhelm von Oranien, Thronerbe der Niederlande, war nicht gerade eine stattliche Erscheinung. Er versuchte, dieses Manko durch eine laute Stimme zu kompensieren. Charlotte fand, er sähe »wie ein Frosch« aus. Bald ließ der Regent deutlich durchblicken, dass er eine eheliche Verbindung seiner Tochter mit dem Erbprinzen der Niederlande wünsche. Charlotte war entsetzt. Als Königin der Niederlande müsste sie England verlassen! Sie war doch die britische Erbprinzessin und konnte nicht gleichzeitig Königin beider Länder sein. Der Vater beantwortete ihre Fragen zunächst nicht, sondern stellte erst einmal eine Verlobung in Aussicht. Sie könne ja jeweils halbjährig hier und dann wieder dort sein, schlug er vor. Charlotte fühlte, dass sie abgeschoben werden sollte. Welche Pläne hatte ihr Vater? Wollte er doch eine Scheidung von ihrer Mutter erzwingen, sich neu verheiraten und einen männlichen Thronerben zeugen? Sie wusste, wenn sie Königin wäre, ginge ihr das Kurfürstentum Hannover verloren, da dort aufgrund des königlichen Hausgesetzes die männliche Erbfolge bevorzugt wurde.

Das allerdings schien Charlotte kein vordringliches Problem zu sein. Der unsägliche Napoleon hielt damals gerade Hannover besetzt, und wer wusste, ob man es je zurückgewinnen würde. Dann ließe sich gewiss eine Lösung, ein Vetter oder Neffe für diese allmählich zur Belastung werdende Außenprovinz finden. Charlotte liebte England, und die Briten liebten sie, das spürte sie täglich erneut. Nie würde sie diese Insel verlassen. Heiraten wollte sie, gerne sogar, denn dann bekäme sie ihren eigenen Haushalt und könnte endlich tun und lassen, was sie wollte. Aber den Oranier wollte sie auf keinen Fall! Nicht nur, weil er einem Vergleich mit den anderen Prinzen kaum standhielt. Es ging der Krone wegen nicht.

Es wurde ein langer und düsterer Winter. Nun drängte auch die Königinmutter zu der holländischen Heirat. Sie äußerte sich über ihre widerspenstige Enkelin äußerst empört. Auf die präzise Frage, welche Residenz ihr denn im Falle dieser Heirat in England zugewiesen würde, erhielt Charlotte keine Antwort.

Die Briten waren fast zu bedauern in dieser Zeit. Das Imperium wuchs und gedieh, die industrielle Revolution machte Fortschritte, aber auch Kapitalismus und Arbeiterelend hatten ihre größten Auswüchse in jenen Jahren. Und über allem das traurige Königshaus: Ein uralter, geistig verwirrter Herrscher; eine reizbare, überforderte Königin, die sich mit ihren letzten zwei Töchtern in Windsor verschanzte; ihr Ältester, der Regent, der nur sich, den Luxus und den Genuss liebte und dessen Gemahlin ihm davongelaufen war. Als positive Erscheinung blieb eigentlich nur Charlotte übrig, eine schöne, große und beeindruckende Frau mit braunen Locken und freundlichen Augen. Sie kümmerte sich um die Armen, wenn sie ihnen begegnete, und teilte mit ihnen ihr knapp bemessenes Taschengeld. Sie war die Hoffnung Britanniens, sie war klug, edel und liebenswert.

Wenn in den Kirchen für den König gebetet wurde, dachte man heimlich an sie, die Hoffnungsträgerin.

Ein wenig Abwechslung brachten Charlottes Cousins in ihr Leben. Es waren die Prinzen Karl und Wilhelm von Braunschweig-Wolfenbüttel, acht- und zehnjährige Halbwaisen, die nach England gebracht worden waren, um vor Napoleon sicher zu sein. Ihr Vater Friedrich Wilhelm, der jüngste Bruder ihrer Mutter, erschien von Zeit zu Zeit – aber meistens war er bei seinem Regiment.

Wilhelm, der Holländer, verehrte Charlotte und gab ihr teure Geschenke – aber er verstand ihr Problem anscheinend besser als ihre eigene Familie. Deshalb drängte er auf keine baldige Heirat. An einem Sommerabend, als der Vater wieder, diesmal in Begleitung einiger Staatsmänner, auf Charlotte einredete, flüchtete sie durch die Hintertür, sprang in eine Kutsche und ließ sich zum Stadthaus ihrer Mutter am Connaught Place fahren. Zufällig befand sich Karoline aber gerade in Blackheath. Charlotte ließ nach ihr schicken, ebenso nach ihrem Rechtsbeistand und dem einzigen Onkel, den sie auf ihrer Seite wusste, dem Herzog von Sussex. Bald erschienen der Kanzler, der Bischof und der Oberrichter mit Mitgliedern des Königlichen Rates vor dem Haus. Charlotte weigerte sich, sie zu empfangen. Mit dem Rechtsanwalt Brougham zusammen entwarf sie ein Dokument, in dem sie ihre »Bedingungen zur Unterwerfung« aufzeichnete: Keine Heirat mit dem Prinzen von Oranien; jederzeit freier Zugang ihrer besten Freundin, Lady Margaret Mercer Elphinstone, sowie die Wiedereinsetzung einiger ihrer Hofdamen in ihre Ämter, die aus ihrem Kreis entfernt worden waren, weil ihr Einfluss gefährlich schien. Sechs Kopien wurden angefertigt, von allen Anwesenden, einschließlich ihrer fast etwas peinlich berührten Mutter unterschrieben, und der Bischof sollte sie ins Carlton House bringen. Charlotte wurde dennoch überredet, selbst wieder zurückzukehren. Man fürchtete einen Volksaufstand. »Carlton House würde sicher als erstes dem Zorn des Volkes zum Opfer fallen.«

Wie eine Büßerin kehrte sie in ihr Warwick House zurück. Der vor Wut schäumende Regent ließ sie nun regelrecht einkerkern. Crabourne Lodge stand am bewaldeten Rand des Burgbezirks von Windsor, es war völlig abgeschirmt von der Welt. Hierhin wurde die Prinzessin gebracht und von vier Hofdamen bewacht. Miss Mercer Elphinstone erhielt als einzige die Erlaubnis, sie zu besuchen. Sie berichtete nach ihrer ersten Visite, wie krank, blass und entmutigt ihre Königliche Hoheit ausgesehen habe. Da Lady Elphinstones Vater einer der engsten Vertrauten des Regenten war, erhoffte dieser sich die Möglichkeit zusätzlicher Bespitzelung. Keinerlei Briefe passierten diese Barrieren ohne strengste Zensur. Charlotte durfte lediglich hin und wieder ins Schloss hinüber, um an den entsetzlich langweiligen Konzerten bei ihrer Großmutter teilzunehmen.

Es traf sie wie ein Schlag, als sie erfuhr, dass ihre Mutter England verlassen wollte. Karoline teilte ihrer Tochter mit, dass sie die Drangsalierungen des Regenten fürchtete und auf dem Kontinent einige Reisen und Besuche zu machen gedächte. Charlotte fühlte sich im Stich gelassen. Und nicht nur das: Nun lieferte Karoline dem Regenten einen handfesten Grund, sich scheiden zu lassen, eine zweite Ehe einzugehen und einen neuen Erben zu produzieren. Georg feierte jetzt ein großes Fest nach dem anderen. Die Angetraute war auf dem Kontinent, die Tochter weggeschlossen – er strahlte allein. Selbst den Sieg Wellingtons und Blüchers über Napoleon bei Waterloo wollte er für sich »vermarkten«, obwohl er nicht den geringsten Anteil daran gehabt hatte. Der Tod seines Schwagers Friedrich Wilhelm von Braunschweig kurz vor der Schlacht berührte ihn wenig. Im Gegenteil, nun wurde er Vormund der Erben des verwaisten Herzogtums Braunschweig-Wolfenbüttel. Die Kinder des Gefallenen waren zu jung zum Regieren.

Charlotte wurde ernstlich krank, ihr wurde nur zögernd gestattet, mit ihren Tanten wieder nach Weymouth in die Sommerfrische zu fahren – es war wie ein Gefangenentransport. Sie hatte ein entzündetes Knie, aber medizinische Hilfe wurde nicht zugelassen. Erst als sie erfuhr, dass der Regent sich endgültig damit abgefunden hatte, dass aus der holländischen Heirat nichts würde, kehrte ihre Gesundheit fast schlagartig zurück.

Im Gefolge des Zaren, der nach dem Wiener Kongress die britischen Inseln besuchte, befand sich der gut aussehende Prinz Leopold von Sachsen-Coburg-Saalfeld. Er war elegant, geschickt, hatte ausgezeichnete Manieren, wenig Vermögen und war nicht gebunden. Er wurde Charlotte als Gemahl vorgeschlagen. Zunächst war sie nicht begeistert, aber ein Blick auf den europäischen Heiratsmarkt zeigte ihr, dass er doch der Einzige sei, der infrage komme. Der Regent weigerte sich zunächst, diesen jungen Mann in Betracht zu ziehen, aber seine Ratgeber überredeten ihn. Der junge Prinz habe ausgezeichnete Referenzen und eine gute Figur gemacht auf dem Wiener Kongress. Georg stimmte endlich zu.

Das junge Paar wurde Anfang 1816 in den märchenhaften indisch-chinesischen Pavillion nach Brighton eingeladen. (Mrs. Fitzherbert hatte sich längst endgültig aus dem Leben des Regenten verabschiedet.) Inmitten der Chinoiserie wurde der Ehevertrag aufgesetzt, und die Verlobung feierte man im Kreis einer ungewöhnlich einträchtigen Familie. Die Hochzeit fand am 2. Mai 1816 im Carlton House statt. In den Straßen drängten sich die Massen, um dem Brautpaar zuzujubeln. Dessen Stadtresidenz wurde das Marlborough House, ein unpersönlich und streng anmutendes Haus unweit des St. James's Palast. In Esher, in der Grafschaft Surrey, damals noch weit vor der Stadt, erstand die Regierung das ansehnliche Claremont House von Lord Ellis, einem reichen Oberhausmitglied. Hierhin zog sich das junge Paar zurück, um sich aneinander zu gewöhnen. Sie waren sehr verliebt. Nach lebenslanger Kontrolle über jeden Aspekt ihres Daseins, nach Restriktionen und Liebesentzug, konnte sich Charlotte endlich in den Armen eines geliebten Mannes geborgen fühlen. Hand in Hand sah man die beiden durch den Park laufen, sich öfter nach Blumen bückend, die Charlotte mit Leidenschaft sammelte, presste und definierte. Hin und wieder war ein Besuch im Theater angesagt, wo sie mit frenetischem Applaus begrüßt wurden.

In ziemlich rascher Folge hatte Charlotte zwei Fehlgeburten. Als sie sich zum dritten Mal schwanger fühlte, verließ sie kaum noch ihren Landsitz. Zuerst ausschließlich von Dr. Baillie betreut, zog sie nun den »Mode-Accoucheur« Dr. Croft hinzu. Es sollte alles gut gehen. Dr. Croft ließ sie zur Ader, wenn sie Kopfschmerzen hatte, was nicht selten der Fall war. Er verordnete eine recht frugale Diät, die er ihrer »exzessiven Lebhaftigkeit« wegen für angemessen hielt. Die Königin, nach 15 Schwangerschaften recht erfahren, äußerte Bedenken, da die Prinzessin weit über das normale Maß an Umfang gewann. Die Gynäkologen jener Zeit hatten noch längst nicht das Wissen, über das man heute verfügt. Hatten sie sich erst einmal einen Namen gemacht, wurden sie in der Gesellschaft herumempfohlen wie Modeerscheinungen.

Alle Frauenärzte, die mit Charlotte zu tun hatten, waren durch Heirat miteinander verwandt, und alle betrachteten das 1788 erschienene Buch von Denman »Einführung in die Praxis der Geburtshilfe« als eine Art Bibel. Allgemein herrschte unter den Medizinern der führenden Schicht viel Eitelkeit und Neid.

Charlottes Wehen setzten am Montag, dem 3. November 1817 ein. Sie folgten regelmäßig alle 8-10 Minuten. Am Dienstagmorgen um drei traten Übelkeit und Erbrechen auf. Die wichtigen Zeugen einer königlichen Geburt wurden herbeigerufen: Der Erzbischof von Canterbury, der Bischof von London, der Innenminister, der Kriegsminister, auch der Arzt Matthew Bainie, alle waren um acht Uhr morgens im Nebenzimmer versammelt. Sie hatten eine 40-stündige Wartezeit vor sich. Die Wehen nahmen ab. Untypische scharfe Schmerzen setzten ein. Dr. Croft, der die Geburt überwachte, wollte keine Instrumente einsetzen, ohne vorher mit Kollegen darüber beraten zu haben. Er schrieb eine Nachricht an Dr. Sims, zögerte aber, sie loszuschicken. Nach Denmans Lehre sollte man sich mit Instrumenten zurückhalten.

Das zweite Stadium setzte am Dienstagabend ein. Dr. Sims kam um 2.00 Uhr morgens. Obwohl sich alles zäh hinzog, wurde er nicht ins Entbindungszimmer vorgelassen. Ein dunkelgrüner Ausfluss ergoss sich aus dem Geburtskanal – Mekonium. Das Kind hatte durch die Inertia der Mutter, die lange und verzögerte Geburt, seine Vitalität verloren und Stuhl abgegeben. Man befürchtete nun das Schlimmste. Um 21.00 Uhr an diesem Mittwoch kam das Kind, ein Sohn, tot zur Welt. Der Mutter ginge es gut, hieß es. Ein Schleier des Schweigens senkte sich über Claremont House. Aber Charlotte ging es alles andere als gut. Die Plazenta musste manuell entfernt werden. Es kam zu starken, aber nicht lebensgefährlichen Blutungen. Krämpfe setzten ein. Sie führten zu einer schmerzhaften Flaschenhalskontraktion des Uterus. Man reichte Kampfer und Laudanum. Kurz vor Mitternacht klagte die Prinzessin über ein »Geräusch« im Kopf. Sie wurde unruhig, konnte nicht mehr richtig atmen, und der Puls war schwach und erhöht. Um 2.30 Uhr morgens am Donnerstag, dem 6. November 1817, starb Charlotte.

Was nun folgte, ist kaum zu beschreiben. Der Hof war gelähmt vor Schmerz und Schock. Die Zeitungen berichteten unterschiedlich.

Sich zu profilieren suchende Ärzte attackierten die Geburtshelfer. Deren Berichte blieben geheim und wurden erst 1951 anlässlich eines Jubiläumsvortrages neu aufgearbeitet. Prinz Leopold war einem Zusammenbruch nahe. Sein Schmerz war tief; auch der Regent schien zutiefst betrübt. Doch behauptete Leopold später, dass der Vater in Wirklichkeit keine allzu tiefe Trauer gezeigt habe. Seine Hauptkonkurrentin war nun ausgeschaltet, er stand wieder im Mittelpunkt. Die Nation trauerte. Ein Reisender berichtete, auf dem Weg von Dover bis London sei er nur schwarz gekleideten Menschen begegnet. Selbst in Braunschweig trauerten die Menschen, war doch die Tochter einer Braunschweigerin, der ein ganzes Imperium zu Füßen gelegen hatte, dahingegangen. Karoline selbst wurde nicht offiziell benachrichtigt. Sie erfuhr natürlich von Charlottes Tod, aber zur Beisetzung rechtzeitig anzureisen, hätte sie nicht geschafft. So trauerte sie im Stillen in ihrer Villa in Italien.

Drei Bleisärge wurden angefertigt. Sie waren mit Gold und Silber verziert und mit Samt ausgekleidet. Einer für die Prinzessin, ein kleiner für das Kind und ein dritter – eher eine rechteckige Truhe – , der für die Urne mit ihrem Herzen bestimmt war. Die Überführung von Esher nach Windsor, wo sie in der königlichen Schlosskapelle zur letzten Ruhe gebettet werden sollte, war eine würdevolle Prozession, die überall echte Trauer erkennen ließ.

Als Aufschrift auf dem Sargdeckel war in Latein zu lesen: »Hier ruhen die sterblichen Überreste der höchst erhabenen Prinzessin Charlotte Augusta, einzige Tochter des Georg August Friedrich, Prinzen von Wales, Regenten von Großbritannien, Gemahlin Seiner

Claremont-House bei London, Wohn- und Sterbehaus von Charlotte

Durchlaucht Prinz Leopold Georg Friedrich, Herzog von Sachsen, Markgraf von Meissen, Landgraf von Thüringen, Prinz von Coburg-Saalfeld, Marschall in Seiner Majestät Armee, Geheimer Hofrat, Ritter des edlen Hosenbandordens und Kammerherr, etc. Sie starb am 6. November im Jahr des Herrn 1817, im 22. Lebensjahr«. Ihre fürstliche Mutter Karoline, Prinzessin von Braunschweig-Wolfenbüttel, Gemahlin des Regenten von Großbritannien, wurde mit keiner Silbe erwähnt.

Nach Charlottes Tod stellte sich die Frage der Thronfolge dringender denn je. Edward, der Herzog von Kent, wurde buchstäblich aus den Armen seiner bürgerlichen Lebensgefährtin gerissen und musste die gerade verwitwete Fürstin Viktoria zu Leiningen ehelichen. Sie war eine geborene Prinzessin von Sachsen-Coburg und eine Schwester unseres unglücklichen Prinzen Leopold. Sie ließ ihre zwei Kinder in Deutschland zurück, und am Ende des ersten Ehejahres schenkte sie ihrem Gemahl und der gesamten britischen Nation eine Tochter, Victoria. König Georg III. starb 1820. Der Regent brauchte ein ganzes Jahr, um seine Krönung vorzubereiten, welche die prächtigste werden sollte, die die Welt je gesehen hatte. Ein Schatten fiel darauf, als seine ungeliebte, aber noch immer legal angetraute Gemahlin Karoline auftauchte. Sie wurde zu der Krönungszeremonie nicht zugelassen. Sechs Wochen später war sie tot, was vermutlich kein Zufall gewesen sein dürfte.

Der König lebte trotz seiner ungeheuren Leibesfülle noch bis 1830. Sein jüngerer Bruder Wilhelm musste sich von seiner Partnerin Dorothy Jordan und den zehn hübschen Kindern trennen und standesgemäß Adelheid (Adelaide) von Sachsen-Meiningen ehelichen. Der Versuch, einen Thronerben zu zeugen, misslang, die Kinder starben alle kurz nach der Geburt. Adelheids Name lebt fort in der australischen Stadt Adelaide. Als Wilhelm 1837 starb, kam die 18-jährige Victoria auf den Thron, den sie bis zum Anfang des letzten Jahrhunderts innehatte.

Leopold, der unglückliche Prinzgemahl, fand noch einmal ein spätes Glück: Er wurde katholisch, erhielt 1831 die erste belgische Königskrone und heiratete im Jahr darauf die französische Königstochter Marie-Louise von Orléans. Die beiden begründeten die bis heute regierende belgische Dynastie.

Eine Tragödie
Caroline Mathilde Königin von Dänemark (1751-1775)

Caroline Mathilde

Prinz Friedrich Ludwig hatte das geschafft, was seinem Vater und Großvater versagt geblieben war: Die Briten mochten ihn. Zwar hatten sie ihn nicht so in ihr Herz geschlossen, wie er es gern gehabt hätte, aber die stille Akzeptanz, das Ausbleiben bissiger Bemerkungen in der Presse, ja, die wohlgefällige Duldung seiner Ausschweifungen, all das ließ sich als Erfolg verbuchen. Der ständige Zwist mit seinem Vater hatte wohl auch dazu beigetragen, die Sympathien des Volks zu polarisieren.

Heute wollte er das neu erworbene Stück Park besichtigen, das sich bis zur Kew Road hinzog. Kapitäne hatten einige interessante Bäume aus Übersee mitgebracht. Gemeinsam mit Lord John Stewart, dem 3. Earl Bute, der wie er ein passionierter Gärtner war, wollte er sehen, wie sie angewachsen waren. Gärtner Dillmann stand bereit, um sie zu den Bäumchen zu führen. Der Wind war kalt, und Friedrich Ludwigs Gesicht schmerzte an der Stelle, wo ihn gestern ein Tennisball getroffen hatte. Zunächst hatte er dem kleinen Zwischenfall keine weitere Bedeutung zugemessen. Aber gegen Abend hatten die Schmerzen zugenommen, und ein harter Knoten hatte sich gebildet. Am nächsten Tag fuhr er deshalb in seine Stadtwohnung, Leicester House, um in der Nähe des Doktors zu sein, der die Stelle sorgfältig mit Lotionen badete. Es nützte nichts. Am 20. März 1751 starb der Prince of Wales an dem Geschwür, das ihm der Tennisball verursacht hatte.

Auf der Beisetzungsfeier scharte sich alles um die Witwe. Augusta von Sachsen-Coburg-Altenburg, vom Hof ständig ignoriert, übersehen und benachteiligt, rückte plötzlich in den Mittelpunkt des Interesses. Sie erwartete ihr achtes Kind. Wie stets verhielt sie sich zurückhaltend, aber ihr Blick zeigte erhöhte, angespannte Aufmerksamkeit.

König Georg II. kündigte ihr an: »Euer Sohn ist ja nun der neue Prince of Wales. Wir werden ihn am Hof auf seine Rolle vorbereiten.«

Das sollte allerdings nur teilweise gelingen. Der gerade 13-jährige Georg blieb in Kew bei seiner Familie. Das schon ziemlich baufällige White House, in dem die Familie ein fast bürgerliches Leben geführt hatte, musste er nun gegen das nur durch ein paar Blumenbeete davon getrennte Dutch House eintauschen. Auch seine Geschwister profitierten von dem neuen Lehrplan, mit dem der Prinz sich ab sofort auseinanderzusetzen hatte.

Als im Park von Kew die Blumen ihre vollste Pracht entfalteten, kam am 22.7.1751 Caroline Mathilde zur Welt und wurde sogleich zum Liebling der Nation. »Das arme vaterlose Prinzesschen«, hieß es überall. Sie wurde der Aufmerksamkeit gerecht und wuchs zu einem lieblichen kleinen Mädchen heran mit blonden Locken, rosigem Gesicht und tief blauen Augen. Wenn ihre Mutter die Kutsche bestieg, um in die Stadt zu fahren, drängten sich die Leute, um die Kleine zu bejubeln. »English Rose« betitelte man sie. Es fiel der sonst so disziplinierten Mutter nicht leicht, dieser Tochter die gleiche strenge Erziehung angedeihen zu lassen wie den anderen Kindern. Sie wurde nachsichtiger. Sie erlaubte der Kleinen, in dem schönen neuen Park herumzutollen und ihre Entdeckungen zu machen. Das Lernen war kein Problem, sie war intelligent, geschickt und aufnahmefähig. Mathilde lernte Französisch – das übliche Muss in Herrschaftshäusern –, behielt aber noch fundamentales Deutsch bei und sprach im Alltag Englisch. Ihr Selbstbewusstsein war intakt, darauf achtete die Mutter, die sich mehr und mehr der Gärtnerei widmete. Ein Teil ihres schönen Parks war inzwischen mit Hilfe Lord Butes in einen Botanischen Garten verwandelt worden, eins der ersten Gewächshäuser schützte die empfindlichen tropischen Pflanzen vor dem rauen Klima.

Im Jahre 1759 starb die ältere Schwester Elisabeth im Alter von 18 Jahren. Fast genau ein Jahr später starb auch König Georg II., und Mathildes Bruder Georg musste die beschwerliche Nachfolge antreten. Er zog in seinen Londoner Palast. Bald wurden die deutschen Fürstenhäuser nach einer passenden Gemahlin abgesucht. Die Wahl fiel auf Charlotte von Mecklenburg-Strelitz, ein nur scheinbar unbeschriebenes Blatt. Bald stellte sich heraus, dass sie nicht nur extrem standesbewusst, sondern auch recht herrschsüchtig war. Und sie wusste auch genau, wie weit sie ihre Autorität ausdehnen durfte. Schwiegermutter Augusta zog es vor, soviel Zeit wie möglich in ihren Kew Gardens zu verbringen.

Im Januar 1764 wurde das Mauerblümchen Augusta, die älteste Schwester des jungen Königs, endlich verheiratet. Der Erbprinz von Braunschweig-Wolfenbüttel, Karl Wilhelm Ferdinand, kam und »holte sie heim« in sein damals noch bekanntes und geachtetes Herzogtum. Beide steuerten bereits stark auf die Dreißig zu.

Die Beziehungen zwischen England und Dänemark waren schon immer lebhafter Art gewesen. Zwischen den Dynastien beider Länder hatte es viele Heiraten gegeben, was jedoch nicht immer den Frieden sicherte – die Engländer griffen das kleine Land schon mal an, wenn sie es für notwendig erachteten. Trotzdem heiratete Luise, die Tochter Georgs II., den dänischen König Friedrich V.

Dänemark war noch immer dabei, sich vom großen nordischen Krieg zu erholen. Die Herzogtümer Schleswig und Holstein verhielten sich sehr eigenmächtig, obgleich der dänische König auch Herzog von Schleswig und Holstein in einer Person war, was immer wieder zu Konflikten führte. Gottorf war, seit die dortige Linie den russischen Thron erheiratet hatte, zeitweilig von St. Petersburg aus regiert worden. Nach dem Siebenjährigen Krieg hatte sich Graf Bernstorff, der Chef der Deutschen Kanzlei in Kopenhagen sowie der dänischen Außenpolitik, mit der Lösung dieser Frage beschäftigt – letztendlich erfolgreich. Fast die gesamte Kopenhagener Regierung bestand aus deutschsprachigen Schleswig-Holsteinern und Deutschen aus verschiedenen anderen Herrschaftsbereichen. Bereits hundert Jahre vorher, um 1660, hatte König Christian V., als er den Absolutismus einführte, seine dänischen Minister entfernt, da sie Adlige waren und zu viele Mitspracherechte beanspruchten. Er hatte deutsche Beamte ins Land geholt, die sich inzwischen etabliert hatten. Hofsprache war Deutsch – so wie im Preußischen das Französische. Den Dänen passte das nicht, aber das Volk hatte nicht viel zu bestimmen, und die Leibeigenschaft war noch nicht abgeschafft. Nach dem großen Feuer, das im Jahre 1728 ein Drittel von Kopenhagen zerstört hatte, waren es hauptsächlich deutsche Handwerker, die die Stadt wieder aufgebaut hatten. Der alte König Christian VI., Friedrichs Vater, hatte sich gar nicht erst bemüht, die dänische Sprache zu erlernen.

Luises Gemahl, Friedrich V., hatte eine äußerst lieblose Kindheit hinter sich. Er wurde erzogen von Christian Friedrich Moltke, der ihm wenig Liebe schenkte und ihn unterdrückte, da er sich selbst als den wahren Herrscher Dänemarks sah. Daher förderte er auch nicht die staatsmännischen Eigenschaften des jungen Kronprinzen, und als dieser 1746 mit 23 Jahren den Thron bestieg, blieb Moltke die Macht im Hintergrund. Der junge König griff häufig zur Flasche, was dem Oberhofmarschall nur recht war. Außenminister v. Bernstorff schaffte es glücklicherweise, Dänemark aus dem Siebenjährigen Krieg (1756 -1763) herauszuhalten.

Luise brachte fünf Kinder zur Welt: Das erste starb, es folgten zwei Töchter, 1749 wurde Christian VII. geboren, ihm folgte eine weitere Tochter. 1751 – im gleichen Jahr wie ihr Bruder Friedrich Ludwig in England – starb die arme Luise an den Folgen einer Fehlgeburt. Ihr Sohn Christian war gerade zwei Jahre alt. Es heißt, sie habe das Leben neben ihrem alkoholkranken Mann ohnehin nicht länger ertragen können.

Der kleine Thronerbe sollte nicht als Halbwaise aufwachsen. Eine neue Königin wurde gesucht, man fand auch wieder eine passende Partie im Haus der Welfen. Die Wahl fiel auf Juliane Marie, eine jüngere Schwester des regierenden Herzogs Karl von Braunschweig-Wolfenbüttel. Man weiß nicht, welche Erwartungen Juliane hatte, als sie im Jahre 1752 in Kopenhagen ankam, doch sehr bald wurde ihr klar, dass sie sich nur auf sich selbst verlassen konnte. Der kleine Prinz Christian war ihr ziemlich gleichgültig. Besonders, nachdem sie selbst nach einem Jahr Ehe einen Sohn zur Welt gebracht hatte (der zwar auf Grund des väterlichen Erbes von zweifelhafter Gesundheit war), trachtete sie mit mütterlichem Eifer danach, ihn auf den Thron zu bringen. Der ungeliebte Stiefsohn Christian war ein blasses, schmales Kerlchen mit großen blauen Augen, die ihre Umwelt mit kindlicher Neugierde musterten. Aber die Lieblosigkeit forderte auch hier ihren Tribut. Die bei der Erziehung des Vaters begangenen Fehler wurden hier vielfältig wiederholt. Der Kronprinz hatte sich in das Zeremoniell des Hofes einzupassen, seine Nöte und Wünsche blieben unberücksichtigt. Er lernte gut, zeigte aber zunehmend Neigung zur Zerstreuung. Sein erster Erzieher war Graf Detlev von Reventlov, der ihn brutal behandelte; Züchtigungen waren an der Tagesordnung. Erst einige Jahre später kam Elie François Reverdil, ein Schweizer Humanist, an den Hof. Niemand ahnte, dass er ein Anhänger der Aufklärung war, einer Geistesbewegung, die die starren Fronten des Barock zu zersetzen begann. Er lehrte den Prinzen Französisch und erweiterte seinen Horizont beträchtlich. Dennoch konnte er die zeitweiligen Ausfälle Christians nicht steuern. Dieser wurde manchmal ausschweifend, zeigte einen Hang zum Abgründigen und forderte seine Kammerjunker zu Streifzügen durch das nächtliche Kopenhagen auf, wobei das Einwerfen von Fensterscheiben noch der geringste Unfug war, der dabei angerichtet wurde. Selbst die Bordelle entdeckte der Prinz recht früh, obgleich auch das Gerücht die Runde machte, er sei eher jungen Männern zugetan. Seinen Begleitern war dieses nur allzu recht, sie ermunterten ihn geradezu zu »Scherzen« und unsinnigem Zeitvertreib. Bald steuerten sie Christian in die von ihnen gewünschte Richtung.

Das Verhalten des Prinzen wies zunehmend auf ernsthafte psychische Störungen hin. Einigen Höflingen war das nur allzu willkommen. Man konnte einen König nicht absetzen, er war von Gottes Gnaden in sein Amt berufen – und solange er in der Lage war, sein Siegel auf eine Urkunde zu drücken, war es gleichgültig, in welchem Geisteszustand er sich befand, aber angenehm, ihn manipulierbar zu wissen.

Juliane Marie und ihr Vertrauter Guldberg, der ihren eigenen Sohn erzog, hielten viele Fäden in der Hand. Hochzeiten wurden arrangiert. Christians Schwester Sofie Magdalena heiratete den König von Schweden und seine Schwester Luise Carl von Hessen. Für den Kronprinzen hatte Graf Hans Caspar von Bothmer, der ein *envoyé extraordinaire* am britischen Hof war, bereits im Jahre 1765 die knapp 16-jährige Caroline Mathilde, Christians Cousine, vorgeschlagen. Dies galt als Verlobung.

Im Januar 1766 wurde Friedrich V. durch den Tod aus seinem Schattendasein erlöst. Christian VII., der immer stärkere Anzeichen einer Schizophrenie (damals als Krankheit noch völlig unbekannt und ungedeutet) aufwies, wurde nun gekrönt – von Gottes Gnaden König von Dänemark und Norwegen, Herr der Wenden und Goten, Herzog zu Schleswig und Holstein, Stormarn und Dithmarschen, Graf zu Oldenburg und Delmenhorst. Alles lief weiter wie bisher. Nachts trieb er sich mit dem etwas älteren Grafen Konrad Holck, der seine finstersten Neigungen unterstützte, in zweifelhaften Etablissements herum. Das Volk begann zu reden. Spottverse kursierten über die »Stiefeletten-Katrin«, eine Dame, die ihr Gewerbe mit Lederpeitschen ausübte. Die versprochene Ehefrau musste herbei, sie konnte den König vielleicht bändigen.

Caroline Mathilde wusste, dass eine Fürstin kaum jemals ihren eigenen Neigungen nachgehen konnte und Ehen nach politischem Kalkül angebahnt wurden. Traurig nahm sie Abschied von London, von dem inzwischen berühmt gewordenen Botanischen Garten in Kew, von den sanften grünen Hügeln der Umgebung. Graf Bothmer begleitete sie. Das Schiff verließ Harwich und geriet in einen schrecklichen Herbststurm. Erschöpft kam sie am 8. November 1766 in Kopenhagen an, und noch am selben Abend wurde die Trauung in der Kapelle des Schlosses Christiansborg vollzogen. Am Altar sah sie ihren Gemahl zum ersten Mal. Er war schmal und blass, aber seine Augen leuchteten seltsam. Er war nicht unfreundlich, aber distanziert. Zwar tanzte er mit ihr, und er tanzte ausgezeichnet, ohne Rücksicht auf ihre Müdigkeit. Aber der gewisse Funke wollte nicht überspringen. Caroline Mathilde fühlte sich verloren. Ihr war eine Hofmeisterin zugeteilt worden, Luise von Plessen, geborene Gräfin von Berkentin, die ihr in den ersten Tagen und Wochen beistand. Sie gab ihr Ratschläge und erteilte auch Warnungen. Der Hof war eine wahre Wildnis von Höflingen, die alle nur an sich dachten, den ganzen Tag herumstanden, beobachteten und – klatschten. Caroline Mathilde hatte gelernt, Würde zu bewahren. Der jugendliche Gemahl – er war nur zwei Jahre älter als sie – hielt sich ihr gegenüber auf Distanz, während er mit allerlei Leuten verkehrte, die Caroline Mathilde mit Argwohn betrachtete. Zu der einfachsten Konversation hatte er scheinbar weder Lust noch Geduld. Dennoch kam er seiner königlichen Pflicht nach, und seine junge Gemahlin wurde schwanger. Er nahm kaum Notiz davon, begab sich mit Holck auf eine Reise durch seine Herzogtümer und zeigte nur geringe Freude, als am 28. Januar 1768 ein Sohn geboren wurde, der der Regel folgend Friedrich genannt wurde. Juliane Marie war nicht erfreut, sah sie doch ihren eigenen Friedrich dadurch wieder ein wenig weiter vom Thron entfernt.

Die Geburt wurde bejubelt und Caroline Mathilde, die sich sehr zurückgehalten hatte, gefeiert. Christians Großmutter, Sofie Magdalena von Kulmbach, schenkte ihr einen kostbaren Diamantschmuck. Die junge Königin freute sich über ihr Kind, das blass und schwächlich erschien, und verbrachte ihre Zeit mit Lesen und Schachspiel in der Gesellschaft der Frau von Plessen. Ihr waren einige Kammerjungfern zugeteilt worden, darunter die Fräulein von Bruun und von Eyben, zu denen sie aber kein vertrautes Verhältnis aufbauen konnte. Man sprach deutsch oder französisch miteinander.

Der König plante eine »grand tour«, eine Bildungsreise, die eigentlich zur Grundausbildung eines jeden *gentleman* gehörte. Christian hatte das nicht früher geschafft, und nun, da er bereits König war, nahm diese Reise schon den Charakter eines Staatsbesuches an. Die Staatskasse war ziemlich leer, und Schatzmeister Schimmelmann, dem die Maßlosigkeit Christians wohl bekannt war, zitterte vor dem Kommenden. Holck, der den größten Einfluss auf den König hatte, entfernte zuvor den braven Schweizer Lehrer Reverdil vom Hof und bestand darauf, dass Luise von Plessen ihre Stelle bei der Königin aufgeben sollte. Sie wurde nach Celle zurückgeschickt, wo ihre Familie lebte. Holck ersetzte sie durch seine Schwester, Margarethe von der Lühe. Caroline Mathilde war entsetzt, ihre Proteste nützten nichts. Sie konnte die neue Hofmeisterin nicht ausstehen, sie empfand sie als Kontrollinstanz, und über die Kammerjungfern wusste sie, dass diese hinter ihrem Rücken über sie flüsterten. Sie flüchtete sich in Unwohlsein und ins Lesen. Ihr einziger Trost war ihr Sohn, und bei seinem Anblick geriet sie manchmal in Panik – er sah so zart und zerbrechlich aus.

Die Reise ihres Gemahls hätte sie gerne mitgemacht, aber es wurde ihr erklärt, dass ihre Begleitung nicht erwünscht sei. Dahinter stand natürlich der Geheime Staatsrat Konrad von Holck, der Christian inzwischen völlig unter seiner Kontrolle hatte und der die kritischen Blicke der jungen Königin wohl zu deuten wusste.

Der Leibarzt des Königs, Dr. Berger, fühlte sich einer solchen Reise nicht gewachsen. Holck wusste Rat. In Altona sei ein Stadtphysikus tätig, der viel von sich reden machte, er sei angeblich sehr fortschrittlich. Sein Name sei Johann Friedrich Struensee. Diesem wurde befohlen, er möge sich bereithalten, sich der königlichen Truppe anzuschließen, wenn sie Altona erreiche.

Johann Friedrich Struensee war im Jahre 1737 in Halle an der Saale geboren. Sein Vater Adam war Pastor und Nachfolger August Hermann Franckes, des Begründers der berühmten Stiftungen. Er war evangelisch-pietistisch orientiert und schwang ein rigides Szepter über seine Familie. Seine Frau, eine geborene Carl, kam aus einer gebildeten Arztfamilie, die auch schon am dänischen Hof tätig gewesen war. Sie war Anhängerin der Aufklärung, die sie nur in minimalen Dosierungen an die Kinder weiterreichte, um Zwist in der Familie zu vermeiden. Die Aufklärer, unter ihnen Christian Thomasius, waren in Halle aktiv gewesen. Die Franckeschen Stiftungen galten zwar als wertvolle karitative Einrichtungen, aber ansonsten als Gegner der Aufklärung.

Der junge Johann Friedrich war ein brillanter Schüler und guter Denker. Er lehnte den Pietismus ab und folgte den neuen Lehren. Er studierte Medizin und war bereits mit 19 Jahren ein voll qualifizierter Arzt. Struensee arbeitete in Berlin und Göttingen, aber die älteren Kollegen beäugten seine fortschrittlicheren Methoden mit Misstrauen und ließen ihn nicht in ihre Reihen. Ärzte schützten ihren Stand damals mit größter Eifersucht.

Dann jedoch wechselte der Vater, der sich in Halle bedrängt fühlte, ins dänische Altona, wo er eine neue Predigerstelle annahm. Johann Friedrich folgte und wurde hier 1758 zum Stadtphysikus ernannt. Offiziell war er oberster Amtsarzt, aber in Wirklichkeit nur ein schlecht dotierter Armenarzt. Elend hatte er schon auf seinen vorigen Posten reichlich gesehen, aber hier schien es noch schlimmer: Ungelüftete Krankenzimmer, von Krätze befallene Kinder im gleichen Bett wie gesunde – dort setzte er an, die Leute aufzuklären. Manche folgten seinen Anweisungen, andere hielten sich an die alten Methoden. Er hatte den ganzen Kreis zu bereisen, bis über Pinneberg hinaus, und traf auch viele Bauern, die gegen Viehseuchen einen »weisen Mann« herbeiriefen, der die Tiere besprach oder »heilige Steine« verkaufte und mit Kreide »magische« Zeichen auf die Stalltür malte. Struensee versuchte auch hier aufzuklären. Die dickschädligen holsteinischen Bauern schüttelten nur die Köpfe. Er hatte von Impfung gehört, und als die Maul- und Klauenseuche ausbrach, experimentierte er mit Serum, welches die Verbreitung verhinderte. Nur wenige würdigten den Erfolg.

Struensee war ein gut aussehender Mann, der stets höflich und liebenswürdig auftrat und alle Sachlagen sofort begriff. Mit großer Energie machte er sich an die Lösung von Problemen, nicht immer zu jedermanns Gefallen. Aber überzeugt von der Richtigkeit seiner Handlungsweise, ließ er sich nicht beirren. Das brachte ihm die Feindschaft vieler Leute in hohen Positionen ein. Er publizierte Aufsätze zur Gesundheitspflege. Als er ein ganzes Buch herausbrachte, verweigerte man ihm den Druck – zu groß war die Angst der praktizierenden Ärzte, dass ihre alten Methoden in Frage gestellt würden. Es schien Struensee nicht sonderlich anzufechten. Er war unnahbar und unnachgiebig. Hochmütig sei er, hieß es. Aber seine Patienten nahm er ernst und redete mit ihnen in ähnlicher Weise wie ein großer Bruder. Er versuchte überall, den Leuten die Erkenntnisse der modernen Zeit, Logik und Vernunft näher zu bringen. Seine verstandesmäßige Überlegenheit war ihm ins Gesicht geschrieben.

Er hatte keine Geliebte, keine Verlobte. Es hieß, hier und da hätte er ein kleines Verhältnis gehabt, die Frauen wären ihm geradezu nachgelaufen, er selbst musste sich nicht darum bemühen. In Wirklichkeit hatte er keine Zeit für ein Privatleben, er war mit sozialen Problemen beschäftigt und wollte keine Partnerin damit langweilen. Denn nur wenige Menschen interessierten sich für die brennenden sozialen Fragen ihrer Zeit. Außerdem gehörte er als Pastorensohn nicht dem höheren Stande an, sondern befand sich in einer unbefriedigenden Mittellage. Geheiratet wurde immer noch nach Stand, und er verdiente nicht genug, um eine Frau aus der Schicht, der er sich zugehörig fühlte, standesgemäß versorgen zu können.

In Altona gründete er ein Findelhaus, um die Säuglingsmorde jener Zeit einzudämmen. Wenn eine arme Magd schwanger wurde, verlor sie ihre Stelle und wurde mit Schimpf und Schande davongejagt. Selbst die Kirche hatte wenig Mitleid. Entbindungsanstalten wurden gegründet, aber möglichst gemieden, denn an den dort gestrandeten Frauen durften die Medizinstudenten »üben«. Da man noch nicht viel über Hygiene wusste, starben unzählige Mütter am Kindbettfieber, die Kinder ohnehin. Deshalb entbanden Mütter lieber heimlich und entledigten sich der Bürde auf ihre Weise. Nur wenige Jahre später schrieb Geheimrat Goethe in seinem Faust über das arme Gretchen, verurteilte aber gleichzeitig als Minister eine Kindesmörderin zum Tode. Die Zeiten waren voller Ungereimtheiten, das Recht der Besitzenden hatte Gültigkeit auf Kosten der Minderbegüterten. »Die faulig schimmernde Welt der Fürstenhöfe« (Zitat) war am schlimmsten, hier widerstand man Neuerungen. Die künstlich und mühsam errichtete Schauseite sollte auf jeden Fall erhalten bleiben. Noch lief ja alles bestens.

Struensee sah alles, erkannte alles, konnte aber nicht alles ändern. Sein ausgeprägtes Machtbewusstsein sagte ihm, dass er vieles verbessern könne, wenn er nur die Gelegenheit dazu hätte. Inzwischen drohten die Pocken, die alle Schichten der Bevölkerung in Angst und Schrecken versetzten. Struensee dachte an seine Impferfolge und experimentierte mit Pockenserum – erfolgreich. Wer den Mut hatte, sich von ihm impfen zu lassen, blieb von der Plage verschont. Das war immerhin 35 Jahre vor dem englischen Arzt Edward Jenner, der offiziell 1796 die erste Pockenschutzimpfung durchführte.

Struensee lernte im nahen Hamburg auch Gotthold Ephraim Lessing kennen und wurde dessen Freund. Pastor Goeze, der Lessing so hart zusetzte, wurde auch Struensees Opponent, was diesen aber unbeeindruckt ließ.

Als ihn der Ruf vom königlichen Hof erreichte, war er sofort einverstanden. Er war auch neugierig – wurde doch viel über den geisteskranken König gemunkelt. Am 6. Juni 1768 traf die königliche Reisegruppe in Altona ein, und Struensee trat seinen Dienst an. Erst einen Tag später, nachdem er bereits die gesamte verantwortungslose Reisegesellschaft gesichtet hatte, bat ihn der König zu sich. Beide waren voneinander beeindruckt. Struensee erkannte, dass der König krank war und mit Geduld zu einer gesunden Lebensführung gebracht werden müsste, um einer Verschlimmerung vorzubeugen. Da er den Grafen Holck bereits erlebt hatte, sah er auch, dass dieses keine leichte Aufgabe sein würde. Der König wiederum war von der Selbstsicherheit und ruhigen Art dieses Mannes beeindruckt. Er bezeugte keine übertriebene Höflichkeit, sondern begann ein rein sachliches Gespräch, wobei er an des Königs Intelligenz appellierte, was diesem schmeichelte. Christian VII. war in diesem Moment nicht betrunken.

Auf dieser Reise hielt Struensee höflichen Abstand zum König, war aber bei ihm, wenn er ihn brauchte und redete ihm immer wieder Vernunft und Einsicht ein. Die Reise ging über Celle, Hannover, Amsterdam und Calais hinüber nach England, wo Christian seinen Neffen und Schwager, Georg III., traf. Dieser bedauerte, dass seine Schwester Caroline Mathilde nicht mit von der Partie war. Er beobachtete seinen Schwager genau – gab es doch viel Gerede über dessen »Zustand« und dass die arme Königin es gar nicht gut bei ihm hätte. Aber Christian riss sich zusammen, und Georg blieb unentschlossen in seiner Meinung. Seine »Spione« ließ er derweilen vom Kopenhagener Hof weiter berichten.

In Paris konnte Christian sich nicht länger zurückhalten und gab sich den in praller Fülle dargebotenen Verlockungen hin. Aber dann, von einem Tag auf den anderen, entschloss er sich zur Rückreise, was Holck so gar nicht passte, den Schatzmeister aber ungemein erleichterte.

Struensee blieb in Altona zurück. Es war Weihnachten. Nur wenige Monate später erreichte ihn der heimlich erwartete Ruf aus Kopenhagen, als königlicher Leibarzt mit dem Rang eines »Würklichen Etatsrats« an den Hof zu kommen. Er kam und begriff, dass er nun erst einmal die Regeln des Protokolls lernen musste – so sehr es ihm auch widerstebte. Hier hatte jeder seinen Platz, und keiner durfte den Mann, der über ihm stand, übergehen. Seufzend fügte er sich. Er durfte auch keineswegs mit höheren Herrschaften speisen, auch hier herrschte steife Rangordnung. Ihm wurde bedeutet, er dürfe schon froh sein, als Nichtadliger mit Herren von Adel am Tische zu sitzen. Dass er Arzt war, wurde nicht sonderlich honoriert. Von Quacksalbern hatte man eine eher geringe Meinung. Wenn er mit seinen Neuerungen kam, lachte man ihn aus und nahm ihn nicht ernst. Die Königin sah er nur von weitem. Sie speiste in ihren Gemächern. Es hieß, sie sei unwohl, aber sie wolle keinen Arzt sehen.

Caroline Mathilde hatte von ihm gehört, aber da der verhasste Holck ihn an den Hof gebracht hatte, glaubte sie, er sei seiner Clique zugehörig, und mit diesen Leuten wollte sie nichts zu tun haben. Eines Tages aber, nachdem es ihr besonders schlecht zu gehen schien, erschien der König mit Struensee in ihren Gemächern. Der Arzt sah eine zur Korpulenz neigende junge Frau mit leicht hervorstehenden blauen Augen und einer betonten Unterlippe. Nachdem er mit ihr eine Weile gesprochen hatte, zeigte sie sich bereit, sich von ihm behandeln zu lassen. Als Struensee sie am nächsten Tag allein besuchte, nahm er ihren Puls, schaute ihr in die Augen und sagte: »Majestät sind nicht krank. Ihr fehlt es an Luft und Liebe.« Empört schaute Caroline Mathilde ihn an, aber sein Gesicht war ernst und besorgt. Sie errötete, dann brach sie in Tränen aus. »Weinen Sie nur, es erleichtert die Seele«, sagte er. Es folgten viele Gespräche, denen sie sich nicht verschließen konnte. Hier war einer, der nicht seinen eigenen Vorteil suchte, der keine gefälligen Diagnosen stellte, sondern der bemüht war, den Kern des Problems zu erkennen. Er würde sie wieder mit ihrem Mann versöhnen, versprach er. Aber dieser Versuch gelang nur halb. Der König bekannte in aller Offenheit, seine Gemahlin sei ihm »zu blond«, er ziehe dunkelhaarige Frauen vor. Dennoch bemühte Christian sich, wenngleich widerwillig. Das Paar wurde wieder in der Öffentlichkeit gesehen, und das Volk war erleichtert. Caroline Mathildes Geburtstag im Juli 1769 wurde stürmisch gefeiert. Sie gewann unter Struensees geduldiger Therapie ihr Selbstbewusstsein zurück.

Als Nächstes verordnete er ihr das Reiten. Das hatte sie schon früh in London gelernt, aber in Dänemark nie ausgeübt. Struensee meinte, der Damensitz sei schädlich für die Wirbelsäule, sie möge ein Reitkostüm anziehen und sich rittlings auf ihr Pferd setzen. Sie tat es, und es gefiel ihr. Sie konnte ihrem Pferd die Sporen geben und mit dem Wind um die Wette durch den Park fegen. Den Leuten blieben die Mäuler offen stehen. So etwas hatte es bei Hofe noch nicht gegeben. Ging doch dieser Doktor mit seinen neuen Methoden wirklich über die Grenzen des Schicklichen hinaus – aber der Königin schien es zu gefallen. Sie blühte regelrecht auf. Das Volk in der Stadt war geteilter Meinung. Aber Kritik nahm die Königin nicht zur Kenntnis, der König übrigens auch nicht. Er lieferte sich manchmal ein Wettrennen mit seiner Gemahlin. Da es beiden Spaß machte, schwieg man. Meistens ritt sie aber mit dem königlichen Leibarzt aus.

Das Gerede begann. Für einige Wochen im Sommer zog der engere Hof nach Frederiksborg, wo man ein eher privates Leben führte. Der König musste jeden Morgen ein beruhigendes Bad nehmen, man frühstückte zusammen in kleinem Rahmen und versuchte, allen Formalitäten zu entgehen. Christian hatte seinem Arzt schon längst anvertraut, dass er »König wider Willen« geworden sei, die Rolle sei nun mal ihm zugefallen, er wäre viel lieber ein normaler Bürger mit dessen Freiheiten. Auch Caroline Mathilde litt unter der sinnlosen steifen Hofetikette. Hier verbrachte das Paar einen fast glücklichen Sommer – mit Struensee, der sein wachsames Auge stets auf den König gerichtet hielt und der jederzeit bereit war, vermittelnd einzugreifen. Der König hatte auch nichts dagegen, dass Struensee sich mehr und mehr der Königin widmete. Eine Kammerjungfrau war ganz entsetzt, als sie das Zimmer der Königin betrat und Struensee neben ihr auf dem Sofa sitzen sah. Heimlich war er froh, seine Gattin abgelenkt zu wissen, denn die Erfüllung der ehelichen Pflichten zählte nicht zu seinen Lieblingsaufgaben.

Als man nach Kopenhagen ins Schloss Christiansborg zurückgekehrt war, lebten die Gerüchte wieder auf und erhielten jeden Tag neue Nahrung. Die Kammerjungfrau Marie Elisabeth von Eyben verbreitete sie wohl hauptsächlich. Möglicherweise war sie eifersüchtig, weil Struensee ihr anfangs einige Male kleine Geschenke gemacht hatte und sie nun, da ihm der direkte Zugang zur Königin sicher war, ignorierte. Im Winter glaubte man, ihn nachts in der Kammer der Königin erlauscht zu haben. Auf den hinteren Dienstbotengang, der zu ihrem Schlafgemach führte, streuten die eifrigen Damen Puder und verklebten das Schlüsselloch mit weichem Wachs. Am nächsten Tag fanden sie dann auch die Abdrücke eines großen Männerfußes auf dem Boden, und das Schlüsselloch war ebenfalls nicht unversehrt geblieben. In Windeseile erfuhr Königin Juliane Marie davon, und ihr lauter Protest erreichte den König. Aber den interessierte das überhaupt nicht. Selbst als die Hofdamen eines Morgens das Bett der Königin offensichtlich von einer zweiten Person benutzt und »besudelt« fanden, gab es kein höheres Einlenken. Die Hofdamen mahnten ihre junge Königin. Sie flehten sie an, nicht zu weit zu gehen, es hätte schreckliche Konsequenzen. Ihre Würde und der Ruf des Hofes stünden auf dem Spiel. Zunächst weinte Caroline Mathilde, dann wurde sie wütend und erklärte ihren Damen, sie hätten nicht das Recht, so von ihr zu denken. Sie sei ihre Königin und könne sie bestrafen, wenn sie ihr nicht loyal zur Seite stünden.

In den nächsten Wochen schien sie den engen Kontakt mit dem Arzt zu meiden. Aber sie war eine junge Frau, sie fühlte sich einsam und umgeben von Menschen, die ihr kritisch gegenüberstanden. Besonders Juliane Marie schien sie regelrecht zu verfolgen. Caroline Mathildes Gemahl war nicht zurechnungsfähig, seine Stimmungen schwankten von einem Extrem ins andere. Da blieb nur Struensee, der Unbestechliche, der alles analysierte, alles vernünftig erklärte, der das barocke Gefüge des Hofes für überholt hielt, der die Gefühle der jungen Königin verstand – und beantwortete. Seine überragende Vernunft hätte ihm spätestens hier Einhalt gebieten sollen, denn er hatte sich auf ein sehr dünnes Eis begeben. Nicht nur im Barock, sondern zu jeder Zeit galt der Körper einer Königin als unantastbar. Sie war Garantin dafür, dass die königliche Linie, das »edle Blut« unverdorben weitergereicht wurde. Könige konnten ihren wilden Hafer streuen, soviel sie wollten – aber für eine Königin war Untreue etwas Undenkbares. Wenn Struensee noch so sehr den Lehren Rousseaus und Voltaires nacheiferte, hier hatte er verbotenes Gebiet betreten. Vermutlich befand er sich in einem Zustand der Euphorie. Der König schenkte ihm mehr und mehr Gehör, und es gelang ihm, einige seiner Reformideen umzusetzen. Das machte ihn kühn und verdoppelte seinen Eifer – mit Erfolg. Er schien wie von einem Machtwahn ergriffen – seine Verfügungen, alle vom König unterzeichnet und somit gültig, flossen nur so aus seiner Feder. Er hob die Zensur auf, dann räumte er am Hofe mit dem Lakaiismus auf, wo jedermann hoffte, auf Grund einer Gunst mit einem wohldotierten Amt versehen zu werden. Hier brachen wohl doch verborgene pietistische Strukturen durch, denn alles, was er anordnete, war durchaus vernünftig. Für den Hof und auch für das Land waren diese Veränderungen zu drastisch. Eingefahrene Gebräuche, einige davon alt und den Dänen heilig, ließen sich nicht so schnell wegräumen, auch nicht durch die größte Vernunft. Protest regte sich, Hass gegen den deutschen Emporkömmling. Selbst die Schleswig-Holsteiner, ob deutsch oder dänisch empfindend, lehnten ihn ab. Er war nicht einmal von Adel, und was er da durchführte, war eine soziale Reform, die auf die geheiligte Oberschicht überhaupt keine Rücksicht nahm.

Als im Frühjahr 1770 eine neue Pockenepidemie drohte, impfte Struensee den kleinen Kronprinzen Friedrich. Juliane Marie und der ganze Hofstaat hatten sich dagegen aufgelehnt, aber Caroline Mathilde und der König erlaubten es ihm. Außerdem ordnete Struensee an, dass das Kind abgehärtet werden müsse. So verweichlicht und verwöhnt, würde er keiner Krankheit standhalten. Gesunde ländliche Kost erschien auf dem Speiseplan, das Kind sollte barfuß über den

Rasen laufen, und damit es mehr Spaß hätte, wurde ein Waisenknabe gefunden, der ihm als Spielkamerad zur Seite stehen sollte. Die Öffentlichkeit war entsetzt, und obwohl die Neuerungen dem kleinen Prinzen guttaten, wollte das niemand anerkennen.

Eine große Reise durch die Provinzen wurde geplant. Der König und die Königin freuten sich jeder auf seine Weise, wieder einmal dem zwangvollen Hofprotokoll zu entgehen. Struensee traf alle Vorbereitungen, was den Hofadel ständig um weitere Privilegien fürchten ließ. Nicht voraussehbar war die plötzliche Erkrankung der alten Königinwitwe Sofie Magdalene. Respekt nötigte die Planer, die Reise zu verschieben. Caroline Mathilde besuchte die alte Dame am Krankenbett – dabei trug sie ihren Reitanzug und hatte die Peische in der Hand. Der Hof schrie auf, und der Schrei widerhallte in ganz Kopenhagen. Eine unverzeihliche Taktlosigkeit, daran konnte nur der inzwischen allseits gehasste deutsche Doktor Schuld sein.

Sofie Magdalene verstarb am 27. Mai 1770. Sie selbst hatte zuvor verfügt, dass auf längere Hoftrauer verzichtet werden solle. Nachdem sie in der königlichen Gruft zu Roskilde beigesetzt war, wurde weiter für die Reise gerüstet. Durch die Abschaffung der Zensur hatte Struensee sich ein Eigentor geschossen – die Zeitungen schrieben nun minutiös über alle seine Handlungen, sparten nicht mit Vermutungen und zweideutigen Unterstellungen. Noch waren der Geheime Rat, der Konferenzrat und alle Bernstorffs, Holcks und von der Lühes Teil dieser Reisegruppe. Station wurde auf Schloss Gottorf gemacht. Hier war Carl von Hessen, der mit Christians Schwester Luise verheiratet war, der Gastgeber. Hofklatsch war der Partie schon vorausgeeilt, und die fürstlichen Gastgeber, beide übrigens sehr fromm, blieben den Gästen gegenüber ziemlich reserviert. Luise fand die ungezwungene Art der Königin unpassend und konnte sich damit gar nicht abfinden. Prinz Carl von Braunschweig-Bevern, der Gouverneur der Festung Rendsburg, traf die hohen Gäste hier und brachte ein wenig Stimmung mit. Weiter ging es Richtung Ahrensburg, wo der dänische Schatzmeister Schimmelmann sein Schloss mit großem Aufwand für den Empfang hergerichtet hatte. Aber der Aufenthalt dort war nur kurz, da die Königin sich durch eine Unpässlichkeit länger in Gottorf aufhalten musste als vorgesehen. Weiter ging es nach Traventhal, wo Hans Caspar von Bothmer als Amtmann herrschte, der einst als Außerordentlicher Gesandter Caroline Mathilde von England nach Dänemark begleitet, ja, überhaupt die Ehe eingefädelt hatte. Hier ließ der Hof sich in ungezwungenem Rahmen für einige Wochen nieder.

Struensee, der den König immer mehr beherrschte und der inzwischen schon Anordnungen austeilen konnte, die vom Monarchen nicht gegengezeichnet waren, holte seinen alten Freund, Enevold Brandt, an den Hof zurück. Er entließ Holck, den »Zuhälter«, nebst dessen Schwester Margarethe von der Lühe und deren Ehemann Volrad August, der Verwalter der Partikulärkasse war und außerdem *Maître des requêtes*, der also die Eingaben an den Hof zu bearbeiten hatte. Struensee übernahm Lühes Ämter. Brandt, der schon früher am Hof gedient hatte, aber von Holck vertrieben worden war, bekam dessen Posten.

Caroline Mathilde war froh, der Kontrolle ihrer Oberhofmeisterin entzogen zu sein. Eine peinliche Aufgabe stand ihr aber noch bevor: Ihre Mutter, die Prinzessin von Wales, war in Braunschweig zu Besuch bei ihrer ältesten Tochter Augusta. Sie wünschte, ihre jüngste Tochter zu sehen. Ohne Zweifel hatten die Gerüchte auch sie erreicht, und sie sollte Caroline Mathilde ins Gewissen reden. Diese war gar nicht versessen darauf, ihre Mutter zu treffen. Sie schob den Besuch ein ums andere Mal auf, und zuletzt drangen Bernstorff und Moltke in sie, die Begegnung in dem nicht allzu entfernten Lüneburg stattfinden zu lassen. Weiteres Entgegenkommen konnte man der alternden Prinzessin Augusta nicht zumuten.

Mitte August traf diese dann auch mit ihrem drittältesten Sohn Wilhelm Heinrich, Herzog von Gloucester, in Lüneburg ein. Sie wohnten im alten Schloss am Markt, in dem Eleonore d´Olbreuse einige Jahre verbracht hatte. Eilige Reparaturarbeiten konnten nicht alle Risse im Mauerwerk beseitigen. Christian VII. und Caroline Mathilde trafen zwei Tage später ein. Begleitet von Struensee, Brandt und Moltke und drei Bediensteten, schienen sie nicht in Eile zu sein. Aufzeichnungen berichten, dass die Königin auch am nächsten Morgen ausgiebig mit Struensee gefrühstückt habe und erst am frühen Nachmittag in seiner Begleitung ihrer Mutter entgegengetreten sei. Da diese ihr über den anwesenden Herrn Vorhaltungen machen wollte, bediente sie sich der englischen Sprache, die Struensee nicht verstand. Trotzig entgegnete ihr die Tochter, sie habe ihr Englisch verlernt, die

Mutter möge doch bitte auf Deutsch fortfahren. So kam es zu keiner Aussprache, und Mutter und Tochter trennten sich, beide sehr unzufrieden. Die unglückliche Mutter bat den britischen Gesandten in Hamburg, ihrer Tochter ins Gewissen zu reden. Dieser schrieb dann auch, dass der junge dänische König »in einer grauenhaften Verfassung« gewesen sei, doch blieben ihm die wahren Zusammenhänge verborgen.

Die königliche Tour zog weiter nach Hamburg. Hier suchte Caroline Mathilde den Etatsrat Georg Ludwig Waitz auf, der als Generalpostmeister eines der wichtigsten Ämter innehatte. Sie beauftragte ihn, einen Goldschmied zu finden, der aus ihrem Diamantschmuck (das ihr von der alten Königin Sofie Magdalene geschenkte wertvolle Brillantenbukett) eine Reihe von Orden herstellen würde. Waitz sträubte sich, er fand einen Goldschmied, der sich ebenfalls sträubte, aber die Königin bestand auf ihrem Wunsch. Der Brillantschmuck wurde zu etwa 20 Prozent seines wahren Wertes verschleudert und der Mathildenorden in ungefähr zwanzigfacher Ausführung hergestellt.

Am 29. Januar 1771, zum 22. Geburtstag des Königs, wurde der Orden anlässlich der Feier im großen Rittersaal des Schlosses an elf auserwählte Ordensträger verteilt, darunter aus Höflichkeit auch an Juliane Marie und ihren Sohn Friedrich. Ein zwölfter Orden wurde an die in Celle lebende Gräfin Luise von Plessen übersandt.

Der nächste Sommer sollte Caroline Mathildes letzter in Dänemark sein. Niemand ahnte es. Die Königin wurde immer öffentlicher kritisiert, aber sie machte sich immer weniger daraus. Sie äußerte sich vor ihren Kammerfrauen, dass sie ja schließlich zu der Heirat gezwungen worden war, und beneidete ihre Damen darum, dass sie sich nach ihren Neigungen verheiraten dürften.

Struensee hatte immer weniger Zeit für sie. Er arbeitete jetzt fast Tag und Nacht. Seine Erlasse überfluteten Stadt und Land. In 16 Monaten gab er 1800 neue Verordnungen heraus. Bernstorff und Moltke hatten sich aus ihren Ämtern zurückgezogen, sie kamen gegen Struensee nicht mehr an, der wie ein Diktator herrschte. Seine neuen Befehle konnten gar nicht alle in der Eile ausgeführt werden, und einiges wurde einfach nicht ernst genommen. Struensee hatte jedoch kaum Gelegenheit, die Umsetzung seiner Anordnungen zu überprüfen und konnte sich auf niemanden verlassen, die Kontrollen für ihn auszuführen. Vieles von dem, was er sich ausgedacht hatte, blieb Papierwerk. Aber er hatte die alte Ordnung aus den Angeln gehoben und Unruhe gestiftet.

Inzwischen wurde er von fast allen gehasst. Sein eigentliches Amt als Arzt übte er schon lange nicht mehr aus, das musste wieder der alte Dr. Berger versehen. Aber er kümmerte sich noch immer um soziale Belange. So gründete er, wie zuvor in Altona, ein Findelhaus, wo unverheiratete Mütter ihre Neugeborenen ablegen konnten. Es wurde nicht gewürdigt, sondern nun hieß es, dies verführe zur Unzucht. Dennoch sollte es eine der Institutionen sein, die ihn überlebten.

Im Sommer wurde er krank. Der Hof hatte sich nach Hirschholm zurückgezogen, Struensee arbeitete von hier aus weiter. Am 7. Juli wurde Caroline Mathilde dort von einer Tochter entbunden, die den Namen Louise Augusta erhielt. Nur wenige Tage später erhielten beide, Struensee und Brandt, Titel als Lehnsgrafen verliehen. Brandt war damit nicht zufrieden, er meinte, er müsse nun auch Güterbesitz dazubekommen, aber er wurde vertröstet.

Bei der Taufe der Kleinen verließen einige der Gäste die Kirche inmitten der Zeremonie. Sie konnten angeblich nicht mit ansehen, wie »la petite Struensee« zur königlichen Prinzessin ernannt wurde. Dass sie nicht des Königs leibliche Tochter sei, wurde allgemein angenommen. Die Königin stillte, ganz nach den neuen Prinzipien, ihre Tochter selbst.

Am Ende des Sommers wieder in Kopenhagen, war die Hölle losgebrochen. Juliane Marie und ihr getreuer Ove Guldberg hatten fleißig vorgearbeitet. Das Gerücht machte die Runde, der deutsche Arzt wolle den König vergiften und sich selbst auf den Thron setzen. Solche Geschichten kamen nur in geschwächter Form am Hofe an, und Caroline Mathilde nahm sie nicht ernst. Entweder war sie blind verliebt oder naiv, oder sie hatte einfach nie gelernt, auf das Volk zu hören. Struensee war hellsichtig genug, diese Gerüchte ernst zu nehmen, er ahnte wohl, dass er in seinem Reformeifer zu weit gegangen war. Er führte eine teilweise Zensur wieder ein, zumindest mussten alle Artikel, auch die schmählichen Flugblätter, vom Verfasser unterzeichnet sein.

Es war aber zu spät. Nach einem Maskenball am 16. Januar 1772 fanden die Rebellen zueinander. Königinwitwe Juliane Marie erschien nach Mitternacht im Schlafgemach des verstörten Königs und zwang ihn, drei Haftbefehle zu unterschreiben. Einer galt Struensee, ein zweiter Brandt und ein dritter Caroline Mathilde. Die Männer wurden im Morgengrauen in das Kastellet, die Zitadelle, gebracht. Die Königin wurde am Vormittag von Schack von Rantzau aufgesucht und darüber unterrichtet, dass der Doktor und Brandt und wohl auch die treuesten Anhänger in Gewahrsam seien und sie nun auch arretiert werden müsse. Er habe den Auftrag, sie nach Kronborg zu bringen. Caroline Mathilde war intelligent genug, um blitzartig zu erkennen, dass das Spiel aus war. Sie weinte heftig und bat, ihre Tochter mitnehmen zu dürfen, was ihr gewährt wurde. Im eiskalten Kronborg, das als Hamlet-Schloss zu Ruhm gekommen war, wurde ihr ein Verteidiger, Peter Uldall, zur Seite gestellt. Er half ihr nach bestem Können, aber eine königliche Kommission beschloss am 6. April die Auflösung der Ehe. Sie sei sich durch Ehebruch des Rechtes der Ehe verlustig geworden. Sie sollte in einem kleinen Schloss in Aalborg in Nordjütland Residenz nehmen, während ihre Kinder am Hof bleiben müssten. Sie bat den Verteidiger, ihr wenigstens die Tochter zu lassen – die sei doch gar nicht der königlichen Familie zugehörig. Aber Uldall beschwor sie, keine solche Erklärung abzugeben, da der König die Kleine anerkannt habe und man überhaupt der Meinung sei, es wäre genug Schaden angerichtet worden, und den wolle man begrenzen, wo nur immer möglich.

Inzwischen liefen Verfahren gegen Struensee und Brandt. Uldall besuchte den Arzt in seinem Kerker. Der deutsche Pastor Balthasar Münter, über den viel gelästert und gelacht wurde, habe ihn zur Einkehr gebracht, hieß es. Struensee sagte nicht viel. Auf Uldalls Grüße von der Königin und der überbrachten Nachricht, dass sie ihm verzeihe, reagierte er nicht. Er interessierte sich überhaupt nicht mehr für sie. Er wusste, dass sein Leben verwirkt war, und das schien ihn auch nicht weiter zu bekümmern. Die Anklage lautete auf Hochverrat. Für Brandt war es wohl eher ein »Mitgefangen-Mitgehangen«. Am 28. April 1772 wurden die Todesurteile gegen Struensee und Brandt vollstreckt.

Eva König schrieb an ihren inzwischen in Wolfenbüttel tätigen Freund Lessing: »Freilich hatten sie ihre Köpfe schon lange verloren, sonst hätten sie sich in ihrem Glücke besser zu benehmen gewusst ...«

Caroline Mathilde fragte nie wieder nach Struensee. Sie musste auch nicht nach Aalborg. Ihr Bruder, König Georg III. von England, beschied, dass sie in seinem Reich verbleiben sollte. Das Schloss in Celle war seit dem Tode Herzog Georg Wilhelms im Jahre 1705 verwaist. Eleonore d`Olbreuse hatte hier noch bis zu ihrem Tode 1722 zeitweise gelebt. Ein prächtiges Schloss, in gutem Zustand, mit herrlichen Parkanlagen, dort würde sie sich wohl fühlen. Und die Celler freuten sich, wieder herrschaftliches Treiben in ihrer Stadt zu haben. Caroline Mathilde willigte gerne ein. Celle war auch nicht allzu weit von Braunschweig entfernt, wo ihre Schwester Augusta lebte – obgleich sie nicht sicher war, wie diese sich ihr gegenüber nach allem, was geschehen war, verhalten würde.

Zunächst reiste sie südwärts. Ein britisches Kriegsschiff brachte sie nach Stade. Von hier ging es mit großem Geleit weiter. Östlich von Lüneburg lag das Jagdschloss Göhrde. Dies gehörte einst der Celler Linie, aber nach 1705 war es hannöversch geworden. Hier verweilte sie bis in den Herbst hinein, da das Celler Schloss instand gesetzt werden musste. Es wurde nicht gespart. Neue Decken, Wandbespannungen, Fenster, die alten Kamine wurden durch aus Fayence bestehende ersetzt, Möbel wurden überall zusammengesucht, im Schlösschen Montbrillant in Hannover, in Herrenhausen – aber ein großer Bestand musste neu erworben werden. König Georg III. bezahlte fast 10.000 Taler. Die im Siebenjährigen Krieg gemachten französischen Gefangenen waren im Celler Schloss untergebracht und hatten die Kapelle und das niedliche Theater verwüstet. Beides war noch nicht wieder hergestellt, als Caroline Mathilde eintraf. Sie war sehr zufrieden und richtete sich hier häuslich ein. Zu ihrer ganz besonderen Freude hatte sie ihre hochgeschätzte Luise Plessen wieder getroffen. Sie hatte sie bereits auf der Göhrde besucht, und nun wurde sie zu ihrer besten Freundin.

Die Celler bemühten sich sehr, vom Glanz des Hofes etwas abzubekommen. Sie wussten nicht genau, was sich in Dänemark abgespielt hatte. Vieles blieb ja auch in Geheimarchiven bis weit in das 20. Jahrhundert hinein verschlossen, so dass ein vollständiges Bild des Geschehens erst in unserer Zeit entstehen konnte. Gerüchte gab es aber zuhauf, und die gingen in alle Richtungen.

Caroline Mathilde fragte nicht viel nach Dänemark. Sie hörte, dass man sich dort am Hof von den Deutschen getrennt habe, dass Dänisch nun die Hofsprache sei und von den Reformen nicht viel übrig geblieben wäre. Ihre Kinder entwickelten sich normal, und es ginge ihnen gut. Aber die Sehnsucht nach ihnen machte sie krank. Sie fürchtete um das Leben ihres Sohnes, wissend, dass Juliane Marie für ihren eigenen Sohn ambitionierte Pläne hatte. In einem Brief teilte sie diese Angst ihrem Bruder, dem englischen König, mit.

Der Stadtkommandant von Celle war Prinz Ernst von Mecklenburg-Strelitz, der Bruder der englischen Königin Charlotte. Er war auch Kommandeur des hier stationierten königlichen Infanterie-Regiments und wohnte standesgemäß in einem Palais vor der Stadt. Bis zur Ankunft Caroline Mathildes hatte er den gesellschaftlichen Ton bestimmt. Diese Rolle fiel nun ihr zu. Sie übernahm sie mit großer Selbstverständlichkeit und ganz nach altem barockem Muster, als habe es nie einen Struensee, eine Aufklärung und ein »fast bürgerliches Leben« gegeben. Sie war ganz Königin. Im Reitstall wurde ein provisorisches Theater eingerichtet, zu dem nur die ersten Adelsfamilien zugelassen wurden. Niederer Adel und reiche, vornehme Bürger waren nicht erwünscht. Es wurde allerdings darauf geachtet, dass nur heitere Stücke zur Aufführung kamen, um die Königin vom Grübeln abzuhalten.

Georg Christoph Lichtenberg, der berühmte Professor aus Göttingen, kam nach Celle und beobachtete die Königin beim »Spei-

Stadt und Residenz-Schloss Celle

ßen«. Hin und wieder speiste sie in aller Öffentlichkeit in einem Zelt, und man durfte ihr dabei zusehen. Lichtenberg beschrieb sie als »nicht sehr groß, dabey recht, was man ausgestopft nennt, alles ist dick ... aus ihren Augen leuchtet, zumal so bald sie aufhört zu lächeln etwas trotziges bey vielem Feuer hervor. Ihr Gesicht (ist) überhaupt nicht, was man schön nennt ...«

Luise von Plessen blieb ihre beste Freundin, aber Hofmeisterin war Catharina Charlotte von Ompteda, zu der die Königin ebenfalls ein freundschaftliches Verhältnis entwickelte. Sie nahm auch ein Pflegekind an, Sophie von Bennigsen, deren Mutter gestorben und deren Vater in russische Dienste getreten war. Es tröstete sie über den Verlust ihrer eigenen Kinder hinweg.

Ihre Schwester Augusta besuchte sie einige Male. Die beiden verstanden sich sehr gut.

Caroline Mathilde liebte lange Spaziergänge. Zu ihrer Verfügung standen der Schlosspark, der Französische Garten, der aber in einen englischen Landschaftspark umgestaltet wurde, und der barocke Lescoursche Garten. Abwechslung brachten Ausflüge nach Hannover, die sie stets mit einigem Gefolge unternahm. Sie übernachtete dann im Schlösschen Monbrillant, besuchte die Anlagen und das Schloss in Herrenhausen und beobachtete auch die Paraden des hannöverschen Artillerie-Regiments. Bei offiziellen Feierlichkeiten wurde noch strenger auf das Protokoll geachtet als in Celle. Sie schien es zu genießen.

Ihr Hunger nach Büchern war unvergleichlich. Sie ließ sich aus England die neuesten Werke kommen, kannte sich auf dem deutschen und französischen Büchermarkt bestens aus und interessierte sich für literarische sowie historische Themen.

Das Ende kam unerwartet und schnell. »Frieseln«, womit wahrscheinlich Scharlach gemeint war, brachen aus. Einer der Pagen starb Ende April 1775 an der Krankheit. Caroline Mathilde nahm Abschied von dem aufgebahrten Leichnam. Einige Tage später entwickelte sich bei ihr ein Hautausschlag, der sich über den ganzen Körper ausbreitete. Der eilends aus Hannover herbeigerufene Dr. J.G. Zimmermann kam am 10. Mai in Celle an, konnte aber nichts mehr ausrichten. Caroline Mathilde starb in seinem Beisein, kurz vor Mitternacht. »Sie starb mit äußerstem Muthe«, berichtete er.

Ganz sicher ist bis auf den heutigen Tag nicht, ob sie wirklich von der Epidemie dahingerafft wurde. Sofort wurden Vermutungen laut, gewisse Gruppen hätten hier nachgeholfen um zu verhindern, dass sie auf den dänischen Thron zurückkehrte. Nichts ließ sich je beweisen. Die Beisetzung wurde in aller Eile anberaumt und fand am Abend des 12. Mai statt. Unter großer Anteilnahme der Bevölkerung fuhr der schwarz verhangene, von sechs Pferden gezogene Leichenwagen zur Stadtkirche, wo der Sarg in der Gruft beigesetzt wurde. Die Leichenpredigt wurde von Konsistorialrat Jacobi und den Stadtpredigern gehalten. Unter Letzteren ist Pastor Friedrich Lehzen hervorzuheben, der der Königin oft tröstend zur Seite stand. (Seine Tochter Luise sollte die erste Erzieherin der jungen Prinzessin Victoria werden.)

Bereits kurz nach ihrem Tode wurde beschlossen, der Königin ein Denkmal zu setzen. Vorschläge wurden König Georg vorgelegt, die er laufend korrigierte. Vor allem gestattete er nicht, die »Dummheit« darzustellen. Der Bildhauer Adam Friedrich Oeser schuf endlich 1784 das Denkmal, das bis heute im Französischen Garten zu sehen ist.

König Christian VII. lebte bis 1808. Sein Sohn übernahm schon früh die Regentschaft für den kranken Vater. Er selbst heiratete Marie von Hessen-Kassel, aber da seine beiden Söhne nicht überlebten, folgten ihm doch die Nachkommen Juliane Maries auf den Thron.

Die Tochter Augusta Luise heiratete den Herzog von Holstein-Sonderburg-Augustenburg.

Das kurze Leben der Caroline Mathilde hat nicht nur Historiker beschäftigt. Romantiker, Kriminalisten, Genreschreiber, Poeten, sie alle spürten dem Leben dieser unglücklichen Frau nach. Vielleicht sind nicht alle Tatsachen bekannt, noch einige Geheimnisse ungelöst. Aber was die Nachwelt weiß, reicht aus, um den Spuren eines von nur wenigen glücklichen Momenten erfüllten Lebens nachzugehen.

Musenfürstin in Weimar
Anna Amalia von Braunschweig (1739-1807)
Herzogin von Sachsen-Weimar-Eisenach

Anna Amalia

Wolfenbüttel war im Jahre 1744 eine ansehnliche Kleinstadt. Die Fachwerkhäuser gruppierten sich artig um den rechteckigen Marktplatz, von dem arkadengeschützte »Krambuden« zu dem großen, durch Wassergräben von der Bürgerstadt getrennten Exerzierplatz führten, an dessen westlichem Rand sich das mächtige Schloss erhob. Der Schlossgraben war gesäumt von eleganten hellen Sandsteinfiguren, welche die Tugenden darstellten, die man bei dem Herrscher vermutete. An der Nordseite des Platzes stand das riesige Zeughaus, das die Waffen und Uniformen für den nächsten Krieg beherbergte. In dem kleinen Winkel dazwischen befand sich die Rotunde, die berühmte Bibliothek, die von Gelehrten aus aller Welt aufgesucht wurde. Eine wertvolle Hinterlassenschaft des hochgeschätzten Ahnen, Herzog August des Jüngeren.

Zur Linken vor der großen Schlossbrücke stand das Kleine Schloss, das verschiedenen Zwecken diente. In dem kleinen Park davor spielten an schönen Tagen die Kinder des Herzogspaares. Im Sommer dieses Jahres sah man die siebenjährige Prinzessin Sophie Karoline Marie und die zwei Jahre jüngere Anna Amalia, begleitet von ihren kleinen Hündchen, unter der Aufsicht einer Gouvernante. Karl, der ältere Bruder, übte hier manchmal seine Fechtkünste.

Viel Freizeit hatten die Kinder nicht. Sie wurden früh angehalten zu ernsthaftem Lernen. Anna Amalia, obgleich erst knapp fünf Jahre alt, konnte bereits recht gut lesen und schreiben. Die Mutter – Ihre Fürstliche Durchlaucht Philippine Charlotte, geborene Prinzessin von Preußen – hielt nicht viel von eitlem Müßiggang. Ihr Ältester, Karl Wilhelm Ferdinand, erhielt Unterricht von dem vorzüglichen Abt Jerusalem und einigen Professoren. Die jüngeren Kinder durften an vielen dieser Schulstunden teilnehmen. Die Mutter hatte ansonsten wenig Zeit für ihre Kinder, obgleich sie fast jedes Jahr ein weiteres zur Welt brachte. Sie unterhielt sich gern mit wichtigen und klugen Leuten.

In letzter Zeit waren besonders viele Gelehrte erschienen, die in dem Collegium, das Herzog Karl I. zusammen mit dem Abt zu gründen im Begriffe war, einen Posten zu gewinnen hofften. Die Herzogin unterhielt sich intensiv mit einigen von ihnen. Insgeheim spottete man, Durchlaucht wollte gutes Deutsch von ihnen lernen. Am Preußenhof sprach man nur Französisch, ihr Bruder, König Friedrich, bekannt als der Große, verachtete die deutsche Sprache und benutzte sie nur, wenn er mit ganz einfachen Leuten sprach, was aber sehr selten geschah. Aber hier in Wolfenbüttel wehte ein anderer Wind. In dem kleinen Theater sah man oft deutsche oder ins Deutsche übersetzte Stücke. Es gab auch mehr und mehr Schriftsteller, die in der Landessprache schrieben, und sogar in Adelskreisen hörte man nicht nur Französisch. Die Gelehrten unterrichteten zumeist in lateinischer Sprache. Noch wurde Deutsch unterrichtet wie eine Fremdsprache, aber es setzte sich langsam durch. So lernte Anna Amalia eher nebenbei ein passables Deutsch.

Französisch war der Tagesablauf vom Dejeuner bis zum Souper. Anna Amalia war eine gelehrige Schülerin, die auch bald Mathematik, Geografie und Religion auf ihrem Stundenplan fand. Täglich unterzog sie sich dem Drill der Oberhofmeisterin, Madame von Winterfeld, oder ihrer Stellvertreterin, Mademoiselle Benzin. Sie lernte, sich gerade zu halten, die Regeln des Begrüßens, der Konversation. Eine Prinzessin sei, von Gott so bestimmt, eine besondere Art von Mensch. Man dürfe sich nie mit den gewöhnlichen Menschen einlassen. Deshalb sei auch das Areal des Hofes mit schweren Ketten abgesperrt. Mit Nichtadligen könne man nur dann reden – so wie Maman – wenn sie besonders gelehrt seien oder sich im Krieg durch große Tapferkeit ausgezeichnet hätten. Das bedeutete aber noch keine Akzeptanz in erlauchten Kreisen. Eine Todsünde sei es geradezu, wenn eine adlige Frauensperson unter ihrem Stand heirate. Man müsste sie aus der Familiengeschichte löschen, nie wieder dürfte sie erwähnt werden. Wenn hingegen ein Mann von Adel eine gewöhnliche Frau nähme, würde sie kaum von der Gesellschaft akzeptiert werden. Niemand dürfte sie ungestraft einladen, und die Kinder müssten um ihre Anerkennung fürchten. Deshalb würde auch nur selten jemand den Stand »verraten«. Das gehörte zum Grundwissen einer heranwachsenden Adelsperson. »Eine Prinzessin ist vergleichbar mit einem kostbaren Porzellangefäß, das nur, wenn es unbeschädigt ist, einen hohen Preis erzielt auf dem Markt – dem Heiratsmarkt!« erklärte Mademoiselle Benzin.

Um etwas Abwechslung zu schaffen, wurde hin und wieder angespannt, und es ging hinaus über die Felder nach Salzdahlum. Hier stand das wunderbare Schloss, das Ur-Urgroßvater Anton Ulrich vor einem halben Jahrhundert hatte erbauen lassen. Leider hatte er an gutem Baumaterial gespart, und so zeigte dieser Prachtbau bereits Risse und Schäden. Es fehlte Papa am nötigen Geld für die Instandhaltung. Anna Amalia liebte es, mit ihren Geschwistern durch die verbotenen Zimmer zu schleichen. Sie betrachtete dann das schwere gedrechselte Mobiliar, das ungenutzt vollstaubte. Wenn aber ganze Zimmerfluchten mit weißen Nessellaken abgedeckt waren, wurde ihr etwas unheimlich zumute. Der Garten war herrlich überwuchert, und man konnte vielerorts Überraschendes hervorkratzen.

Wenn Maman mit von der Partie war, hatte Anna Amalia oft das Gefühl, dass sie prüfend beobachtet wurde, ja, dass Maman sie mit ihrer größeren Schwester verglich und dabei kein fröhliches Gesicht machte. Nie machte sie ihr nette kleine Komplimente wie den anderen Geschwistern. Konnte sie etwas dafür, dass sie kleiner und nicht so zerbrechlich und schlank war wie Sophie, oder wie die viel jüngere Elisabeth zu werden versprach? Dass ihre Nase so groß war? Sie fühlte sich ungeliebt und litt darunter. Anscheinend wurden ihr alle Geschwister vorgezogen. Sie sei »ein Ausschuss der Natur«, glaubte sie einmal zu vernehmen (und berichtete sie später in ihren Memoiren).

Zu ihrem Vater, Herzog Karl, hatte sie größeres Zutrauen. Aber er war nur selten daheim. Entweder tagte er mit Geheimräten, machte Reisen oder kümmerte sich um den Aufbau des Schlosses in Braunschweig, denn man wollte Wolfenbüttel aufgeben.

Als Anna Amalia 14 war, fand der Umzug statt. Braunschweig war eine geschäftige Stadt, steile Fachwerkhäuser säumten enge Straßen, es ratterte, rumpelte und stank, die Menschen waren laut und lebhaft, es glich wahrhaftig einem Ameisenhaufen. Und das neue Schloss – nun, es war recht bescheiden. Verputztes Fachwerk, wie einst Salzdahlum. Es gab aber recht hübsche Räume für Konzerte, Bälle und Gesellschaften. Ein Theater befand sich bereits am Hagenmarkt. Gefeiert wurde aber nur, wenn sich hoher Besuch angekündigt hatte. Es galt, die Kinder zu verheiraten, und etwaige Kandidaten mussten beeindruckt werden.

Bevor aber Karl Wilhelm Ferdinand oder Sophie vermählt werden konnten, kam Kunde von der Schwester des Herzogs, Sophie Antoinette. Diese hatte den Herzog von Sachsen-Coburg-Saalfeld geheiratet und war bestens über die Zustände an den vielen sächsisch-thüringischen Höfen informiert. Da gab es den jungen Anwärter auf den Thron zu Weimar und Eisenach, Ernst August II. Konstantin, der seit dem Tod seines Vaters 1748 am Hof zu Gotha lebte. Er sei nicht sehr gesund, und voraussichtlich würde er mit 18 Jahren für mündig erklärt werden, um den Thron zu übernehmen. Dann sollte er schnellstens heiraten, denn wenn er ohne Nachkommen stürbe, fiele sein Herzogtum an die Verwandten, denen das natürlich sehr gefiele. Es wäre schade um das kleine Land.

Bald kam auch Post aus Weimar. Obervormund von Mandelsloh kündete an, Prinz Ernst August II. Konstantin habe die Absicht, nach

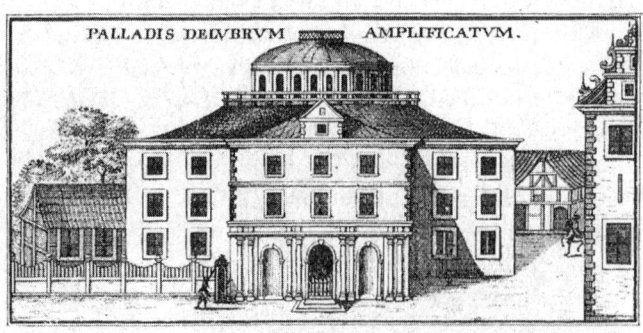

Herzogliche Bibliothek in Wolfenbüttel

Braunschweig zu kommen, um sich mit einer der Prinzessinnen zu vermählen. Da das Land nur klein und der Prinz krank war, wurde beschlossen, dass Sophie ihm nicht präsentiert werden sollte. Die 16-jährige Anna Amalia wäre da doch viel passender. Gefragt wurde sie nicht, der Sachverhalt wurde der Prinzessin nur kühl mitgeteilt. Liebe oder Sympathie hatten keinen Anteil an einer solchen Verbindung.

Der junge Herzog kam, am 20. Februar 1756 wurde die Verlobung gefeiert, und die Hochzeit fand nur wenige Wochen später am 16. März statt. Vier Tage danach nahm Anna Amalia leichten Herzens Abschied von ihrer wenig geliebten Familie.

Das kleine Fürstentum Weimar und Eisenach war ungefähr alles, was der ernestinischen Linie der Wettiner nach der Schlacht bei Mühlberg 1547 geblieben war. Kaiser Karl V. hatte den Unterstützern der lutherischen Reformation den Wittenberger und Torgauer Teil abgenommen und den loyalen Albertinern zugesprochen. Das war nun 200 Jahre her – aber Weimar hatte sich seitdem nur langsam entwickelt. 6000 Einwohner scharten sich um das große Schloss, die Wilhelmsburg. Sie lebten in ein- oder zweigeschossigen Häusern, die zum großen Teil noch mit Stroh gedeckt waren. Ställe, Scheunen und übel riechende Rinnen an den Rändern der ungepflasterten Straßen ließen den Ort wie ein Ackerbauerndorf erscheinen. Zwei Kirchen reckten ihre Türme himmelwärts.

Allerdings hatten die Fürsten, besonders der Vater des jungen Herzogs, mehrere kleine Sommerpaläste in unmittelbarer Nähe der Stadt errichten lassen, und es gab ein großes Jagdschloss auf dem Ettersberg, nur wenige Meilen entfernt. Im gesamten Land, zu dem außer Eisenach noch die Universitätsstadt Jena, das kleine Apolda und die Bergwerkstadt Ilmenau gehörten, lebten knapp 100 000 Menschen. Abseits der großen Fernstraßen gelegen, fanden nur wenige Fremde den Weg hierher. Der Handel war mäßig, das Handwerk lebte zumeist von Aufträgen des Hofes, und viele große Neuerungen hatten den Weg nach Weimar noch nicht gefunden.

Anna Amalia wurde mit großem Jubel und unverhüllter Neugier empfangen. Sie richtete sich im Schloss ein und fand, dass sie mit ihrem Gemahl recht gut auskam. Beide liebten die Musik, und im Schloss befand sich ein kleines Theater, das so oft wie möglich besucht wurde.

Kurz nach ihrer Ankunft brach der Siebenjährige Krieg aus, an dem ihr Onkel, König Friedrich in Berlin, sowie ihres Vaters Bruder Ferdinand von Braunschweig großen Anteil hatten. Die Habsburger wollten den Preußen Schlesien wieder entreißen. Und der Krieg, der zwischen Franzosen und Engländern in der Neuen Welt um riesige Gebiete entbrannt war, setzte sich hier auf dem europäischen Kontinent im Kleinen fort.

Von dem verarmten kleinen Herzogtum wurden Opfer verlangt – Soldaten wurden gezogen, Abgaben kassiert, Steuern erhöht. Anna Amalia interessierte sich für die Politik und wollte ihren Gemahl unterstützen. Die Geschäfte lagen in der Hand des Grafen Bünau, der das Land in der herzoglosen Zeit verwaltet hatte und sich als Herr der Dinge sah. Es fiel ihm schwer, den jungen Herzog als Herrscher anzuerkennen. Von der Einmischung seiner Frau hielt er gar nichts. Trotz der positiven Veränderungen, die der Graf bewirkt hatte, sah Anna Amalia nicht ein, dass er den Herzog stets bevormunden und sie selbst missachten dürfe.

Am 3. September 1757 brachte Anna Amalia einen gesunden Sohn zur Welt. Es war das erste Mal, dass ein Erstgeborener nicht den Namen Ernst erhielt, sondern Karl August getauft wurde. Die Freude über ihn wechselte mit wachsender Sorge um die Gesundheit seines Vaters. Auch wütete noch immer der Krieg und knebelte die Kräfte des kleinen Staates. Früh im neuen Jahr war Anna Amalia wieder guter Hoffnung. Ende Mai starb ihr Gemahl. Er hinterließ ein Testament, das mit Hilfe des Grafen Bünau verfasst worden war. Der glaubte sich jetzt als Alleinherrscher. Aber Ernst August II. Konstantin hatte ohne Wissen des Grafen ein Kodizill verfasst, das Anna Amalia die alleinige Regentschaft übertrug. Da sie selbst noch nicht mündig war, sandte Herzog Karl ihr seinen Vizekanzler, G.S. Andreas von Praun, der ihn als Vormund vertrat und sich als politischer Ratgeber unentbehrlich machte. Graf Bünau zog sich erzürnt zurück.

Anna Amalia, die am 8. September 1758 ihren zweiten Sohn, Konstantin, zur Welt brachte, lernte das Geschäft des Regierens. Zur Seite stand ihr der Geheimrat Johann Poppo von Greiner, dem sie voll vertrauen konnte. Bis 1763 wütete der Krieg, der das Land auch nicht von Besetzung und Plünderung verschonte. Als der Frieden wieder einkehrte, bemühte Anna Amalia sich, die darnieder liegende Wirtschaft wieder in Gang zu bringen. In Weimar räumte sie auf: Sie ließ die Scheunen abreißen, die Straßen ausbessern und ordnete nächtliche Beleuchtung an. Die zahlreichen Bücher aus dem Schloss wurden in das ungenutzte Grüne Schloss gebracht, das 1763 als Bibliothek eingerichtet und später nach ihr benannt wurde. Ein Bibliothekar wurde eingesetzt, das Schulwesen neu geordnet, wobei die Regentin wohl die Schulreform ihres Vaters in Braunschweig zum Vorbild nahm. Die Armenfürsorge verbesserte sie, und da die Mütter- und Kindersterblichkeit sehr hoch war, gründete sie 1771 in Jena eine Hebammenschule. Die Esplanade, eine breite Straße am Park, wurde nach Wolfenbütteler Vorbild mit Ketten abgesperrt, dahinter durfte nur der Hof spazieren gehen. Das Volk blieb jenseits der Absperrung, doch wenn die Herzogin dort promenierte, wurde ihr zugejubelt.

Für die Erziehung ihrer Söhne engagierte sie den Grafen J.E. von Schlitz, genannt Görtz, der am Braunschweiger Collegium Carolinum, in Leiden und Genf eine solide Ausbildung genossen hatte. Er erwies sich als guter Lehrer, aber Karl August war kein leichter Schüler. Er war wild, ungestüm, anspruchsvoll und entwickelte früh ein sehr starkes Standesbewusstsein. Auch entbot er seiner Mutter nicht immer den nötigen Respekt. Anna Amalia hatte in diesen Jahren keinen leichten Stand, oft geriet sie an den Rand ihrer Kräfte. Eine Frau in den Zwanzigern, belastet mit der Verantwortung für ein Land mitsamt seinen Menschen, dazu zwei eigene kleine Kinder und ein Hof, an dem heftig Intrigen gesponnen wurden. Zwar konnte sie sich auf zwei ihrer Hofdamen unbedingt verlassen: Da waren die unverheiratete, buckelige Luise von Göchhausen und Charlotte von Stein, geborene von Schardt, die sieben Kinder zur Welt gebracht hatte, von denen drei überlebt hatten. Ihr Mann, der Oberstallmeister Josias von Stein, verbrachte viel Zeit im Außendienst, so dass sie ihrem Dienst als Hofdame nachgehen konnte. Sie war Anna Amalia sehr ergeben. Dennoch fehlte es der Regentin an Freunden. Sie hatte gelernt, dass viele nur zu ihr kamen, weil sie Gunst oder Vorteile erheischen wollten. In ihren Erinnerungen schrieb sie über den Stand der Fürsten:

»Sie sind von Jugend auf mit Ungeziefer umringt, hierdurch werden sie entweder misstrauisch gegen Alle oder werfen sich unwürdigen Menschen in die Arme. Treffen sie jemanden, den sie ihrer Freundschaft würdig achten, so ist es etwas sehr Seltenes, dass dieser in seiner Gunst nicht über sich selbst erhebt und die freundschaftliche Neigung des Fürsten nicht missbraucht ...« Später stand in ihren Aufzeichnungen: »Jeder Tag, jede Stunde ist mit Schmerz und Kummer angefüllt«. Sie war einsam, wahre Liebe hatte sie vielleicht kurz mit ihrem Gatten erfahren, aber danach musste sie streng und maßvoll auftreten, sie durfte nicht allzu freundlich oder gar leutselig erscheinen und niemanden zu nahe an sich heranlassen. Ihr Misstrauen war sicher nicht ohne Grund entstanden. Damals war es Bünau, und jetzt war es Görtz – er unterstützte den Erbprinzen in seinem Unabhängigkeitsdrang, wies immer wieder auf seinen 18. Geburtstag hin, wenn er die Regierung übernehmen würde, und drehte die Dinge so, dass für ihn selbst ein hübscher Posten für seine Restzeit am Hof herausspringen würde. Er trieb einen tiefen Keil zwischen Mutter und Sohn, was diese fast zur Verzweiflung trieb.

Im Mai des Jahres 1771 besuchte Anna Amalia mit ihren Söhnen Braunschweig. Ihr Oheim, König Friedrich von Preußen, war ebenfalls dort. Er unterhielt sich mit den beiden Prinzen und äußerte sich lobend über sie. Natürlich hatten die beiden ihr Französisch besonders geübt für diesen Tag. Anna Amalia stellte mit Genugtuung fest, dass ihre Mutter ihr den Respekt erwies, den sie sich als Regentin erworben hatte. Aber zu liebevollen Umarmungen kam es nicht.

Grünes Schloss, ab 1763 Bibliothek in Weimar (Anna Amalia Bibliothek)

Wieder in Weimar, beriet sie mit dem Professor J.K.A. Musäus, der am Gymnasium unterrichtete und nebenbei populäre Märchen und Satiren schrieb, wie man die kulturelle Situation verbessern könnte. Musäus kannte die deutschen Dichter und Gelehrten und gab Ratschläge. Daraufhin wurde der Schwabe Christoph Martin Wieland nach Weimar eingeladen. Dieser hatte sich einen Namen gemacht mit klassischen Gedichten und klugen Geschichten – er war, wie Anna Amalia auch, noch ein Kind des Rokoko, aber bereit, sich der Aufklärung zu öffnen, die von allen Seiten hereinströmte. Mit seinem bekanntesten Werk »Der Goldene Spiegel oder die Könige von Scheschenien«, einer Erziehungsanleitung für Prinzen, hatte er gehofft, am Kaiserhof einen Posten zu finden. Dort ging man nicht weiter auf ihn ein, und er war zufrieden, statt dessen in das bescheidene Weimar zu kommen. Bald gab er hier die Zeitschrift »Der Teutsche Merkur« heraus, in der die berühmtesten Autoren ihrer Zeit publizierten. Wieland hatte auch Shakespeare übersetzt, und aus seiner Feder stammte »Alceste«, das erste deutsche Singspiel überhaupt.

Geheimrat Greiner wurde 1772 von dem Freiherrn J.F. von Fritsch abgelöst, der sich als wahrer Freund erwies. Ärger bereitete der Kammerpräsident von Kalb, in dessen Haus eifrig Klatsch fabriziert wurde, den Sohn Karl August nur zu gern aufsog. Wieland, nun auch an der Erziehung der Prinzen beteiligt, wollte oder konnte den Spalt, der sich zwischen Mutter und Sohn aufgetan hatte, nicht überbrücken. Fritsch bemühte sich, redlich zu vermitteln, um Schlimmeres zu vermeiden. Er riet Anna Amalia, den Gardeoffizier Karl Ludwig von Knebel als Erzieher des jüngeren Prinzen Konstantin zu berufen. Dieser folgte dem Ruf und wurde ebenfalls einer der engeren Vertrauten am Hof.

In der Nacht vom 5. zum 6. Mai 1774 brach ein Feuer in der Wilhelmsburg aus, das erst nach einigen Tagen gelöscht werden konnte. Karl August erwies sich als ein tatkräftiger Helfer bei den Löscharbeiten. Danach war das Schloss nicht mehr bewohnbar, an Aufbauarbeiten konnte aus Kostengründen vorerst nicht gedacht werden. Karl August nahm diese Gelegenheit wahr, sich im Landschaftshaus einzurichten, während seine Mutter in das Schlösschen Belvedere zog. Am Ende des Jahres überließ Freiherr von Fritsch Anna Amalia sein Haus an der Esplanade, das fortan als Wittumspalais bekannt wurde.

Knebel zog mit Konstantin nach Tiefurt, einem Landhaus, das einst für den Gutspächter errichtet worden war. Die beiden richteten hier ihren eigenen Haushalt ein.

Das Jahr der Amtsübernahme rückte heran. Anna Amalia suchte nach einer passenden Gemahlin für ihren Sohn. Die Wahl fiel auf Luise, Tochter des Landgrafen von Hessen-Darmstadt und seiner hochgebildeten Gemahlin Karoline (die »Große Landgräfin«). Eine ihrer Schwestern war mit dem russischen Zaren vermählt, eine andere mit Friedrich Wilhelm von Preußen, nachdem dieser sich von Elisabeth Christine Ulrike, der jüngeren Schwester Anna Amalias, getrennt hatte. Die Unglückliche war nach Stettin verbannt worden, und man hörte nichts mehr von ihr und wenig über sie. Luise lebte in Karlsruhe, und es bot sich an, die Söhne auf eine Bildungsreise zu schicken, unterwegs konnte dann die Bekanntschaft mit der Zukünftigen geknüpft werden.

Am 8. Dezember 1774 bestiegen die beiden Prinzen, Graf Görtz, Josias von Stein, Hauptmann von Knebel und Leibarzt Engelhardt den Reisewagen. Am 11. Dezember kamen sie in Frankfurt an und stiegen im »Roten Haus« ab. Bevor sie sich in das aufregende Großstadtleben stürzen konnten, erinnerte Knebel daran, dass hier jener Dichter wohne, der just in diesem Jahr mit seinem »Werther« zu großem Ruhm gekommen sei. Goethe hieß er, Johann Wolfgang, und er wohne am Hirschgraben. Er wolle ihn aufsuchen, um seine Bekanntschaft zu machen.

Goethe, 25 Jahre alt, Sohn des Kaiserlichen Raths Johann Kaspar, hatte in Leipzig mit wenig Lust Jura studiert. Nach einer Liebschaft schrieb er sein erstes Theaterstück, »Laune der Verliebten«. Er war weiter gezogen nach Straßburg und hatte dort Freundschaft geschlossen mit dem aus Livland stammenden Reinhold Lenz. Dazu gesellte sich Friedrich Maximilian Klinger. Beide waren begabte Dichter. Klingers Bühnenstück »Wirrwar« wurde 1776 umbenannt in »Sturm und Drang« – es sollte die prägende Bezeichnung für eine ganze Epoche werden. Goethe hatte Lenz ewige Freundschaft geschworen. Er hatte auch einige Liebesaffären, war aber scheinbar nicht gewillt, sich zu binden. Doch jede dieser Liebschaften inspirierte ihn zu einfühlsamen Dichtungen, die bald Aufsehen erregten wie auch sein Drama »Götz von Berlichingen«. Als Goethe am

Reichskammergericht in Wetzlar eine Praktikantenzeit absolvierte, traf er den jungen Karl Wilhelm Jerusalem, der aus Liebeskummer Selbstmord beging und dessen Tragödie ihn zu den »Leiden des jungen Werther« anregte. Der Roman machte ihn sofort über alle Grenzen hinaus berühmt. Der junge Goethe war sehr von sich überzeugt und stolz. Seine Mutter, bekannt als »Frau Aja«, verwöhnte ihren »Hätschelhans« und nahm keinerlei Anstoß an seiner Überheblichkeit. Er hatte noch eine Schwester, Cornelia, die seit ihrer Kindheit ganz im Schatten des Bruders stand.

Goethe erklärte sich bereit, Knebel zu seinen Reisegenossen zu begleiten, als dieser ihn aufsuchte. Es wurde ein lebhafter Abend, der viel zu schnell zur Neige ging. Prinz Karl August war derart angetan von dem brillanten, schönen und selbstsicheren Mann, von seinem Wissen und seiner Denkart, dass er ihn bat, nach Mainz nachzureisen, da man dort mehr Zeit habe. Goethe folgte der Einladung, und es wurden anregende Tage, zumeist im Gespräch verbracht.

Die Reise ging weiter nach Karlsruhe, wo der Prinz die für ihn auserwählte Luise traf. Er war recht angetan von ihrem Äußeren und hielt ihre Zurückhaltung für gute Erziehung. Man verlobte sich, die Reise ging weiter nach Paris. Auf dem Rückweg gab es ein weiteres Treffen mit Goethe. Karl August wollte ihn unbedingt überreden, nach Weimar zu kommen. Solch ein Freund an seiner Seite konnte ihn inspirieren, ihm Kraft und Rat geben – er sah ihn schon jetzt fast als einen Teil von sich selbst. Ob Goethe in dem jungen Fürsten ebenfalls einen Seelenbruder erkannte, weiß niemand. Er zeigte sich nicht abgeneigt, ihm nach Weimar zu folgen.

Am 21. Juni kehrten die Reisenden zurück nach Weimar. Alles schien nun anders. Der Prinz erzählte seiner Mutter von der Reise, von seiner Verlobten und natürlich auch von dem wunderbaren, ja genialen Freund, den er gewonnen hatte. Plötzlich brauchte er auch seinen Lehrer Görtz nicht mehr. Mit großer Belohnung und mit Ehrentiteln versehen, wurde er verabschiedet. Er trat in preußische Dienste ein.

Am 3. September 1775 übernahm Karl August die Regierung. Anna Amalia, sechsunddreißig Jahre alt, war nun frei von der Last der Verantwortung als Regentin und konnte ihr Leben nach eigenen Wünschen gestalten. Sie wollte nicht auf das ihr zugedachte Witwengut

Allstedt ziehen, sondern blieb im Wittumspalais in der Stadt wohnen. Sie hatte einen Kreis geistreicher Leute um sich versammelt, die ihr die Kraft gaben, nach einem neuen Sinn für ihr Leben zu suchen. Auch sorgte sie sich um ihren Sohn. Er war zwar nun Herzog, aber bislang hatte er wenig Interesse an Staatsgeschäften gezeigt. Er sah in seiner neuen Freiheit offensichtlich nur die Lizenz zum Jagen, Feiern – mit viel zu viel Alkohol – und einigen übermütigen Auswüchsen, für die ein Bürgerlicher viele Jahre im Kerker hätte büßen müssen. Die Mutter durfte ihm keine Vorhaltungen machen, sondern nur im Hintergrund diskret einige Schäden regulieren. Sie hoffte auf den mildernden Einfluss der erwarteten Schwiegertochter. Karl August brach auf nach Karlsruhe, am 3. Oktober heiratete er seine stille Luise und kehrte mit ihr nach Weimar zurück – nicht ohne einen Abstecher über Frankfurt gemacht zu haben, wo er Goethe aufsuchte und ihm das Versprechen abnahm, ihn in Weimar zu besuchen.

Die Ankunft des jungen Herzogspaares war eher unspektakulär. Luise erwies sich sehr bald als verschlossen und unkommunikativ. Ohne Zweifel hatte sie eine wunderbare Seele und war von edelster Natur – aber sie zog sich zurück und ließ sich recht selten sehen. Anna Amalia hätte sie gerne als Tochter in ihr Herz geschlossen, aber das Verhältnis gedieh nicht über höfliche Reserviertheit hinaus.

Es war ein frostig kalter Morgen, als am 7. November 1775 Johann Wolfgang Goethe in Weimar ankam. Es sollte ein kurzer Besuch sein – aber er blieb bis an sein Lebensende. Er nahm vorerst Quartier im Hause des Kammerpräsidenten von Kalb.

Man hatte ihn mit Spannung erwartet, sein Ruhm war ihm vorausgeeilt. Nicht wenige waren aber auch misstrauisch – wenn der Herzog so große Stücke auf ihn gab, würde er ihn dann vielleicht in ein Amt einsetzen, auf das verdiente Staatsdiener schon lange gewartet hatten? Frau von Stein schrieb in ihr Tagebuch: »Goethe bringt hier eine große Umwälzung hervor. Unser ganzes Glück ist verschwunden, der Hof ist nicht mehr, was er war. Ein Fürst unzufrieden mit sich selbst, ... eine missvergnügte Mutter, eine unzufriedene Gattin ...«.

Sie sollte sich irren. Goethe und Anna Amalia lernten einander natürlich bald kennen. Sie, die einsame Witwe, er zehn Jahre jünger – aber er schätzte ihre hohe Intelligenz, ihre Energie, ihr Wissen um Kunst, Literatur, Theater – nie hatte er eine Frau mit ähnlicher Bildung getroffen. Man sprach anfangs über den armen »Werther«, dessen Vater ihr erster Lehrer, der Abt Jerusalem, gewesen war – welch kleine Welt! Man fand mühelos von einem Thema zum anderen – bis es dann nach gar nicht allzu langer Zeit zu dem Moment kam, in dem beide erkannten, dass sie heillos ineinander verliebt waren. Es war zunächst ein Schreck für Anna Amalia, denn ihr Ruf, ihr Rang standen auf dem Spiel. Ein Bürgerlicher! Selbst wenn er das größte Genie der Welt wäre – sie gehörten zwei verschiedenen Welten an. Nur zu gut erinnerte sie sich an die Lektionen ihrer Hofdamen damals in Wolfenbüttel. Ob die überhaupt wussten, was ein Leben so ganz ohne Liebe bedeutete? Über solche Dinge war natürlich nie gesprochen worden. Also gab es nur eins: Diskretion, jede Minute, Tag und Nacht, keinen Fehler machen, Gesicht und Formalität wahren! Goethe sah es ähnlich. Auch er kannte die Schranken. Der Herzog durfte auf keinen Fall Verdacht schöpfen. Er würde es als schwersten Vertrauensbruch ansehen.

Die treue Hofdame Charlotte von Stein hatte aber etwas bemerkt, und Anna Amalia beschloss, sie einzuweihen. Sie würde sie verstehen – und sie verstand. Sollte doch die »Mutter des Staates« nach den entbehrungsreichen Jahren die Liebe kosten. Charlotte tat noch mehr, viel mehr. Sie bot sich an als »Strohfrau«. Sie wollte offiziell die Muse des großen Dichters werden, alle Briefe sollten an sie gerichtet werden. Natürlich eine ideelle Liebe, schließlich war sie verheiratet, und jeder kannte sie als äußerst tugendhaft. Goethe war glücklich über den Plan. So kamen dann diese vielen Liebesbriefe, Gedichte, ja, ganze Schriften zustande, über die Literaturexperten bis heute grübeln. Denn Frau von Stein hatte so gar nichts Verführerisches, Mysteriöses, Anbetungswürdiges an sich.

Weimar wäre nicht Weimar gewesen, wenn es nicht reichlich Klatsch und Gerüchte gegeben hätte – einige kamen sogar der Wahrheit sehr nahe. Aber nur ein ganz kleiner Kreis, zu dem außer Frau von Stein noch Knebel und Fritsch gehörten, waren eingeweiht. Frau von Görtz, die oft bei ihrer Verwandtschaft in Weimar weilte, schrieb ihrem Gatten deutliche Briefe nach Berlin. Auch die zweideutigen Bemerkungen anderer Briefschreiber sieht man heute in einem anderen Licht. Selbst die vielen Gedichte, die in diesen Jahren aus Goethes Feder flossen, ergeben nur einen Sinn, wenn man die Sehnsucht verstehen kann, die in der Seele zweier Liebender brennt. Das Bewusstsein des Dichters erfuhr eine ungeahnte Erweiterung.

Dann trat ein, was viele befürchtet hatten: Karl August ernannte Goethe noch im Sommer 1776 zum Geheimen Legationsrat. Das beachtliche Salär von 1200 Talern war überdurchschnittlich hoch. Und er hatte seinen Platz in der langen Reihe der auf Rangerhöhung Wartenden nicht eingehalten, er hatte sich gleich vorn angestellt. Das nahmen ihm die Leute, denen es nicht so sehr um Dichtkunst, sondern eher um das tägliche Brot ging, sehr übel. Etliche verziehen es ihm nie. Aber das störte Goethe nicht. Er war bereit, gute Arbeit zu leisten. Anfangs nahm der junge Herzog ihn noch mit zu seinen exzessiven Streifzügen und Gelagen, aber Goethe schaffte es, langsam mit Vernunft dagegen zu steuern.

Mit Wieland und Goethe lebten jetzt zwei berühmte Männer in der Stadt. Bald kamen andere, die die Begegnung mit ihnen suchten. Da waren die jungen Grafen (die Gebrüder) von Stolberg, die an den meisten der zahlreichen deutschen Höfe gerne gesehen waren. Sie kannten Goethe noch aus der Frankfurter Zeit, nun verbreiteten sie die Nachricht von »Anna Amalias Musenhof«. Boie, Basedow, Einsiedel, J. J. Bode, Autoren, die in der erwachenden deutschen Literaturwelt sehr bekannt wurden, sie alle schauten vorbei, einige blieben länger.

Man traf sich im Salon der Herzogin. Hier wurde diskutiert, vorgetragen, geplant. Es gab, wie unter berühmten Geistern nicht unüblich, Differenzen und manchmal richtigen Streit. Anna Amalia erwies sich als Vermittlerin, als ausgleichender Geist. Das gelang nicht immer.

Vom Ruhm des Weimarer Hofes angezogen, erschienen eines Tages zwei alte Freunde Goethes: Reinhold Lenz und Maximilian Klinger. Lenz, der ihm einst wie ein Bruder gewesen war, passte nicht mehr zu dem eleganten, auf Etikette pochenden Geheimen Legationsrat. Er empfand ihn als lästig, ihn wurmte die Verehrung, die Lenz Anna Amalia entgegenbrachte – und er ließ ihn mit Polizeigewalt(!) aus der Stadt ausweisen. Lenz wusste nicht, wohin er sich nun wenden sollte. Goethes Schwester Cornelia, einst seine gute Freundin, war inzwischen verheiratet. Lenz irrte durch das Land, er begann, den Verstand zu verlieren, dann holte ihn sein Bruder nach

Riga zurück. 1792 starb Lenz, bitter arm und geistig umnachtet, auf einer Straße in Moskau.

Mit Klinger hatte Goethe ebenso wenig Geduld. Vergessen die Schwelgerei im Sturm und Drang, die feucht-fröhlichen Abende voller Hoffnung und Versprechen. »Klinger kann nicht mit mir wandeln, er drückt mich, ich hab's ihm gesagt« – schrieb Goethe. Das war das Ende der alten Verbindungen. Aber Klinger ließ sich nicht ins Elend stürzen wie der arme Lenz. Er zog ostwärts und machte erfolgreich Karriere in der Armee des Zaren.

Inwieweit Anna Amalia das alles zur Kenntnis nahm ist ebenso unbekannt wie ihre Reaktion darauf. Aber sie war letztendlich eher von Standesbewusstsein als von missionarischer Nächstenliebe geprägt. Entscheidungen, die nicht nur die Ideenwelt, sondern auch das Staatssäckel betrafen, überließ sie lieber dem Geheimrat Goethe. Zuviel Einmischung stand einer Herzoginwitwe nicht gut zu Gesicht.

1776 kam Johann Gottfried Herder nach Weimar. Goethe kannte ihn von früher und hatte ihn eingeladen, den Posten des Oberkonsistorialrates zu übernehmen. Herder, ein Ostpreuße, war ein Schüler Kants und weit herumgekommen. Als Philologe und Theologe gleichermaßen bekannt – er hatte eine der ersten Zusammenfassungen »Über die neue deutsche Literatur« veröffentlicht – bekleidete er nun den höchsten geistlichen Posten im Ort. Auch er gehörte bald zu dem genialen Kreis um Anna Amalia. Ebenso seine Frau Caroline, wie überhaupt Frauen in Weimar wie selten zuvor in den Vordergrund traten.

Johann Heinrich Merck, ein Literat und früher Förderer Goethes, der in Darmstadt lebte und wirkte, dort den literarischen »Darmstädter Kreis« ins Leben gerufen hatte, kam einige Male nach Weimar. Er erweckte in Anna Amalia den Wunsch, doch einmal den Rhein zu sehen. 1778 machte sie sich auf die Reise. Sie traf interessante Leute, so Fritz Jacobi, den Verfasser des »Woldemar«, Frau von La Roche, aber am wichtigsten: Goethes Mutter, »Aja«. Die beiden Frauen verstanden sich prächtig – denkbar, dass der geniale »Hätschelhans« das Hauptthema war. Die Freundschaft blieb, Briefe sind erhalten, in denen Anna Amalia Frau Goethe mit »Liebe Mutter« anredete.

Zurück in Weimar, widmete sich Anna Amalia wieder den Künsten. Sie nahm Unterricht im Malen bei Adam Friedrich Oeser, dem Direktor der Leipziger Malerakademie. Sie komponierte die Musik zu einigen Stücken, die Goethe verfasst hatte. Das Theater blieb eine ihrer Leidenschaften, die sie mit Goethe teilte. Unbestrittene Königin der Bühne war die schöne Corona Schröter.

Im Sommer des Jahres 1780 schrieb die Gräfin Görtz an ihren Mann:

»Goethe hat einen Eifersuchtsanfall. Dieser kann sich aber unmöglich auf Frau von Stein beziehen, die in Kochberg [ihrem Landgut] weilt, und dort von Goethe auch besucht wird. Anna Amalia hingegen unternimmt mit dem Künstler A.F. Oeser ab dem 21. September eine Reise nach Mannheim, um dort den berühmten Antikensaal zu studieren ...«

Im Jahre 1782 wurde Goethe in den Adelsstand erhoben. Der Herzog hatte sich beim Kaiser darum bemüht. Für Goethe war das eher selbstverständlich. Er hatte sich schon lange als auserwählten empfunden, er wusste, dass er begnadet war und mit dem gewöhnlichen Volk wenig gemein hatte.

Goethe arbeitete viele Jahre lang an seinem »Faust«. Das Gretchen darin ist eine der am besten bekannten Figuren der Theatergeschichte. Sie wird zur Kindesmörderin aus Verzweiflung, das Publikum weint um sie. In Weimar gab es nun eine wirkliche Kindesmörderin, die Magd Anna Catharina Höhn, die ihr Neugeborenes aus tiefster Not tötete. Goethe hatte über das Schicksal dieses bedauernswerten jungen Mädchens zu entscheiden. Im Geheimen Conseil war man geteilter Meinung, seine Stimme sollte den Ausschlag geben. Er reichte seine Entscheidung schriftlich ein: »Es möge räthlicher seyn, die Todesstrafe beyzubehalten.« Vier Tage später wurde das Mädchen durch das Beil hingerichtet. Da Anna Amalia sich aus allen Staatsgeschäften heraushielt, hatte sie dieses Ereignis wohl auch nur am Rande berührt.

Goethe hatte lange in einem Gartenhaus an der Ilm gewohnt, später war ihm das Haus am Frauenplan geschenkt worden. Hier konnte er nun standesgemäß Hof halten. Anna Amalia wusste aber, dass tausend Augenpaare jeder ihrer Bewegungen folgten – sie hütete sich, den immer stärker werdenden Gerüchten Nahrung zu liefern. Doch da war Tiefurt, das kleine abgelegene Landhaus. Ihr Sohn Konstantin hatte es nach Beendigung seiner Ausbildung wieder verlassen und war in den Militärdienst eingetreten. Nun stand es leer und war ihr eine willkommene Zuflucht. Der große Englische Garten, der das Haus umgab, war zum Teil von ihr nach Wörlitzer Vorbild entworfen worden. Auch hierhin folgten ihr die Mitglieder des Musenhofes, einige von ihnen finden sich noch heute als Statuen am Ilmufer des Parks verewigt. Häufig suchte die Herzoginmutter hier die Einsamkeit und erlaubte nur zwei oder drei Bediensteten, bei ihr zu bleiben. Hier traf sie häufig mit Goethe zusammen, ohne Furcht vor Entdeckung.

Im Jahr 1786 wurde die Sache aber brenzlig. Ein unbekannter »Verräter« tat kund, dass er hinter das Geheimnis der ungehörigen Liebe gekommen sei. Offensichtlich hatte dieser Unbekannte Beweise. Die Gerüchteküche geriet ins Brodeln. Goethe wollte mit Anna Amalia nach Amerika fliehen, um dort mit ihr ein gemeinsames bürgerliches Leben zu führen. Vielleicht wollte die Fürstin ihm nicht in solch unbekannte Ferne folgen – dieser Plan wurde aufgegeben. Unruhe und Nervosität erfassten die beiden.

Im August des Jahres weilte Goethe wie schon mehrmals zuvor in Karlsbad, um seine Gesundheit zu kräftigen. Der Herzog begleitete ihn dieses Mal. Er hatte auch von den Gerüchten gehört und fragte nun den Freund direkt, was daran wahr sei. Goethe gestand ihm seine große Liebe zu seiner Mutter. Er versuchte eine Erklärung, doch diesmal war Karl August Herr der Situation. Er befahl dem Freund, dieses Verhältnis auf der Stelle zu beenden. Er schien so empört, dass Goethe in jenem Moment nicht wusste, ob er entlassen sei oder ob die Freundschaft noch zu retten wäre. Er musste fort, seine Gedanken ordnen, Gras über die Sache wachsen lassen. Auch Karl August würde einige Zeit brauchen, um sich zu beruhigen.

Am 3. September »floh« er von Karlsbad aus nach Italien. Dahin hatte es ihn schon immer gezogen, nun wurde dieser Wunsch schneller erfüllt als gehofft. Er war bedrückt, und es dauerte Monate, bis er an »Frau von Stein« eine Erklärung schickte: »Du weist nicht welche Gewalt ich mir angetan habe und anthue dass der Gedanke dich nicht zu besitzen mich doch im Grunde, ich mags nehmen und stellen und legen wie ich will aufreibt und aufzehrt. Ich mag meiner Liebe zu dir Formen geben welche ich will, immer immer – verzeih mir dass ich dir wieder einmal sage was so lange stockt und verstummt.«

Anna Amalia wollte Goethe im nächsten Sommer nachreisen, aber er hatte sich inzwischen durchgerungen, der sinnlichen Liebe zu entsagen und sie auf rein geistiger Basis weiter zu führen. Die Fürstin war verwirrt und unglücklich, zögerte und blieb in Weimar. Nach 22 Monaten, am 18. Juni 1788 kehrte Goethe zurück. Unter den wachsamen Augen des Herzogs konnte er sich kaum mit Anna Amalia treffen. Offiziell war Frau von Stein so erzürnt über seine Italien-Eskapade, dass sie aufhörte, seine Muse zu sein. Sie brauchte auch nicht länger als Vermittlerin agieren.

Im August reiste Anna Amalia mit kleinem Gefolge ebenfalls nach Italien, wo sie prompt den Spuren Goethes folgte. Sie ließ sich, wie er, ebenfalls von Tischbein malen, diesmal in Pompeji, und der Künstler konnte die große Traurigkeit, die sie beherrschte, nicht wegretuschieren. Auf allen Portraits, die von ihr nach der Trennung gemalt wurden, wirkte sie erschreckend ernst, gealtert und ohne einen Funken Zuversicht. Auch sie kehrte nach genau 22 Monaten von der Reise zurück. Die vielen faszinierenden Eindrücke, die Begegnungen mit einzigartigen Leuten – alles das half nur wenig über den Schmerz der Trennung hinweg.

Goethe wurde befohlen, sich eine Frau zu nehmen. Einige adlige Damen flohen aus der Stadt, um sich einem möglichen Angebot zu entziehen. Goethe nahm Christiane Vulpius, ein fleißiges, üppig geformtes Mädchen, das auch eine recht gute Schulbildung genossen hatte, zur Geliebten. Er mochte sich aber nicht recht entschließen, sie zu heiraten. Sie zählte nicht zur oberen Klasse, und die »high society« hätte es ihm ohne Zweifel arg verübelt. Auch so gab es reichlich neues Wasser auf die Mühlen der Klatschgesellschaft. So eine passte nicht in ihre Reihen. Christiane durfte das Haus versorgen, für Gäste kochen und backen, nur blicken lassen durfte sie sich nicht.

Auch Anna Amalia war unglücklich über Goethes Lebensgefährtin. Zwar hatte sie der »Entsagung« zugestimmt, aber in ihrem Herzen nagte doch die Eifersucht. Sie sah Goethe nun wieder viel öfter in aller Öffentlichkeit, sie benahmen sich wie vertraute Freunde, aber es war gewiss nicht einfach, eine leidenschaftliche Liebe in eine Freundschaft umzuwandeln. Anna Amalia, die die Fünfzig inzwischen überschritten hatte, zeigte Spuren des allmählichen Alterns. Goethe verehrte sie ohne Zweifel weiterhin, was sich in seinen Dichtungen widerspiegelt. Doch die einstige Leidenschaft hatte sich in edle Sublimierung verwandelt.

Der Verräter wurde indessen entlarvt. Es war Fritz von Stein, Sohn der Hofdame Charlotte und angeblichen Muse des Dichters. Goethe hatte auch als sein Erzieher gewirkt; bekannt sind die Reisen in den Harz, die er mit dem Knaben unternommen hatte. Dieser hatte nun die Einblicke, die er in das Intimleben seiner Mutter und Goethes gewonnen hatte, schamlos ausgenutzt, um mit seinem Wissen in seinen Kreisen zu glänzen. Fritz verließ auch bald Weimar, und als er sich später um eine Anstellung in seiner Heimatstadt bemühte, wurde sie ihm verweigert.

1790 veröffentlichte Goethe seinen »Torquato Tasso«. Mit größter Wahrscheinlichkeit ist das der Schlüsselroman zu seiner eigenen Liebesgeschichte; die Charaktere, Fürstin, Hofdame und Dichter, sind gewissermaßen austauschbar.

1787 war ein junger Schwabe in Weimar aufgetaucht, der durch sein Schauspiel »Die Räuber« zu schnellem Ruhm gekommen war. Er fasste nicht sofort Fuß in der Stadt, sondern wohnte im Umfeld, protegiert von der schwärmerischen Charlotte von Kalb. Es dauerte lange, bis dieser Friedrich Schiller die Gunst Anna Amalias und Goethes errang. Letzterer schickte ihn zunächst nach Jena als Außerordentlichen Professor auf die Universität. Erst um 1799 zog Schiller in das gelbe Haus in Weimar, wo er im Mai 1805 bereits starb. Trotz geschwächter Gesundheit hatte er Gedichte und Dramen geschrieben, die bis heute zur großen Literatur deutscher Sprache zählen. Goethe, der sich weder für Leidende noch für Sterbende Zeit nahm und jede Konfrontation mit dem Tod hasste, besuchte seinen Freund nicht am Krankenbett, auch wenn er ihm Leid tat.

Die Universität in Jena war seit langem bekannt für die freiheitliche aufklärerische Lehre, die von ihr ausging; Friedrich II. von Preußen verbot seinen Landeskindern dort das Studium. Sie schmückte sich mit Namen wie Hufeland, Paulus, Reinhold, Griesbach, Eichhorn, Döderlein. Gegen Ende des 18. Jahrhunderts waren es dann Schiller, Fichte, Hegel und die Gebrüder Schlegel, die den Ruhm dieses Ortes in die Welt trugen.

Anna Amalia nahm an allem großen Anteil. Im September 1791 wurde in ihrem Wittumspalais die »Freitagsgesellschaft« gegründet. Gelehrte und Dichter waren eingeladen, hier die neuesten Erkenntnisse oder Entdeckungen der Literatur und Wissenschaft zu diskutieren. Den Vorsitz übernahm der Geheime Staatsrat Goethe.

Die Zeit des Rokoko war endgültig vorüber. In Frankreich tobte die Revolution. Goethe zog als Armeeberichterstatter mit Karl August und Karl Wilhelm Ferdinand, dem ältesten Bruder der Fürstin, der inzwischen regierender Herzog von Braunschweig war, nach Frankreich, um zu sehen, was zu retten war. In der Kanonade von Valmy wurde das Heer erbarmungslos zurückgeschlagen und hatte Glück, überhaupt einigermaßen unversehrt zurückzukommen. Anna Amalias verehrter Onkel Friedrich, König von Preußen, war längst dahin. 1797 starb seine Witwe Elisabeth Christine, Schwester ihres Vaters. 1793 war bereits ihr jüngerer Sohn Konstantin in einem Feldlager in der Pfalz an einem Nervenfieber gestorben. 1801 traf es dann auch ihre Mutter, Philippine Charlotte. Bald darauf kamen Nachrichten aus Stettin – Elisabeth stritt um ihr Erbteil. Es schien ihr gut zu gehen in der Verbannung.

Anna Amalia musste im Jahre 1804 noch einmal ihre französischen Sprachkenntnisse voll zum Einsatz bringen. Madame de Staël, die bekannte französische Schriftstellerin, kam nach Weimar und bemühte sich, die Bekanntschaft aller Berühmtheiten zu machen, die hier Fuß gefasst hatten. Sie führte intensive Gespräche mit ihnen und war immer wieder zu Gast bei Anna Amalia. Sie war sehr beeindruckt von der Geistesbewegung, die sie in der relativ kleinen Stadt kennen gelernt hatte. Durch ihr Buch »De l'Allemagne« erfuhr ein großer Teil der gebildeten Welt zum ersten Mal von den Umwälzungen, die in deutschem Denken stattfanden und erkennen ließen, dass man auf dem Weg zu einer eigenen, nicht mehr von Frankreich dominierten Kultur war.

Während Anna Amalias Kräfte nachließen, betätigte Goethe sich unermüdlich in den Bereichen der Wissenschaft und Kultur. Er arbeitete ständig an seiner Farblehre, untersuchte Mineralien und war mit Naturforschung beschäftigt. Seine Leidenschaft galt dem Theater, dessen Leitung er 1801 übernahm und in dem hauptsächlich seine und Schillers Stücke aufgeführt wurden.

Luise, die so zurückgezogen lebende Schwiegertochter, hatte sieben Kinder zur Welt gebracht, von denen drei leider bei der Geburt starben und ein Töchterchen nur fünf Jahre alt wurde. Ihr Sohn Karl Friedrich, der 1783 geboren war, heiratete im August 1804 Maria

Pawlowna, die Tochter des Zaren Paul von Russland. Die Nachfolge schien gesichert. Der Zar besuchte den Hof ein Jahr später. Anna Amalia fand das schon sehr anstrengend, besuchte aber dennoch fleißig Goethes neu eingerichtete Mittwochsvorträge.

Napoleon rückte näher. Das Heilige Römische Reich deutscher Nation, das tausend Jahre bestanden hatte, hörte auf zu existieren. Im Oktober 1806 kamen die Franzosen nach Thüringen. Weimar wurde von preußischen Truppen besetzt. Bei Jena und Auerstedt kam es zu einer blutigen Doppel-Schlacht, in der Karl Wilhelm Ferdinand schwer verwundet wurde, er starb einen Monat später an den Verletzungen. Anna Amalia wollte nach Braunschweig fliehen, aber der Fluchtweg war unsicher. Nach wenigen Tagen kam sie zurück. Während ihrer Abwesenheit hatte Goethe schnell seine Christiane geehelicht. Sie hatte ihn tapfer vor mordwütigen Franzosen beschützt.

Am 12. Oktober traf Johanna Schopenhauer in Weimar ein. Sie sollte die geistige Nachfolgerin Anna Amalias werden, aber das erlebte diese nicht mehr. Anfang April 1807 erkrankte die Fürstin und am 10. des Monats starb sie, knapp 68 Jahre alt. In ihrem Sterbegemach hing ein Bild König Friedrichs von Preußen, dem sie im Aussehen in den letzten Jahren immer ähnlicher geworden war. Goethe verfasste die Trauerrede, in der er ihr Schaffen würdigte. Sie wurde in jeder Kirche des Landes verlesen. Auch schuf er einen Lebenslauf der Fürstin. Tiefe Verehrung klingt aus seinen Texten.

Mit Anna Amalia, die in der Herderkirche beigesetzt wurde, war die alte Zeit endgültig gestorben. Die Aufklärung war mehr oder weniger abgeschlossen; als die napoleonische Besetzung vorbei war, brach die Ära der Industrialisierung mit Macht herein und brachte Glanz für die einen, Elend für die anderen und schichtete die Gesellschaft um, wie es nie zuvor möglich gewesen war.

Weimar zehrt heute nach einem halben Jahrhundert Unterbrechung wieder von dem, was die Braunschweiger Herzogin aus der kleinen Stadt gemacht hat. Die Namen der großen Dichter und Gelehrten, die zu ihrer Zeit in Weimar arbeiteten, leben noch heute fort.

Die viel geliebte Prinzessin
Friederike Königin von Hannover (1778-1841)

Vier Schwestern, im Alter bis zu neun Jahren auseinander, machten um die Wende vom 18. zum 19. Jahrhundert in Deutschland von sich reden. Sie besaßen Geist und Energie, Stolz, Mut und Tapferkeit und waren dabei auch noch ausnehmend schön. Kein Wunder, dass über die Mutter der Mädchen kolportiert wurde, sie habe während der Schwangerschaften mit Vorliebe wohl proportionierte antike Statuen angeschaut, um den Kindern ein entsprechendes Aussehen mit auf den Lebensweg zu geben.

Königin Friederike

Charlotte, die älteste (1769-1818), musste blutjung den Herzog von Sachsen-Hildburghausen heiraten. Trotz knapper Mittel gelang es ihr, eine Art Musenhof ins Leben zu rufen. Sie wurde die Schwiegermutter des bayerischen Königs Ludwig I. – Therese (1773-1839) wurde mit Fürst Karl Alexander von Thurn und Taxis vermählt und wurde im Interesse ihres Hauses politisch sehr aktiv. Auch privat ging sie, mit ihren Emanzipationsbestrebungen ihrer Zeit weit voraus, eigene Wege. – Luise (1776-1810) errang an der Seite König Friedrich Wilhelms III. von Preußen ungeheure Popularität und wurde Mutter von zehn Kindern.

Die jüngste der Schwestern aber, Friederike, hatte wohl das bewegteste Schicksal von allen. Sie wurde in Hannover geboren und sollte einst nach vielen Wirrungen auch wieder dorthin zurückfinden.

Die Eltern, Prinz Carl von Mecklenburg-Strelitz (1741-1816) und Friederike von Hessen-Darmstadt (1752-1782), waren eine Liebesheirat eingegangen. Die erst 16-jährige Prinzessin wurde sehr bald

Mutter einer ständig wachsenden Kinderschar. Doch glaubte sie an persönliches Versagen, wenn sich wieder »nur« eine Tochter eingestellt hatte statt des ersehnten Stammhalters. Trotz aller Zuneigung in dieser Ehe wurden Friederikes begrenzte gesundheitliche Kräfte in keiner Weise geschont. Die kleine Friederike jr., um die es hier geht, war das achte Kind in 10 Ehejahren, und doch zählte bei ihrer Geburt die Mutter erst 25 Jahre!

Die Familie wohnte in Hannover, wo Prinz Carl als Offizier und Gouverneur der Stadt in Diensten der britisch-hannöverschen Welfen stand. Seine Schwester Charlotte war an der Seite Georgs III. Königin von Großbritannien, und Carl vertrat Georg während dessen Abwesenheit im Stammland. Während der Wintermonate logierte man zur Miete im Alten Palais in der Leinstraße, 1752 für die Familie v.d. Bussche erbaut, direkt gegenüber dem leer stehenden Residenzschloss; im Sommer aber im Lustschloss Herrenhausen mit seinem berühmten Park. Anders als bei vielen anderen Adelsfamilien wuchsen die Kinder nicht in einem distanzierten Verhältnis zu den Eltern auf, hauptsächlich von Bediensteten großgezogen. Vielmehr erinnerten sich die Geschwister später wehmütig an die Harmonie daheim und die Zeit, die die Eltern ihnen widmeten. Auch Luise sollte später als Königin von Preußen zum ersten Mal »bürgerliches« Familienleben praktizieren – als stetige Bezugsperson ihrer Kinder und ihren Mann mit dem vertraulichen »Du« anredend, worüber sich die Zeitgenossen gehörig verwunderten.

Friederike Karoline Sophie Alexandrine kam am 2.3.1778 im Alten Palais zur Welt: die vierte und jüngste Tochter ihrer Eltern. Vor ihr waren auch drei Söhne geboren worden, die jedoch alle im Säuglingsalter starben. Ein Jahr nach ihr bereicherte dann der Bruder Georg die Familie, der heiß ersehnte – und überlebende – Erbe. Schließlich kamen noch Friedrich und Auguste zur Welt, die beide früh starben und deren Geburten die Mutter endgültig um ihre letzte Kraft brachten. Von einer Grippe zusätzlich geschwächt, starb Prinzessin Friederike sen. fast gleichzeitig mit ihrem 11. Kind – im Alter von 29 Jahren. Da war die kleine Friederike gerade vier.

Um den Halbwaisen möglichst rasch eine neue Mutter zu geben, heiratete Witwer Carl die drei Jahre jüngere Schwester seiner verstorbenen Frau, Prinzessin Charlotte von Hessen-Darmstadt. Den Kindern blieb nur wenig Zeit, sich an die Stiefmutter zu gewöhnen, denn sie ereilte nur zu rasch das Schicksal ihrer Vorgängerin: Tod im Kindbett. Charlotte überlebte die Geburt des Sohnes Karl nur um wenige Tage.

Prinz Carl, schwer erschüttert, heiratete nie wieder. Da er sich als Alleinerziehender außerstande sah, so vielen Kindern gerecht zu werden, bat er seine Schwiegermutter um Hilfe. So kam es, dass die Schwestern Therese, Luise und Friederike 1786 zur Großmutter nach Darmstadt zogen. Die 57-jährige Witwe, von allen nur »Prinzessin George« genannt, erwies sich als lebenspraktische, mütterliche und kluge Frau, die es verstand, ihren Enkelinnen Wärme und Geborgenheit zu geben. Sie ließ den dreien eine – wenn auch nicht allzu umfangreiche – Ausbildung zukommen, legte jedoch wenig Wert auf Etikette.

Friederike schloss sich vor allem an ihre zwei Jahre ältere Schwester Luise an. Die beiden blieben unzertrennlich. Zwei Ereignisse ihrer Kindheit sollten ihnen noch nach vielen Jahren im Gedächtnis bleiben: zum einen die Teilnahme an der Kaiserkrönung Leopolds II. in Frankfurt am Main (1790), wobei die Mädchen im Haus von Goethes

Altes Palais in Hannover, Geburts- und Sterbehaus der Königin Friederike

Mutter logierten. Alle gingen ungezwungen miteinander um und verlebten unbeschwerte Tage. Zum anderen durften die Prinzessinnen mit der Großmutter 1791 eine Reise in die Niederlande antreten. Mit von der Partie war ihr Onkel Georg von Hessen-Darmstadt, der sich bald darauf einen Namen als Feldherr machte im Krieg gegen das revolutionäre Frankreich. Listig fädelte der Onkel eine »zufällige« Begegnung mit dem preußischen König Friedrich Wilhelm II. ein, der an der Spitze der gegen Frankreich kämpfenden Truppen stand. Der »dicke Willem«, von Jugend an ein Frauenheld, war von den süßen Teenager-Prinzessinnen begeistert und arbeitete fortan daran, seine beiden Söhne für Luise und Friederike zu interessieren.

Der Thronfolger Friedrich Wilhelm, ein eher schüchterner junger Mann, verliebte sich tatsächlich in Luise und bat sie, seine Frau zu werden. Sein jüngerer Bruder Ludwig (genannt Louis) erklärte, sich dem Willen des Vaters zu fügen und die übrig bleibende Friederike zu heiraten. Allerdings ließ er keinen Zweifel daran, dass ihm die 15-Jährige herzlich gleichgültig war. Sein Herz gehörte einer anderen Frau, die als »nicht standesgemäß« vom Hof abgelehnt wurde. Zumindest konnte man Louis keine Heuchelei vorwerfen – er klärte die schockierte Braut über diesen Sachverhalt auf. Dennoch hoffte Friederike, sie werde mit der Zeit wenigstens Louis' Achtung und Freundschaft gewinnen. Aber selbst das sollte ihr verwehrt bleiben ...

Die prunkvolle Doppelhochzeit wurde zu Weihnachten 1793 gefeiert. Friederike wurde sehr bald schwanger und gebar am 30.10.1794 ihr erstes Kind, den Sohn Friedrich Ludwig. Dieser sollte später Karriere in der Armee machen und von 1821-1848 in Düsseldorf residieren.

Auch am Berliner Hof blieben die Schwestern Luise und Friederike einander verbunden. Im Auftrag des Königs schuf der Bildhauer Schadow 1795-97 eine berühmt gewordene Statuengruppe, die dies anschaulich wiedergibt. Am Verhältnis zwischen Friederike und Louis änderte sich nichts, doch suchte die junge Frau Trost bei ihren Kindern – schon am 25.9.1795 kam der nächste Sohn zur Welt, Carl Georg. »Sagen muss ich Dir, dass Friederike engelrein dasteht und sie nur ihre Pflicht und ihren Mann vor Augen hat«, schrieb Kronprinzessin Luise an den gemeinsamen Bruder Georg. »Wie unglücklich, dass gerade das liebliche, hingebende Wesen mit so einem eiskalten Mann verbunden ist. ... Sie hat sich und mir zugleich versprochen, dass sie sich vor Klagen und Explikationen wie vor Feuer hüten will, dabei ist ihr Dichten und Trachten, ihr ganzer Wandel ein Bestreben das, ihre Pflicht zu tun und ihm zu gefallen. ... Ich denke, es ist unmöglich, von dieser Beharrlichkeit, Sanftmut und Liebe nicht gerührt zu werden ...« – Wer davon nicht gerührt wurde, war Ehemann Louis, der weiterhin seinen Frauengeschichten nachging. Allerdings teilte er auch regelmäßig das Bett der Gemahlin, und so schien Friederike das Schicksal ihrer Mutter zu ereilen: am 30.9.1796 gebar sie das dritte Kind in drei Jahren, diesmal ein Mädchen. Friederike Wilhelmine Luise Amalie heiratete später den Herzog von Anhalt-Dessau, starb aber am Neujahrstag 1850 mit 53 Jahren.

Prinz Louis war zwischenzeitlich bei einem Dragonerregiment in Schwedt an der Oder stationiert gewesen, Anfang Dezember 1796 kehrte er zurück nach Berlin. Kaum angekommen, legte er sich krank zu Bett und kam trotz der aufopferungsvollen Pflege seiner jungen Frau nicht wieder auf die Beine. Schließlich stellte sich heraus, dass Louis sich mit Diphtherie infiziert hatte, der er am 28.12. erlag.

Nun war Friederike eine Witwe mit drei Kindern – und doch erst 18 Jahre alt. Ihre Schwester Luise tröstete sie in der ersten schweren Zeit und schrieb an den Bruder Georg: »Die besten Jahre, worin sie jetzt lebt, wo Mädchen sonst am lustigsten und am tollsten sind, verlebt sie in Schwermut und Traurigkeit.« Friederike beauftragte den Bildhauer Schadow, der das schöne Doppelbildnis von ihr und Luise geschaffen hatte, auch das Grabdenkmal ihres verstorbenen Gatten im Berliner Dom zu gestalten. König Friedrich Wilhelm II. gab ihr Schloss Niederschönhausen als Witwensitz, das bisher von der Witwe Friedrichs des Großen bewohnt worden war, nun aber seit einigen Monaten leer stand. Im Mai 1797 zog die junge Prinzessin dort ein und bemerkte schon bald die Vorteile, die sich für sie daraus ergaben. Endlich konnte sie ein Leben fernab der einengenden Hofetikette führen.

Ihre voll erblühte Schönheit und Anmut, dazu ihre Jugend und (noch) mangelnde Menschenkenntnis ergaben eine gefährliche Mischung, die erst recht den Klatsch der Höflinge hervorrief. Häufiger Gast bei Friederike war Prinz Louis Ferdinand, ein Cousin ihres verstorbenen Mannes, der als genialer Feldherr von sich reden machen

sollte, ein äußerst begabter Musiker und gleichzeitig als bindungs-
scheuer Frauenheld verschrieen. Schnell verging Friederikes Trauer
um einen Gatten, der sie nie geliebt hatte. Bald fuhr Louis Ferdinand
täglich die insgesamt 40 Kilometer zu Friederikes neuem Wohnsitz
und wurde dort mit offenen Armen begrüßt – wie offen, das entzieht
sich unserer genauen Kenntnis. Immerhin fragte der Prinz Luises
Gemahl Friedrich Wilhelm nach der Meinung des Königs und ob dieser wohl einer Heirat mit Friederike zustimmen würde. Die junge
Witwe allerdings zögerte noch mit ihrem offiziellen Jawort. Zum
einen war das Trauerjahr noch nicht abgelaufen, zum anderen steckt
Louis Ferdinand bis zum Hals in Schulden (während sie als Prinzes-
sinwitwe eine stets ausreichende Versorgung erwarten durfte).

Auf Einladung des Königs begleitete Friederike diesen nach Bad
Pyrmont zur Kur – gegen den Willen von Schwester Luise, die dort
»den Abschaum von Berlin« wähnte. Es war jedoch kein zwielichtiger
Mensch, sondern Friederikes englischer Vetter Adolph Friedrich, Herzog von Cambridge, der ihre nähere Bekanntschaft suchte und ihr
schon bald den Kopf verdrehte. Wie Louis Ferdinand war auch er gut
aussehend, ein wenig leichtsinnig und sprunghaft, dabei meist von
ansteckend guter Laune. Der König hatte zumindest nichts gegen die
Romanze einzuwenden und ließ die verwitwete Schwiegertochter gewähren. Louis Ferdinand allerdings wurde der Klatsch bis nach Berlin
zugetragen; er machte sich sofort auf den Weg nach Bad Pyrmont
und erwischte das Paar »in flagranti«, wie er seiner Schwester brieflich
mitteilte. In der darauf folgenden Nacht betrank sich der Prinz und
demolierte die Ausstattung seines Hotelzimmers. Nur mit Mühe
konnte man ihn davon abhalten, den Rivalen zum Duell zu fordern.
Die Kurstadt hatte ihren Skandal.

Im November 1797 starb der König, und Luises Mann bestieg als
Friedrich Wilhelm III. Preußens Thron. Friederike begann endlich,
ihre Jugend zu genießen. Statt Prinz Louis Ferdinand kam jetzt
Adolph Friedrich von Cambridge nach Niederschönhausen. Dennoch
gab es einen weiteren Kandidaten um die Gunst der jungen Witwe:
Friedrich Wilhelm Prinz zu Solms-Braunfels, 27 Jahre und Offizier in
preußischen Diensten. Charmant, aber ehrgeizig, gutaussehend und
bei den Damen beliebt, aber schnell gekränkt, dabei ziemlich faul und
arrogant – dieses Charakterbild ergibt sich aus den Beschreibungen

seiner Zeitgenossen. Als achter Sohn eines Fürsten von eher nachgeordneter Bedeutung fehlten ihm die Mittel, um den Ansprüchen einer Frau wie Friederike genügen zu können. Dennoch verliebte sie sich in ihn. Zugleich trug man ihr zu, dass sie bei einer Heirat mit dem englischen Cousin auf ihre Kinder verzichten müsse. Als preußische Prinzen mit Platz in der Thronfolge dürften sie unmöglich im Ausland erzogen werden.

In dieser Situation schlug das Schicksal wieder einmal zu. Der kleine Carl Georg, gerade zweieinhalb Jahre alt, erkrankte an Diphtherie – derselben Krankheit, die ihm den Vater genommen hatte – und starb am 6.4.1798. »Gott muss es ihr noch einmal in der Welt recht gut gehen lassen«, schrieb Königin Luise an den Bruder Georg, sie verdient gewiss Glück und hat nichts als Kummer. Ihre schönste Jugend geht unter Tränen dahin ...« Ein weiterer Schock für Friederike war im Sommer 1798 die Entdeckung, schwanger zu sein. Wer der Vater des Kindes war, hat sie nie preisgegeben – vermutlich aber Adolph Friedrich von Cambridge. Dieser hatte vorsorglich seine Eltern um Heiratserlaubnis gebeten, stieß mit seinen Plänen bei der Mutter allerdings auf Ablehnung. Königin Charlotte, sittenstrenge Mutter von 15 Kindern, beobachtete Leben und Treiben ihrer Nichte Friederike mit großer Missbilligung.

Das war die Chance für den Prinzen von Solms-Braunfels. Er rechnete sich aus, dass der preußische Hof ihm zutiefst dankbar sein würde, wenn er sich als Vater von Friederikes Kind ausgab, der Verzweifelten die Eheschließung anbot und sein gesellschaftlicher wie militärischer Aufstieg damit besiegelt sei. Doch er täuschte sich sehr. König Friedrich Wilhelm III. tobte vor Wut.

Am 10.12.1798 wurde in aller Heimlichkeit die Heirat vollzogen, doch der Preis dafür war hoch. Das frisch gebackene Ehepaar wurde nach Ansbach »verbannt«, wo Prinz Solms wieder den Dienst bei seinem früheren Regiment antreten sollte, den Ansbacher Husaren. Friederikes Sohn aus erster Ehe musste am Hof zu Berlin bleiben, ihre Tochter durfte sie zwar vorerst behalten, sollte sie aber nach dem achten Lebensjahr dem preußischen König zur Erziehung übergeben. Trotz allem jedoch wurde ihr eine lebenslang geltende Pension zugesprochen, die nicht knauserig zu nennen war.

Anfang 1799 war die kleine Familie nach Ansbach übergesiedelt, wo sie Schloss Triesdorf bewohnte. Prinz Solms musste sich von seinen früheren Kameraden aufziehen lassen, dass aus der großen Karriere nichts geworden war; über seine Frau wurden zweideutige Witze gerissen. Am 27.2.1799 wurde Prinzessin Caroline geboren, das Kind, das die ganze Geschichte ins Rollen gebracht hatte. Doch schon am 20.10. desselben Jahres starb das Baby. Dies sollte nicht Friederikes einziger Kummer bleiben. Nach einem kurzen Glücksrausch war das Erwachen umso schmerzlicher, als ihr Mann sich immer herrschsüchtiger aufführte, Selbstmitleid und Depressionen über lange Zeit seinen Alltag prägten. Prinz Solms fühlte sich vom Schicksal ungerecht behandelt und als stete Zielscheibe von Intrigen. Dazu kam seine ungesunde Lebensführung, die ihm immer schwerere gesundheitliche Probleme bescherte. Es begann mit Gelenkschmerzen und Fieber, dann folgten knotige Finger und Zehen – mit nur 30 Jahren hatte Solms bereits Gicht, die ihn tagelang ans Bett fesselte. Der Leibarzt mahnte ihn zur Umstellung des Speiseplans und Mäßigung beim Alkoholgenuss und riet ihm zu einer Bade- und Trinkkur in Karlsbad. Solms beherzigte nichts davon.

Friederike begann, sich allmählich in Ansbach zu langweilen. An Berlins Gesellschaftsleben und kulturelle Unterhaltung aller Art gewohnt, saß sie nun in der Provinz fest, mit einem reizbaren und kränklichen Ehemann. Abwechslung brachten lediglich Kuren in mondänen Bädern; so lernte sie 1806 in Karlsbad u.a. Goethe kennen, mit dem Friederike in Kontakt blieb. Freunde und Verwandte wandten sich mit den Jahren ab, als Prinz Solms zu einem glühenden Bewunderer Napoleons wurde und diesen Standpunkt ungebeten überall vertrat, wo er auftauchte. Seine Schwägerin Luise erkannte weise den Zusammenhang zwischen seiner »Schwermut« (Depression) und den vielen (psychosomatischen) Krankheiten, die ihn neben den wirklich schweren auch noch plagten. Sie veranlasste ihren Gemahl, den König, Solms militärische Ehren bzw. Orden zukommen zu lassen, worauf sich dessen Zustand stets enorm besserte – aber nicht dauerhaft. Immer wieder gab er auf, quittierte den Dienst, so dass die Familie von Friederikes Pension leben musste, und zog sich in Kurorte zurück (nachdem er gemerkt hatte, dass man sich dort auch wunderbar vergnügen konnte). Das einzige, was der Prinz regelmäßig schaffte, war die Vergrößerung seiner Familie. Die fruchtbare Friederike trat in die

Fußstapfen ihrer Mutter, war aber zum Glück robuster als diese – sie sollte insgesamt 15 Geburten überleben.

Im Jahr 1800 hatte Friederike zwei Totgeburten, doch am 30.12. 1801 kam Friedrich Wilhelm Heinrich zur Welt, der später als königlich-preußischer General-Lieutenant Karriere machte und mit Maria Anna Gräfin Kinsky eine Familie gründete. Er starb 1868. – Das nächste Kind, Sophie, wurde 1803 geboren, lebte aber nur kurz. Es folgte am 25.7.1804 die Tochter Auguste Luise, die Albert von Schwarzburg-Rudolstadt heiratete und nach Thüringen ging. Sie lebte bis 1868. Nach ihr kam Amalie, die 1805 geboren wurde und auch starb. – Alexander Friedrich Ludwig, »ein außerordentlich schönes Knäblein«, erblickte am 12.3.1807 das Licht der Welt und wurde später königlich-preußischer Generalmajor. Verheiratet war er mit Luise von Landsberg-Velen. 1867 starb er.

Infolge der Wirren der Napoleonischen Kriege musste die Familie Solms-Braunfels mehrfach Ansbach verlassen und ins sichere Neustrelitz fliehen, wo Friederikes Vater Carl inzwischen die Herrschaft über Mecklenburg-Strelitz angetreten hatte. 1810 dann der große Schock, als Friederike ihre geliebte Schwester Luise verlor. Preußens wechselvolles politisches Schicksal, die Flucht aus Berlin sowie ständige Schwangerschaften hatten die Gesundheit der Königin untergraben und ihr einen unzeitigen Tod mit 34 Jahren beschert. – Auch der Zustand von Prinz Solms verschlechterte sich zusehends. Kaum einer wollte noch mit ihm zu tun haben, weil jegliche Unterhaltung aufgrund seiner Streitsucht und aufbrausenden Art im Streit erstickte und Geselligkeiten als Trinkgelage endeten. Friederike erwog ernsthaft, sich von ihrem Mann scheiden zu lassen. Doch dann gebar sie ein weiteres Kind – Carl Friedrich Wilhelm (27.7.1812), der ihr zeitlebens Kummer bereitete und später in österreichische Dienste trat. Er vermählte sich mit Sophie zu Löwenstein-Wertheim-Rosenberg und starb wie sein Bruder Alexander 1867.

Die Wende in Friederikes Leben trat ein in Person ihres Cousins Ernst August, der sie in Neustrelitz besuchte. Er war einer der Brüder ihrer einstigen Liebe, des Herzogs Adolph Friedrich von Cambridge. 33 Jahre nach jener Begegnung schrieb er an Friederike: »Es ist mir so frisch in Erinnerung, wie wenn es gestern gewesen wäre. Ich sehe Dich oben auf der Treppe, ... ich kann wahrlich sagen, dass dieses der schönste und glücklichste Tag meines Lebens war.«

Zunächst reagierte Friederike etwas zurückhaltend, nicht zuletzt wegen ihrer prekären Situation. Doch als der Vetter drei Wochen blieb und sie einander besser kennen lernten, war es ihr unmöglich, ihm noch länger zu widerstehen. Ernst Augusts unermüdliches Bemühen, die Gunst der Cousine zu gewinnen, hatte etwas Rührendes an sich – und diesmal war Friederike reif genug, nicht wieder an ihrem Glück vorbei zu laufen. Dazu kam die nüchterne Überlegung, nach der als »Abstieg« angesehenen Solmsschen Heirat durch die Verbindung mit einem königlichen Welfen gesellschaftlich wieder aufzusteigen.

In aller Heimlichkeit wurde die Scheidung von Prinz Solms-Braunfels durchgezogen. Die Nachricht hatte sich noch nicht herum gesprochen, da erlag der unglückliche Mann am 13.4.1814 mit 44 (!) Jahren einem Schlaganfall. Jetzt konnte Friederike offiziell als Witwe auftreten; Schimpf und Peinlichkeit einer Scheidung hatten somit auf ihr gesellschaftliches Leben keinen Einfluss. Ernst August, mittlerweile 41 Jahre alt, verlor keine Zeit, die offizielle Zustimmung seiner Familie zu einer Heirat einzuholen: Friederike zählte nun 34 Jahre, in den Augen damaliger Zeitgenossen eine Matrone in mittleren Jahren. Doch musste außerdem noch das englische Parlament sein Jawort zu der geplanten Verbindung geben. Hier ließ man sich Zeit, galt doch Ernst August als nicht sonderlich beliebt. Und so konnte die Hochzeit erst am 29.5.1815 stattfinden – in der Stadtkirche von Neustrelitz. Gleich darauf reiste das Paar nach Berlin, wo die königliche Familie Preußens ihm einen großen Empfang bereitete, der beweisen sollte, dass die »unrühmliche« Vergangenheit der Braut vergeben und vergessen war.

Prinz Ernst August, Friederikes dritter Ehemann, war am 5.6.1771 in London geboren worden. Er war der fünfte Sohn seiner Eltern, König Georg III. und Königin Charlotte, und trug seit 1799 den Titel Herzog von Cumberland. In Großbritannien hatte er wenig Anhänger, da politisch von äußerst konservativer Gesinnung. Immer wieder versuchte er, liberale Reformen zu stoppen. Von Mitbestimmung seitens der Untertanen hielt er nichts, sondern glaubte an die Einsetzung des Herrschers durch Gott und wollte folgerichtig auch nur diesem Rechenschaft über seine Regierung ablegen. Ernst August hatte versucht, in den Stammlanden Karriere zu machen und als Statthalter seinen Vater im Kurfürstentum Hannover zu vertreten. Graf zu Münster, Minister an der deutschen Kanzlei in London, wusste dies trickreich zu verhindern und sorgte dafür, dass Ernst Augusts Bruder Adolph Friedrich von Cambridge den Posten erhielt. – Privat galt der Herzog als unbeherrscht – er erschlug einmal im Zorn einen Kammerdiener, und seine Schwester Sophia beklagte sich in Briefen an ihren Liebhaber Garth, der Bruder habe mehrfach versucht, sich ihr sexuell zu nähern. Im gesellschaftlichen Umgang war Ernst Augusts Auftreten oft herrisch, sarkastisch, ja bisweilen »rüpelhaft«. Umso erstaunlicher aber, dass er Friederike, seine Frau und Cousine, ein Leben lang mit Samthandschuhen anfasste. In den Jahrzehnten, die den beiden noch gemeinsam vergönnt waren, gab es nie Misstöne, blieben sich die zwei in großer Zärtlichkeit verbunden.

Zunächst jedoch wurden ihrem Glück abermals Steine in den Weg gelegt. Das Parlament sah eine willkommene Möglichkeit zur Rache, indem es dem Herzog von Cumberland die eigentlich zustehende Erhöhung der Apanage nach der Heirat verweigerte. Dann weigerte sich auch noch die bigotte alte Königin, inzwischen von Intriganten negativ gegen die neue Schwiegertochter beeinflusst, Friederike bei Hof zu empfangen. Der Grund: vor 18 Jahren habe diese sich in Bad Pyrmont heimlich mit Ernst Augusts Bruder Adolph Friedrich verlobt. Diese Aufregung war wohl zu viel für Friederike, die das erste Kind mit ihrem neuen Ehemann erwartete. Am 27.1.1817 kam die ersehnte Tochter tot zur Welt.

Das Herzogspaar von Cumberland übersiedelte schließlich nach Berlin, wo es mit offenen Armen aufgenommen wurde. Inzwischen war Friederikes Tochter gleichen Namens aus erster Ehe zu einer jungen Frau herangewachsen und heiratete im Frühjahr 1818 den Herzog von Anhalt-Dessau. Während die Herzogin von Cumberland somit bald schon ersten Großmutterfreuden entgegensah, schenkte sie selbst noch weiterem Nachwuchs das Leben. Mit 40 gebar sie den erhofften Erben. Georg kam am 27.5.1819 zur Welt. Doch zur Ruhe kam Friederike auch jetzt nicht: Georg wurde zum Sorgenkind, als er durch eine Krankheit auf dem linken Auge das Sehvermögen verlor und 1832 nach einem Unfall ganz erblindete. Zugleich musste sich Ernst August einer Staroperation unterziehen, die aber auch keine gänzliche Heilung brachte.

Währenddessen zeichnete sich in Großbritannien ab, dass es zu einer Trennung der Herrschaft über das Vereinigte Königreich und Hannover, das seit 1814 ebenfalls ein Königreich war, kommen würde. Die Erbin des britischen Thrones war die blutjunge Prinzessin Victoria, doch in Hannover galt nur die männliche Erbfolge. Daher war Ernst August der einzige Kandidat, der infrage kam, dort zu herrschen. Die Familie zog für eine Weile nach England, wo Prinz Georg erzogen werden sollte. Friederike wurde nun, nach dem Tod der alten Königin (1818), endlich akzeptiert. Mit dem Tod Wilhelms IV. war der Tag der Thronbesteigung in Hannover gekommen. Am 24.6.1837 machte sich Ernst August auf die Reise in seine neue Residenz, immerhin nun 66 Jahre alt. Seine Frau, die mit Sohn Georg zeitweilig wieder in Berlin gewohnt hatte, folgte ihm in die neue/alte Heimat.

König Ernst August hatte seine konservative Gesinnung keineswegs aufgegeben. Seit jeher hatte er das 1833 beschlossene Staatsgrundgesetz für das Königreich Hannover abgelehnt und suchte nun nach einer Möglichkeit, es außer Kraft zu setzen. Nur wenige Monate nach der Thronbesteigung führte der Herrscher seinen Entschluss durch und erntete die Entrüstung der Öffentlichkeit. Es kam zum Skandal um die Entlassung der »Göttinger Sieben«, Professoren, die den Eid auf die Person des Königs verweigerten, weil sie bereits einen Eid auf die Verfassung abgelegt hatten.

Königin Friederike äußerte sich nicht zu diesen Vorgängen. Es hat den Anschein, als sei sie mit dem Handeln ihres Gatten einverstanden gewesen. Zumindest wissen wir aus ihren Briefen dieser wie auch späterer Jahre, dass sie Ernst Augusts politische Entscheidungen vorbehaltlos guthieß und ihren Mann in allem unterstützte. Tatsächlich war aus der Rebellin von einst eine gesetzte Frau geworden, die wenig Verständnis für die Umwälzungen der neuen Zeit aufbrachte und gern an Vorrechten ihres Standes festhielt. Als Kind von der Großmutter liberal erzogen, dann selbst das Opfer einer Einteilung in »standesgemäß/unstandesgemäß«, führte Friederike jetzt eine strenge Hofetikette ein; nur ein kleiner Personenkreis wurde zu den offiziellen Veranstaltungen des Hofes geladen. Ihr eigenes Auftreten wurde als würdevoll geschildert; sie war noch immer eine schöne Frau und hatte ihre Figur trotz 15 Geburten behalten. Im ganz privaten Bereich allerdings durften weiterhin Bürgerliche an gastlichen Abenden des Herrscherpaares teilnehmen, wenn es sich um Künstler oder Gelehrte handelte.

Die Königin widmete sich nicht nur der Repräsentation, wobei sie wie schon seit jeher besonders Veranstaltungen mit Tanz liebte, sondern auch karitativen Aufgaben. So wurde das 1840 gegründete Friederikenstift in Hannover nach ihr benannt. Mit den Jahren ließ allerdings ihre Gesundheit immer mehr zu wünschen übrig. Während König Ernst August viel reiste und versuchte, durch Präsenz vor Ort seine Beliebtheit bei der Bevölkerung zu steigern, konnte ihn Friederike nicht immer begleiten. Musste sie daheim bleiben, erhielt sie jeden Tag einen Brief – ein rührendes Zeugnis nie erloschener Zuneigung.

Im Jahr 1840 konnte das Herrscherpaar seine Silberhochzeit feiern – ein Fest, das ohne großen Aufwand begangen wurde. Doch im darauf folgenden Jahr erlitt Friederike schwere Magenkrämpfe. Ein altes Leiden, das nun verstärkt zurückkehrte, ließ sie bettlägerig werden und brachte ihr schließlich den Tod. Ernst August war bei ihr, als sie starb – eigenartiger Weise in genau demselben Zimmer, in dem sie einst geboren worden war. Man schrieb den 27.6.1841.

Der König schien untröstlich. »Ach, all mein Glück in dieser Welt ist vorbei«, schrieb er an seinen Schwager Georg. »Sie war die treueste und zärtlichste Gattin, die beste der Mütter und die aufrichtigste Freundin, edel, großzügig und freigebig gegen alle Welt; sie hatte keinen anderen Gedanken oder Wunsch, als alles um sie her glücklich zu machen. ... Ich kann wohl sagen, dass ich nur für sie lebte. Ich fand in ihr die zärtlichste Frau, die aufrichtigste, die ich um alles befragte, mit der ich über alles sprach und die mir immer die besten Ratschläge gab, denn sie war ohne Eigennutz.«

Zunächst wurde Friederikes Leichnam in der Schlosskirche zu Hannover beigesetzt, nach der Fertigstellung des Mausoleums im Berggarten zu Hannover-Herrenhausen dann dorthin überführt. Später fand auch König Ernst August an der Seite seiner verstorbenen Frau die ewige Ruhe. Zwei prächtige Sarkophage, auf denen das Herrscherpaar jeweils in liegender Ganzfigur zu sehen ist, stehen im Inneren des Gebäudes.

Sie prägte ein Jahrhundert
Victoria Königin von Großbritannien (1819-1901)

Königin Victoria

Nach ihr wurde eine Ära benannt, deren Auswirkungen noch heute, über hundert Jahre nach ihrem Tode, spürbar sind. Nicht nur in Großbritannien und dem Commonwealth, auch bei uns findet man noch »Victorianisches«. Auch Deutschland hat ein gewisses Anrecht auf Victoria als Person der Geschichte, denn sie war eigentlich rein deutscher Herkunft. Ein Blick auf das Geschehen ihrer Zeit sei gestattet, um die geschichtlichen Zusammenhänge zu entwirren.

Im Jahre 1714 erbten die Hannoveraner den britischen Thron. Sie lösten die Stuart-Dynastie ab, die auf protestantischer Seite ausgestorben war und deren katholische Mitglieder – potenzielle Thronanwärter – im Exil lebten. Die »Georges« – fast alle hannoverschen Herrscher trugen diesen Namen – wurden nie richtig populär. Sie gaben sich zwar große Mühe, brachten Ordnung in ein schlecht organisiertes Land, versuchten, sich so englisch wie möglich zu geben, aber sobald etwas schief ging, warf man ihnen sofort ihre deutsche Herkunft vor. Georg III. versagte sich jede Reise nach Hannover, obgleich er dessen Kurfürst und König war, um der Öffentlichkeit keinen Anlass zu giftigen Bemerkungen zu liefern. Er wurde wiederholt krank und verbrachte die letzten acht Jahre seines Lebens in totaler Abgeschiedenheit, weshalb sein Sohn Georg (der spätere Vierte) an seiner Stelle Regent wurde. Dieser war ein in sich selbst verliebter, dem Luxus zugetaner, von Laster und Völlerei gezeichneter Potentat, dessen Entscheidungen mehr nach Laune als Vernunft ausgerichtet waren. Er war verheiratet mit Karoline von Braunschweig, die sich aber bald von ihm trennte. Aus der kurzen Verbindung ging eine Tochter hervor, Charlotte. Sie wurde die Hoffnung der britischen Nation, denn der Regent Georg war äußerst unbeliebt.

Charlotte hatte es nicht leicht in ihrer Kindheit. Ihre Eltern lebten getrennt, und sie lernte sehr früh, einen überraschend taktvollen Kurs durch ein Meer von Intrigen, Verleumdungen und Verboten zu steuern. Gegen ihren Willen wurde sie mit dem Prinzen von Oranien verlobt. Sie selbst löste diese Verlobung auf, als einer der interessantesten Männer des 19. Jahrhunderts am Hof auftauchte: Prinz Leopold von Sachsen-Coburg-Saalfeld. Er war der jüngere Sohn des regierenden Herzogs und hatte kaum Aussicht auf den Thron. Aber er war sehr klug und kannte sich bestens in Europa aus, das nach der napoleonischen Ära neu geordnet worden war. Als Charlotte ihm ernsthaftes Interesse signalisierte, zögerte er keinen Moment, sie seiner Zuneigung zu versichern. Im Jahr 1816 heirateten die beiden. Das große Glück des Paares hatte leider nur zu bald ein Ende. Bereits ein Jahr später starb Charlotte im Wochenbett und mit ihr das Kind, ein Sohn.

Ganz England war traumatisiert. Charlotte wäre in den Augen des Volkes eine wunderbare Königin geworden. Obwohl Großvater Georg III. 15 Kinder gezeugt hatte, stand plötzlich kein Thronerbe mehr zur Verfügung. Der zweitälteste Sohn, Friedrich, hatte gar keine Kinder. Der Drittälteste, Wilhelm (bekannt als der »Sailor«, da er in seinen jüngeren Jahren in der Flotte tätig war), lebte mit seiner Partnerin Dorothy Jordan in Bushey Heath, südwestlich von London. Die beiden waren mit ihren insgesamt zehn Kindern beschäftigt. Doch als nun Charlotte gestorben war, musste er schleunigst standesgemäß heiraten und einen Thronfolger zeugen. Die junge Adelheid (Adelaide) von Sachsen-Meiningen wurde Wilhelms Gemahlin; sie brachte zwei Töchter zur Welt, die aber beide früh starben.

Leopold, der nach dem Tod seiner geliebten Charlotte in England geblieben war, hatte eine Schwester, Victoria (genannt Victoire). Sie war die früh verwitwete Fürstin zu Leiningen und hatte zwei Kinder, Karl und Feodora. Als Leopold ihr vorschlug, die Bekanntschaft des Nächsten in der britischen Thronfolgerlinie zu machen, erhob sie keine Einwände. Dieser Nächste war Edward, der Herzog von Kent. Er hatte lange ungestört in Brüssel gelebt, denn in England machten ihm seine Gläubiger durch die Schulden, in denen er bis zum Halse steckte, das Leben ziemlich unangenehm. In Brüssel verschönerte eine französische Schauspielerin, Madame St. Laurent, Edwards Tage. Es ist schwer vorstellbar, dass Victoire sich in diesen 20 Jahre älteren, kahlköpfigen und nicht immer höflichen Mann verliebte – aber Fürstenkinder lernen früh, Staatsraison vor persönliche Gefühle zu setzen. Die beiden wurden nach kurzer Bekanntschaft am 29. Mai 1818 in der Kapelle des neugotischen Stadtpalastes Ehrenburg in Coburg von einem lutherischen Pastor getraut. Mit geliehenem Geld reisten sie nach England, wo die Eheschließung noch einmal nach anglikanischem Ritus in der Kapelle des St. James's Palace am 13. Juli wiederholt wurde. Dann ging es zurück nach Amorbach, wo die Leininger ihren Palast hatten und es sich billiger leben ließ als in London. Madame St. Laurent entnahm alle diese Geschehnisse der Tagespresse. Sie zog sich still zurück.

Victoire wurde schwanger. Sie wartete bis zum 8. Monat, bevor sie sich auf die nicht unbeschwerliche Reise nach England begab. Da sie den möglichen Thronfolger zur Welt bringen würde, musste die Geburt unbedingt in England stattfinden. Feodora kam mit und blieb Teil der Familie, bis sie 1828 den Prinzen von Hohenlohe heiratete. Frau Dr. Charlotte Siebold, Deutschlands erste Gynäkologin und Mitglied einer berühmten Ärztedynastie, die alle fürstlichen Geburten im Hause Coburg begleitet hatte, saß ebenfalls in der Kutsche, die der Herzog wegen Geldmangels selbst lenken musste.

Am 26. April 1819, nach vierwöchiger Reise, hielten sie im Kensington Palace Einzug. Am 24. Mai kam eine Tochter zur Welt. Die Presse reagierte anti-deutsch: Dr. Siebold habe ihre Aufgabe schlecht gemeistert – in Wirklichkeit war alles glatt und gut verlaufen. Ungewöhnlich nur die Zeugen des Vorgangs: ein Bischof, Ärzte und zwei Brüder Edwards, aber das gehörte fast überall zum Procedere einer fürstlichen Geburt.

Der erste unfreundliche Zusammenstoß mit dem Regenten geschah bei der Taufe. Georg, bald darauf König Georg IV., war Pate und hatte den zweiten Namen zu wählen. Das Mädchen sollte nach Zar Alexander von Russland Alexandrina heißen. Dieser Name passte Georg nicht, da er den Zaren nicht mochte. Georgina wurde verworfen, und so einigte man sich auf Victoria, den Namen der Mutter. Drina blieb ihr Rufname fast bis zum Moment der Thronbesteigung.

Victoire, die Herzogin von Kent, fand keinen Zugang zu den Hannoveranern. Georg und Wilhelm konnten sie nicht ausstehen. Ihre einzige Stütze war ihr Bruder Leopold sowie ein knappes Jahr lang ihr Gemahl Edward. Ihr erstes Weihnachtsfest verbrachte die junge Familie in einem Ferienhaus in Devonshire, wo Edward sich eine schwere Erkältung zuzog, an deren Folgen er im Januar 1820 starb. Jetzt blieb nur noch Leopold an der Seite der Herzogin. Dieser wiederum hatte stets seinen Sekretär bei sich, mit dem er befreundet war und den er für klüger und weiser hielt als sich selbst – es war der Coburger Arzt Dr. Christian Friedrich Stockmar.

Victoire erhielt keinen Penny vom Parlament. Leopold sorgte für ihren Unterhalt aus seiner Apanage. Immerhin durfte sie im Kensington Palace wohnen bleiben, aber das war das einzige Entgegenkommen vonseiten der Briten. Leopold selbst lebte in Claremont House, in dem er auch sein kurzes Jahr mit Charlotte verbracht hatte.

Dem Sohn Edward folgte der Vater, König Georg III., nur eine Woche später in den Tod. Nun war der Regent König, rührte aber keinen Finger, um der verwitweten Schwägerin zu helfen. Erst als Drina bereits sechs Jahre alt war und feststand, dass sie den Thron erben würde, entschied das Parlament, dass sie eine jährliche Summe von 6000 Pfund bekommen sollte.

Stockmar engagierte eine Gouvernante für Feodora, die sich aber zugleich mit um Drina kümmerte. Es war Luise Lehzen, die Tochter des Pastors der Marktkirche in Hannover. Stockmar hatte sie in Coburg kennen gelernt. Sie war höchst gebildet, sprach mehrere Fremdsprachen, unterrichtete Musik, Grammatik, kurzum alles, was erforderlich war. Die Unterrichtssprache war Deutsch, denn Feodora sollte ihrer Muttersprache nicht entfremdet werden. Die Lehzen erwies sich als unermüdlich, gewissenhaft und zuverlässig. Sogar die Engländer respektierten sie, obgleich sie sich öfter über die Erzieherin lustig machten – kaute sie doch pausenlos Kümmelsaat und litt trotzdem häufig unter Migräne. So kam es also, dass Drina-Victoria zuallererst Deutsch lernte und es wohl auch im Familienkreis ausschließlich sprach. Englisch kam erst hinzu, als eine Lehrerin für den Mathematikunterricht engagiert wurde. Die kleine Prinzessin lernte sehr schnell. Später kamen noch Französisch, etwas Latein und Italienisch hinzu. Letztendlich war Drina-Victoria deutscher Herkunft. Die

Genealogen konnten unter 128 direkten Vorfahren nur zwei Nichtdeutsche entdecken: Elizabeth Stuart und Eleonore d´Olbreuse.

Victoire lernte Englisch langsamer als ihre Tochter. Sie hatte den Adjutanten ihres verstorbenen Mannes, John Conroy, als Sekretär angestellt. Es war eine unglückliche Wahl, denn er entpuppte sich als Intrigant, der bald die ganze Familie terrorisierte. Man konnte sich seiner erst 1838 entledigen. Die englische Presse hatte ihren Spaß an dem »Kensington Quintet«. Es bestand aus der Herzogin von Kent, ihrem Sohn, Prinz Karl zu Leiningen, der häufig die Mutter und Schwestern besuchte, Prinzessin Augusta Sophia, der unverheirateten Tochter Georgs III., sowie Prinz Augustus, Herzog von Sussex, nebst der Hofdame Flora Hastings. Kontakt zum übrigen Hof fand kaum statt. Folglich verwundert es nicht, wenn Victoria sich später mit dem Hause Sachsen-Coburg identifizierte, obgleich die Krone vom Haus Hannover kam.

Georg IV. starb 1830, beleibt, verachtet, gehasst. Ihm folgte sein Bruder Wilhelm auf den Thron. Drina-Victoria, nun elf Jahre alt, wohnte der Krönung nicht bei. Das höfische Protokoll gestattete ihr nicht, den Platz direkt hinter dem Gekrönten einzunehmen. Und sich hinter seine Brüder drängen zu lassen, fiel ihr nicht im Traum ein. Soviel Selbstbewusstsein besaß sie bereits.

Onkel Leopold suchte nach einer neuen Rolle in seinem Leben. Fast wäre er König der Griechen geworden, aber dann akzeptierte er doch lieber die Krone des neu gegründeten Königreichs Belgien. Er wurde katholisch, heiratete eine französische Prinzessin und war fortan in Brüssel tätig. Stockmar blieb auch hier seine unerlässliche rechte Hand. Für Victoire und ihren Haushalt war das ein schwerer Verlust. Die Herzogin von Northumberland wurde nun oberste Gouvernante, aber Luise Lehzen ließ sich nicht aus ihrer Rolle drängen. Drina-Victoria schlief im Schlafzimmer ihrer Mutter, nie wurde sie allein gelassen, öffentliche Auftritte fanden kaum statt. Die Briten sahen in ihr ein nettes, lebhaftes und wohlerzogenes junges Mädchen. Victoire war bemüht, sie alle Tugenden zu lehren: Anstand, Aufrichtigkeit, ordentliches Benehmen und religiöse Orientierung. Gläubig war Victoire, hatte doch ihre eigene Mutter noch zu Füßen des Grafen Zinzendorf, des Begründers der frommen Herrnhuter Brüdergemeine, gesessen.

Im Jahre 1836 kulminierte die Antipathie, die Wilhelm und Victoire gegeneinander hegten, in einem geradezu skandalösen Streit, der nur mit Mühe beigelegt werden konnte. Zu tief waren die Verletzungen, die man den thüringischen Einwanderern zugefügt hatte. Trotz seines Grolls hatte der kränkelnde Wilhelm genug Anstand, mit seinem Tode zu warten, bis Victoria, wie sie sich jetzt nannte, 18 Jahre und somit mündig war. Er starb vier Wochen später, am 20. Juni 1837.

Die britische Nation, ja, die ganze Welt schaute nun auf eine Achtzehnjährige. »Wir wurden von einem Geisteskranken regiert, ihm folgte ein Schuft, dann ein Clown – und nun ein Kind«, seufzte die Presse. Aber auch eine gewisse Erleichterung machte sich breit. Nach altem salischem Gesetz konnte keine Frau einen deutschen Thron besetzen. Daher musste das ungeliebte Hannover endlich ausgegliedert werden; Victorias höchst unpopulärer Onkel Ernst August wurde dort König. Ihre eigene Krönung war eine eher schlichte Veranstaltung. »Ich werde mich bemühen, gut zu sein«, gelobte die junge Herrscherin.

Victorias Premierminister war Sir William Lamb, Lord Melbourne. Er hatte eine freundliche Natur, seine Arbeit schien ihm keinerlei Schwierigkeiten zu bereiten: ein reiner Spaziergang, das Empire zu

Buckingham Palace vor der Umgestaltung

233

regieren. Victoria dagegen hatte wenig Erfahrung mit Politik. Ihr engster Kreis war deutsch, ihr Onkel Leopold und Stockmar, die stets Rat wussten, saßen nun in Brüssel. Zwar schrieb der Onkel instruktive Briefe, aber sie bewirkten wenig. Lord Melbourne wurde fast ein Ersatz-Vater für Victoria. Sie zog in den Buckingham Palace. Zum ersten Mal hatte sie ihr eigenes Schlafzimmer – sie wies ihrer Mutter Gemächer am entferntesten Ende des Palastes an. Victoria gewann schnell an Selbstsicherheit. Sie war klein, ganze 150 cm groß, schlank, hatte dunkelblondes Haar, ihr Gesicht war nicht klassisch schön, aber hübsch, und sie trat mit großer Würde auf. Sie liebte den Tanz und versuchte, jede Gelegenheit dazu wahrzunehmen. Lord Melbourne lächelte, nach dem Motto: »Amüsiere dich, kleines Mädchen. Ich mache schon die Arbeit ...«

Spießigkeit und Heuchelei wurden nicht von Victoria erfunden. Es gab sie schon sehr viel länger, besonders in »frommen« Kreisen, die sich vom Luderleben am Hof betont absetzen wollten. Die junge Victoria war mit dieser Zwiespältigkeit aufgewachsen. Sehr bald musste sie ihre erste Lektion über Klatsch und die Wirklichkeit dahinter lernen.

Die Ehrbare Flora Hastings, die seit Victorias frühen Kindheit Hofdame gewesen war – übrigens die einzige aus einer Tory-Familie – war in Schottland gewesen und in einer Kutsche mit Conroy zurückgekommen. Kurze Zeit danach fühlte sie sich krank, und ihr Leib wurde rundlich. »Sie ist schwanger«, flüsterte man. Victoria reagierte empört. So etwas tolerierte sie an ihrem Hof nicht; Flora wurde entfernt. Sie flehte die junge Königin an, den Gerüchten nicht zu glauben. Sie sei nicht schwanger. Herzogin Victoire versuchte zu vermitteln – vergeblich. Ein Leserbrief brachte die Nation in Aufruhr. Wie konnte die junge Königin so brutal sein? Zu guter Letzt war dann auch Victoria überzeugt, dass Flora nur krank war. Sie bat die Hofdame um Vergebung und bot ihr die alte Stellung an. Aber Flora litt an Unterleibskrebs und starb bald. Ihr voreiliges Handeln wurde Victoria nie so recht verziehen.

Lord Melbourne sollte sein Amt nach Ablauf seiner Regierungsperiode an den Tory Sir Robert Peele übertragen. Victoria hasste die Partei der Tories. (Es gab dafür keinen Grund; sie hatte einfach ein in ihren Kreisen gängiges Vorurteil übernommen. Alle ihre Hofdamen hatten einen Whig-Hintergrund, darum wollte sie auch keine Damen aus Tory-Familien.) Lord Melbourne verlängerte seine Amtszeit auf Wunsch der jungen Königin um zwei Jahre. Die Nation murrte.

Es gab in England zwei Parteien, die Tories und die Whigs. Die konservativen Tories, die sich übrigens bis heute so nennen, entstanden als irische Guerilla-Bewegung, die sich unter dem Duke of Monmouth als »Outlaws« gegen die Engländer verbündeten. Whigs, die später in der liberalen Parteienwelt aufgingen, entstanden als Rebellenbündnis gegen Jakob II., der 1689 vom Thron verjagt worden war. Das Wort »Whiggamaire« bedeutet in etwa »Pferdetreiber«. Beide Parteien kämpften, wie auch heute noch, um die Mehrheit im Parlament.

Onkel Leopold hatte für die Thronfolge Vorsorge getroffen. Sein ältester Bruder, Herzog Ernst, hatte zwei Söhne. Der ältere, Ernst, würde den Thron von Sachsen-Coburg-Gotha erben. Der jüngere, Albert, war gerade drei Monate jünger als seine Cousine Victoria. Die Eltern waren geschieden und die Brüder ohne Mutter aufgewachsen. Albert war sehr schweigsam, jedoch ein guter Beobachter. Er lernte mit System; vor allem Naturkunde interessierte ihn. Im Sommerschloss Rosenau sammelte er Blätter und Blüten. Sie sollten dereinst den Grundstein für ein naturkundliches Museum bilden.

Albert sah gut aus. In Gesellschaft entwickelte er sich trotz seiner Ernsthaftigkeit zu einem charmanten Gesprächspartner. Er stand früh auf und ging früh schlafen. (Als sein Vater wieder heiratete und allerlei abendliche Feste stattfanden, nickte Albert oft in Gegenwart von Gästen ein.) Diesen jungen Mann hatte Leopold für seine Nichte ausgewählt. Der Prinz war schon einmal in Begleitung seines Bruders am Londoner Hof gewesen, um seine Tante Victoire zu besuchen, aber damals hatte Victoria kaum Notiz von ihrem Vetter genommen. Jetzt, da ernsthaftere Bewerber auftauchten, musste etwas geschehen, bevor Victoria in falsche Hände geriet. Leopold befahl Albert, nach London zu reisen und pries gegenüber seiner Nichte den Ankömmling in den höchsten Tönen. Dies war allerdings kaum nötig, denn Victoria verliebte sich Hals über Kopf in den etwas verlegenen Albert – und es war ihr Privileg als Königin, den Mann um seine Hand zu bitten. Albert war keineswegs von Gefühlen überwältigt – Victorias Dickköpfigkeit war bereits Tagesgespräch. Was für eine Rolle würde der deutsche Prinz spielen? Allen Zweifeln zum Trotz fand die Verlobung im Oktober 1839 statt. Die beiden stellten bald fest, dass sie eine Menge Interessen teilten. Albert verkörperte ein Stück der alten Heimat, die Victoria nie kennen gelernt hatte, nach der sie sich aber zeitlebens sehnte. Sie teilten ähnliche kulturelle Ansichten, musizierten gemeinsam und studierten Fachbücher. Sie würde mit diesem Mann glücklich werden. Aber es blieb eine Tatsache, dass sie die Königin war – und er? Welche Rolle gab es für ihn? Nur die als Ehemann?

Albert reiste zunächst heim, die Verlobung wurde bekannt gegeben, und die Nation zeigte sich sehr ungehalten darüber. »Schon wieder ein Ausländer« – Karikaturen und Spottlieder machten die Runde. Victoria beschloss, Albert nicht in den Grafenstand zu erheben. Sonst müsste er nämlich im Oberhaus sitzen, zur Empörung der meisten Lords. Jetzt wollte das Haus auch noch wissen, ob er Protestant oder Katholik sei. Leicht verärgert schrieb Albert zurück: »Ohne UNS hätte es nie eine Reformation gegeben!« Ja, die Engländer und Victoria wollten ihm klar machen, wer das Sagen hatte.

Geheiratet wurde am 10. Februar 1840. Ein Streit entbrannte im Parlament über die Höhe der Apanage, die dem Königinnengemahl gezahlt werden sollte. Victoria geriet außer sich vor Ärger. Sah sie doch darin eine Missbilligung ihrer deutschen Heirat.

Doch dieses Paar und seine Ehe sollten langsam aber sicher zur Legende werden. Victorias Liebe zu Albert wuchs mit jedem Jahr, und der Prinz blieb nicht lange in der stillen Ecke, die man ihm zugewiesen hatte. Ja, Nation und Parlament hatten gehofft, er würde sich darin verkriechen »wie ein Hund in seinem Korb«.

Zuerst wollte Victoria nicht über ihre »Arbeit« als Königin reden. Albert ließ sich mit viel Geduld von seiner Frau erklären, wie das Land regiert wurde. Dabei stellte sich heraus, dass er um einiges besser Bescheid wusste als sie. Allmählich brachte er sie dazu, ihre starre Meinung über viele Dinge zu ändern. Bald lösten die Tories die Whigs ab, Lord Melbournes Stern sank und derjenige Alberts stieg leuchtend empor.

Großbritannien war führend in Europa was technische Entwicklung betraf. Der Kapitalismus zeigte selbstbewusst sein Gesicht – eine neue, sehr reiche Klasse von Industriellen entstand. Unzählige schlecht bezahlte Arbeiter schufteten unter unvorstellbaren Bedingungen, die zu Krankheit, Unfällen und noch mehr Elend führten. Es gab keine Krankenversicherung, nur einige kirchliche Gruppen bemühten sich, die Not zu lindern. Victoria störten diese haarsträubenden Zustände wenig – das war nicht ihre Welt. Albert hingegen suchte nach Wegen, um die Situation der Armen zu verbessern. Er wusste, dass er kritisch beäugt wurde und den richtigen Zeitpunkt abwarten musste. Im Jahre 1836 waren noch 500 Todesurteile vollstreckt worden. Nur sieben Prozent der Bevölkerung durften wählen. Friedrich Engels hat die damals herrschende Situation in seiner Schrift »Die Lage der arbeitenden Klassen in England« (1845) durchaus treffend beschrieben. Vierjährige Kinder arbeiteten tief unten in Kohleschächten, in denen eine Schicht sechzehn Stunden dauerte. Charles Dickens erreichte mit seiner kritischen Literatur die Herzen vieler Menschen. Die Chartisten gründeten eine demokratische Bewegung. Als diese zu einem Aufstand aufrief, wurde die Armee angewiesen, die Aufrührer niederzuschießen. Der Bürgermeister von Newgate, der den Schießbefehl erteilt hatte, wurde von Königin Victoria zum Tee eingeladen und in den Grafenstand erhoben.

Stockmar kam häufig von Belgien herüber, um mit Albert zu reden, denn es war kaum jemand da, an den er sich Rat suchend hätte wenden können. Ein Lord bemerkte denn auch bissig: »Albert hat keine sehr hohe Meinung von der englischen Aristokratie. Er hält sie für bigott und ignorant.« Der Prinz war umgeben von Höflingen, Glücksrittern und Leuten, die ihm nur zu häufig ihre Ablehnung offen zeigten. Die Herzogin von Cambridge blieb demonstrativ sitzen, wenn »dieser Deutsche« den Raum betrat. Albert ertrug alles mit Geduld.

Im November wurde das erste Kind geboren. Es war ein Mädchen und wurde nach der Mutter Victoria genannt. Später sollte sie den preußischen Kronprinzen Friedrich heiraten. Dr. Stockmar betreute die Geburt.

Albert widmete sich einer neuen Aufgabe: Er räumte den verwilderten Windsor Park auf und legte eine moderne Farm an. Währenddessen wurde Luise Lehzen allmählich zu einem Problem. Sie mochte Albert nicht, hatte er ihr doch ihre geliebte Victoria »entführt«. Sie erstreckte nun ihre Fürsorge auf das Neugeborene, ließ es aber beinahe verhungern: Die gerade modern gewordene Ansicht über Kinderpflege hatte empfohlen, Säuglinge nur mäßig zu füttern. Es gelang Albert, Victoria zu überzeugen, dass die »treue Seele« nun ihren Ruhestand verdient hätte. Lehzen sah das naturgemäß anders, verließ England aber 1842, um bei Verwandten in Bückeburg ihre letzten Jahre zu verbringen. Sie erhielt eine gute Pension, und als sie starb, sorgte Victoria selbst für einen Grabstein, der noch heute auf dem Friedhof von Jetenburg zu sehen ist.

Albert und Stockmar fanden allmählich die Anerkennung einiger Parlamentarier, denn sie verhielten sich stets neutral und objektiv. Victoria verließ sich mehr und mehr auf die gesunde Urteilskraft ihres Gemahls. Er war absolut selbstlos und wollte nur seine Frau unterstützen. Zuerst machte er ihr klar, dass sie weder die Whigs noch die Tories bevorzugen dürfe. Die Briten merkten bald, dass sich einiges zu ändern begann, und Albert galt als der »geheime Herrscher«.

Victoria wurde ruhiger – sie tanzte kaum noch, aber schließlich war sie auch fast ständig schwanger. Während der ersten zehn Ehejahre wurden sieben der insgesamt neun Kinder geboren. Obgleich Victoria unverändert ihren Albert anbetete, verbrachte sie nicht allzu viel Zeit mit ihren Kindern. Schließlich musste sie ja ein Weltreich regieren, und das tat sie mit Hingabe. Die Königin handelte recht vernünftig und überlegt, besprach vorher alles mit Albert oder zuverlässigen Ratgebern. Die beiden galten als Modell-Ehepaar. Nach der Lotterei und Unmoral ihrer Vorgänger, die diese auch noch offen zur Schau getragen hatten, galten Victoria und Albert als nachahmungswürdig. Der Geschmack und die moralischen Parameter dieses Musterpaares hatten ihre Wurzeln unverkennbar in der Coburger Provinz. Die Art, sich zu kleiden, die Frömmigkeit, die Liebe und Aufmerksamkeit, die sie – besonders Albert – den Kindern zollten, beeindruckte die Briten. Albert straffte auch die Organisation des riesigen Buckingham Palastes, denn überlieferte Privilegien hatten zu einem wahren Wildwuchs geführt. Diese »Aufräumarbeit« kostete Albert viele Sympathien unter den Domestiken, aber die Hofdamen und Kammerfrauen applaudierten.

Das seit der Zeit Napoleons kaiserlose Deutschland war in Dutzende von Kleinfürstentümern aufgeteilt, deren Herrscher den Willen des Volkes, ein einiges »Vaterland« zu schaffen, mit allen Mitteln bekämpften. In vielen anderen Ländern Europas gab es Unabhängig-keitsbestrebungen. Diese komplizierte, ja explosive Situation auf dem europäischen Kontinent wurde Victoria von ihrem Gemahl im Detail erklärt. Immer mehr gelang es ihr, mit viel größerer Souveränität als der Premierminister vor dem Rat und vor ausländischen Besuchern zu reagieren. Das brachte ihr großen Respekt ein. Der Chronist Greville schrieb: »Die Königin ist nicht besonders intelligent. Der Prinz macht alles, und er ist der eigentliche König. Sie handelt nach seinem Rat, sie schreibt keinen Brief, den er ihr nicht diktiert hätte. Seine Kenntnis und Information ist erstaunlich, und es gibt kein Ministerium, über das er nicht besser Bescheid wüsste als der Minister selbst.« Die Königin, eine eifrige Tagebuchschreiberin, bestätigte dieses. Gern hätte sie ihren Albert zum Royal Consort erhoben, aber im Parlament wurde sogleich nachgefragt, ob damit eine erhöhte Apanage einherginge. Victoria verfolgte daraufhin diesen Plan nicht weiter.

Im Jahre 1844 häuften sich die Unruhen in allen Ecken des briti-schen Imperiums. Es gab Grenzstreitigkeiten zwischen den USA und dem britischen Nordamerika, in London herrschte ein heftiger Disput über die Sklaverei, Aufstände wüteten in Afghanistan, Südafrika und den Westindischen Inseln. Die Iren waren wieder außerordentlich rebellisch, und in China hatte der Opiumkrieg angefangen. Das Außenamt ließ sich über alle diese Vorgänge genauestens informieren – und die Königin verlangte persönliche Berichterstattung. So etwas hatte es bisher noch nie gegeben!

König Louis Philippe von Frankreich war nun der Schwiegervater von Onkel Leopold, der als König der Belgier mit einer katholischen Französin »passend« wiederverheiratet war. Das französische Königs-paar kam auf Staatsbesuch nach London – ironischerweise sollten sie einige Jahre später wiederkommen, dann aber als politische Flücht-linge in Begleitung Metternichs. In derselben Stadt schrieb Marx an seinem »Kapital«. Napoleon III. kam als geehrter Staatsgast kurz über den Kanal.

In jenem Jahr 1844 wurde für die wachsende Familie ein neues Grundstück erworben. Auf der Insel Wight, wo vom Meer her stän-dig frischer Wind wehte, wurde ein altes Haus abgerissen und ein neues nach Plänen von Prinz Albert erbaut. Er orientierte sich an ita-lienischer Bauart, es wurde »Osborne House« genannt. Die Familie verbrachte hier in jedem Sommer mehrere Wochen, oft Monate.

Ein Jahr später fand endlich der lange geplante Deutschland-Besuch statt. Nun sah Victoria all die Dinge, von denen ihre Mutter, Onkel Leopold, Stockmar und »der liebe Albert« immer erzählt hatten. Sie war sehr beeindruckt, und das kleine Herzogtum Sachsen-Coburg stand Kopf.

Wieder daheim, wurde der Premierminister ausgewechselt. Auf Peel folgte Lord Russell. Victoria sah während ihrer Regierungszeit zehn Premiers kommen und gehen. Mit einigen, wie Peel oder Disraeli, kam sie gut zurecht. Mit Gladstone und Palmerston, den sie und Albert heimlich »Pilgerstein« nannten, gab es häufig erhebliche Differenzen.

Albert wurde Kanzler der Universität von Cambridge. Er erhielt viele Posten, die meisten hatten etwas mit Wohltätigkeit zu tun. Er nahm seiner Frau auch etliche Repräsentationspflichten ab – so eröffnete er die Docks in Liverpool, die sensationell anmutende Eisenbahnbrücke von Saltash und vieles andere. Sein Interesse am Fortschritt der Wissenschaften, Technik, Medizin, Hygiene, aber auch Kunst, schien nie zu ermüden. In den Industriestädten entstanden endlos lange Straßen mit Reihenhäusern für die Arbeiter, die heute noch ganze Gegenden prägen. Albert hatte sie entworfen und kümmerte sich auch um die Ausführung. Arbeiterfamilien hatten zum ersten Mal Zugang zu Leitungswasser und besaßen eine Toilette im Haus – ein unerhörter Luxus!

Victoria hatte zwar ein weiches Herz und war schnell zu Tränen gerührt über Dinge, die in ihrer unmittelbaren Umgebung geschahen, besaß aber überhaupt kein soziales Gewissen. Die Potato Famine, die große Hungersnot in Irland, entlockte ihr kein einziges Wort. Albert hingegen kümmerte sich darum, dass alle armen Familien in Windsor mit Brot, Kartoffeln, Fleisch und zu Weihnachten sogar mit einem Plumpudding versorgt wurden. Es ist unbestritten, dass Albert – natürlich mit Victorias Unterstützung – das Wohlfahrtssystem in England reformierte. Victoria selbst hielt nicht viel von Reformen. So verbat sie mit Nachdruck, die Worte »Wahlrecht für Frauen« jemals in ihrer Gegenwart auch nur zu erwähnen. Andererseits war sie die erste Frau von Rang, die sich vor einer Operation einer Narkose unterzog.

Victoria und Albert reisten viel, auch nach Schottland und Irland.

In Edinburgh wurde Holyrood House, ein ehemaliges Kloster und auch Residenz von Maria Stuart, zu einem beliebten Zwischenaufenthalt auf dem Weg nach Balmoral Castle. Dies war der Sommersitz der königlichen Familie, der ebenfalls von Albert umgebaut wurde. Das Schloss und seine Umgebung erinnerten ihn an Thüringen.

Der Krim-Krieg (1853-1856) brach aus, weil Russland unter dem Vorwand, die Christen im Osmanischen Reich unter seinen Schutz zu nehmen, seine Macht nach Westen ausdehnen wollte. Dies führte zu einem Flächenbrand, in den auch England, Frankreich und Teile Italiens verwickelt wurden. Dieser Krieg gab Florence Nightingale, der Reformerin des Krankenpflegewesens in England, die Möglichkeit, den Beruf der Krankenschwester professionell und respektabel zu machen. Bis dahin war es ein »unehrlicher Beruf« gewesen, von Charles Dickens sehr anschaulich beschrieben. Florence Nightingale lernte die Grundzüge der modernen Krankenpflege bei Pastor Fliedner in Kaiserswerth.

Im Jahre 1851 schaute die Welt auf England: die große Weltausstellung wurde am Hyde Park in London eröffnet. Der eigens hierfür errichtete Kristallpalast beherbergte 7000 Aussteller aus aller Welt und noch einmal 7000 aus Großbritannien. Dabei wurde ein Profit von 180 000 Pfund gemacht. Albert, der die ganze Weltausstellung erdacht und bis ins Detail geplant hatte, investierte den Gewinn in Landkauf in Kensington, wo die Albertopolis entstand. Sie ist noch heute zu sehen: Royal Albert Hall, Musikschule, Park, Monument, usw. Die Engländer sahen freilich lieber in dem begabten Gärtner Joseph Paxton, unter dessen Ägide der Kristallpalast innerhalb von 17 Wochen aus vorfabrizierten Teilen zusammengebaut wurde, den Initiator dieser Ausstellung. Albert litt im Stillen unter der Zurücksetzung und Nichtbeachtung, der er immer wieder begegnete, obgleich er sein ganzes Leben in den Dienst der Nation gestellt und vieles zum Guten verändert hatte.

Das viktorianische Britannien war Ausgangspunkt der neuesten Erfindungen auf allen Gebieten der Technik. Banken aus aller Welt etablierten Niederlassungen in London und machten die Stadt zu einer Finanzmetropole. Englische Schiffe beherrschten die Ozeane, und ein Fünftel der Welt anerkannte Königin Victoria als ihre Herrscherin. Zwar gab es ständig Kriege, Rebellionen, neue Eroberungen, aber das war Sache der Außenpolitik. Weder Victoria noch Albert sahen darin Verwerfliches. Kriege waren immer noch ein anerkanntes Instrument der Politik.

Nach 21-jähriger glücklicher Ehe, in der neun Kinder großgezogen wurden, erkrankte Albert. Er hatte sich bei einer Inspektionsreise auf den Kanalinseln erkältet, musste aber schnell direkt weiter nach Leeds, um dort das Rathaus zu eröffnen und brach danach zusammen. Der Prinz war total erschöpft und hatte keine Reserven mehr. Aber er versuchte, es vor seiner Frau geheim zu halten.

Das Jahr 1861 begann mit Sterbefällen: Friedrich Wilhelm IV. von Preußen starb, dann kam der königliche Hausarzt durch einen Unfall ums Leben. Im März starb Victoire, die Herzogin von Kent. Stockmar, nun ein alter Mann, kam herbeigeeilt, denn Victoire hatte ihn zum Vollstrecker ihres Testaments ernannt. Die Durchführung dieser Aufgabe erwies sich als fast unmöglich, da der Haushofmeister, der genaue Kenntnis vom Privatleben der Herzogin gehabt hatte, auch gerade gestorben war. Stockmar fand Victoria wohlauf, aber sehr nervös. Albert war zu erschöpft, um richtig schlafen zu können. Er wurde im Juni erneut von einem Fieber befallen, eröffnete aber trotzdem eine Gartenausstellung in Aldershot und besuchte den Kronprinzen »Bertie« in seinem Militärlager in Irland. Trotz Krankheit machte er weiter – in Sandhurst wurde er bei einem Gewitter bis auf die Haut durchnässt. Dazu kamen Nachrichten aus Portugal: Die königliche Familie, ebenfalls Coburger, erlitt drei Todesfälle durch Typhus. Zu guter Letzt brachten die Zeitungen wieder eine Skandalgeschichte: Kronprinz Bertie hatte eine Affäre mit einer Schauspielerin in Irland, die nicht ohne Konsequenzen geblieben war. Albert brach zusammen. Die Ärzte konnten kein Fieber feststellen und erklärten ihn für gesund. Bald darauf, am 13. Dezember 1861, starb er im Blauen Zimmer in Windsor, wie vor ihm Georg IV. und Wilhelm IV. Nachträgliche Diagnose: Typhus.

Victorias Welt brach in Stücke. Es begann eine Zeit der Trauer, die bis ans Ende ihres Lebens anhalten sollte. Sie hatte buchstäblich eine Hälfte ihres Selbst verloren, ihre Stütze, ihre Heimat. Die Quelle ihrer Kraft war nicht mehr. Nichts und niemand konnte diesen Verlust ersetzen. Onkel Leopold war inzwischen sehr alt geworden, Stockmar erblindet und unfähig, Coburg zu verlassen. Bertie, der Älteste, war im

Orient beschäftigt, und das war gut so, denn Victoria konnte den Anblick des leichtfertigen Sohnes nicht ertragen. Sie trug von nun an bis
an ihr Lebensende nur noch schwarze Kleidung.

Die Königin weigerte sich, ihre Minister zu empfangen, Politik interessierte sie nicht mehr. Ohne Albert wagte sie sich an keine Aufgaben mehr heran, mochte keine Entscheidungen fällen. Sie nahm
jahrelang keine öffentlichen Aufgaben mehr wahr. Wenn ihre Gegenwart unerlässlich war, saß sie in einem Hinterzimmer, und die Minister
legten ihr die Entwürfe vor. Sie versteckte sich geradezu, mied London, erschien nur noch, wenn ein Denkmal zu Ehren Alberts eingeweiht wurde. Böse Gerüchte machten die Runde, sie sei genau so
krank wie einst Georg III.

Victoria war fast noch ein Kind gewesen, als sie heiratete – und
war seitdem von ihrem »Engel« geleitet worden. Nun fühlte sie sich
verlassen und ratlos. Hier begann die wahre viktorianische Ära. Resignation bestimmte den Alltag. Konservierung alles dessen, was mit Albert zusammenhing – ein wahrer Totenkult setzte ein. In Alberts
Schlafzimmer wurde täglich zweimal das Waschwasser in der Schüssel
erneuert. Selbst die Politik geriet fast ins Stocken. Aber der Fortschritt
hat seine eigene Dynamik, und England war nicht aufzuhalten. Victoria zeigte jedoch kein Interesse.

Als Benjamin Disraeli Premierminister wurde (1874-1880), ließ
sich eine Veränderung erkennen. Er war eine schillernde Figur, Dizzy
genannt, und wurde von den Briten wegen seiner jüdischen Abstammung mit Misstrauen beäugt. Aber er besaß Ausstrahlung und
Charme und schaffte es, Victoria aus ihrer Schmollecke herauszulo-
cken. Während seiner Amtszeit in den siebziger Jahren wurde die Veränderung in Victorias Stimmung offensichtlich. Ja, als der Schwiegervater ihrer Tochter Vicky sich 1871 zum deutschen Kaiser proklamie-
ren ließ, stimmte sie auch endlich Disraelis Vorschlag zu, sich ihrer-
seits zur Empress of India, zur Kaiserin von Indien, krönen zu lassen. Diese Zeremonie sollte alles, was in Versailles und Berlin stattgefunden hatte, in den Schatten stellen. Das Jahr 1876 ging mit glanzvollen Bildern in die Geschichte ein. Victoria blieb aber von all dem
ziemlich unberührt.

Seit 1870 war Henry Ponsonby ihr Privatsekretär. Er stammte aus
einer aristokratischen Familie und hatte eine militärische Karriere hin-

ter sich. Seine Frau Mary, geborene Bulteel, konnte ebenfalls eine hochkarätige Stammtafel vorweisen. Sie hatte früher als Hofdame gedient, beide kannten sich in den Gepflogenheiten des Hofes bestens aus. Ihre sorgfältig geführten Tagebucheinträge vermitteln oft mehr über das Geschehen am Hof als viele Geschichtsbücher. Mary wohnte mit ihren Kindern im Norman Tower in Windsor, was ihr den besten Ausblick und Einblick durchs Fenster gewährte, während Henry der Königin überallhin folgen musste.

Victoria mied London, verbrachte das Frühjahr im Osborne House auf der Insel Wight, den Spätsommer, oft bis zum Winteranfang auf Schloss Balmoral in Schottland, zwischendurch besuchte sie immer wieder Windsor. Einige Male reiste sie auch auf den Kontinent – nach Frankreich, in die Schweiz und nach Thüringen.

Da sämtliche Erlasse, Verfügungen oder Gesetze nur gültig wurden, nachdem die Königin sie unterzeichnet hatte, mussten die Minister mit ihren roten Lederkoffern stets hinter ihr herreisen, was sehr viel Missmut heraufbeschwor. Zwar gab es inzwischen ein gut funktionierendes Eisenbahnsystem, was das Reisen enorm erleichterte, aber der Aufwand blieb dennoch beträchtlich. Man war eigentlich ganz froh, die Königin abwesend zu wissen, weil die Arbeit mit weniger Unterbrechungen vonstatten ging. Aber die Einholung der königlichen Unterschrift erinnerte immer wieder daran, dass es eine letzte Instanz gab, um die man nicht herum kam.

Gerüchte entstanden, die Königin habe mit ihrem schottischen Diener, John Brown, ein intimes Verhältnis. Es war tatsächlich so, dass sie nur wenige Menschen an sich heran ließ. John Brown durfte sie überallhin begleiten. In der Lausanne Gazette wurde sogar kolportiert, sie habe ihn geheiratet. Henry Ponsonby, der stets in »Rufweite« Ihrer Majestät zu finden war, schrieb an seinen Bruder, dass dieser Bericht natürlich Unsinn sei, aber zumindest verbinde die Königin eine anscheinend enge romantische Freundschaft mit dem Schotten. Brown wird geschildert als schweigsam, grob und unhöflich. Selbst die Königin sprach er mit »woman« an, was sich als »Weib« übersetzen lässt. Trotz des Geredes der Leute hing sie an ihm, vertraute ihm. Da Victoria extrem dick geworden war und Pferde noch immer ein wichtiges Transportmittel waren, musste er ihr in den Sattel oder in die Kutsche und auch wieder herunter bzw. hinaus helfen. Er musste ihr überall zur Hand gehen. John begleitete sie auch auf einsamen Spaziergängen über die Heide in Schottland. Die Engländer waren pikiert. Es gibt zu denken, warum Victoria nach dem Tode ihres geliebten Gemahls erst zu diesem schlichten Schotten Vertrauen fasste und dann zu dem exotischen Tory, Premierminister Disraeli. Die Königin konnte eine allzu große Nähe von Menschen nicht ertragen. Selbst ihre Kinder und Verwandten durften ihr nicht zu nahe kommen, und Bekannte oder gar Fremde mussten in einem »äußeren Kreis« verharren. Niemand durfte sie ansprechen. Diese Distanz verstärkte die Aura, die sie bereits umgab.

Um das murrende Volk, das ständig nach ihr verlangte, ein wenig zu beruhigen, ließ sie ihre Highland-Tagebücher veröffentlichen. Schon zu Alberts Zeiten hatte es eine erste Ausgabe gegeben. Victoria hatte sie selbst illustriert, sie war eine ausgezeichnete Malerin. Doch scheint die Begleitung John Browns nicht inspirierend genug gewesen zu sein, um sie in diesen späten Jahren erneut zum Malkasten greifen zu lassen.

Disraeli starb 1881, John Brown folgte 1883. Wieder fühlte sich Victoria im Stich gelassen. Ihr blieb der indische Diener Abdul Karim, der ihr treu ergeben war und dem sie nun ihr volles Vertrauen schenkte, das er anscheinend nie missbrauchte.

Dem Volk, das nicht nachließ, sich nach dem Prunk des Herrscherhauses zu sehnen, sollte bald der Wunsch nach größerer Präsenz seiner Königin erfüllt werden. 1887 bahnte sich das Goldene Jubiläum an, dem sie sich nicht entziehen konnte. Große Vorbereitungen wurden getroffen. Neue Gebäude wurden in Angriff genommen, unter ihnen die berühmte Tower-Brücke. Schulen wurden gegründet, alles neu Erstandene nannte sich nach dem Golden Jubilee. Eine großartige Militärparade wurde geprobt, viele Organisationen schlossen sich an.

Immer mehr stellte sich heraus, dass sich in Victorias Zeit das Land sehr verändert hatte. Technisch stand es an der Weltspitze, von anderen Ländern beneidet – nicht zuletzt von Deutschland. Es galt als moralisch vorbildhaft, wenngleich dies wohl nur auf die Mittelklasse zutraf. Das Empire war gefestigt, und die englische Sprache wurde zur Weltsprache. Das Volk dankte der Königin in einer glänzenden Feier. Unter großem Applaus fuhr sie in ihrer goldenen Kutsche zur St.

Paul's Cathedral. Sie hatte viele Gründe, dankbar und zufrieden zu sein.

Aber ein Dorn in ihrem Fleisch war die Beziehung zu Deutschland. Als ihr Enkel Wilhelm II. Kaiser wurde, kühlte sich die Beziehung ab. Wilhelm ließ sich von seinen ehrgeizigen Ratgebern einreden, er müsse ein ebensolches Weltreich wie das der Engländer errichten. Fast täglich gingen Briefe zwischen Victoria und ihrer Tochter Vicky hin und her. Die Arme hatte in Deutschland keine gute Presse. Die Parteigänger ihres Sohnes, des Kaisers, raunten, sie sei eine Spionin. Hätte ihr Mann, Friedrich III., länger regiert, wäre manches sicher anders geworden. Aber leider starb er nach nur 99 Tagen Regierungszeit, und der zu Größenwahn und Neid erzogene Wilhelm bestieg den Thron. Er liebte seine Großmutter, sie schrieb ihm auch häufig, allerdings inzwischen auf Englisch, das er fast perfekt beherrschte. Die Sticheleien, die sich besonders in der spitzfedrigen englischen Presse fanden und die sich wie eine Krankheit vermehrten, verdarben der alten Dame manches Frühstück.

Zehn Jahre später, 1897, wurde das Diamantene Jubiläum gefeiert. Victoria war inzwischen 78 Jahre alt und konnte sich nur noch mit Mühe bewegen. Dieses Mal wurde der Gottesdienst draußen vor dem Portal der Kathedrale abgehalten, um ihr die beschwerliche und entwürdigende Anstrengung des Treppensteigens zu ersparen.

Sie hatte ihr Interesse an der Politik längst wieder gefunden, aber mischte sich immer weniger ein. Arthrose plagte sie. Eigentlich war sie nur ein einziges Mal krank gewesen, und zwar 1870. Tapfer hatte sie den kalten Gemäuern Windsors und den zugigen Landhäusern widerstanden. Doch nun begannen die Malaisen. Ihr stets exzellentes Gedächtnis zeigte um 1900 die ersten Lücken, ein grauer Star erschwerte das Lesen. Dennoch bestand sie darauf, mit Leuten von Rang und Wichtigkeit zu reden. Im Januar 1901 ließ sie Lord Roberts zu sich kommen und verlangte einen detaillierten Bericht über den Burenkrieg in Südafrika. Danach brach sie fast zusammen.

Sie starb am 21. Januar 1901. Ihre letzten Tage verbrachte die Herrscherin fast nur schlafend, als ob sie sich von einem langen und arbeitsreichen Leben endlich erholen müsse. Ihre Familie war in ihrer letzten Stunde bei ihr. Die Nation trauerte ehrlichen Herzens.

Beigesetzt wurde sie neben Albert in dem Mausoleum in Frogmore, das nach ihren Plänen gebaut worden war. Auch ihre Skulptur hatte sie schon vor 40 Jahren anfertigen lassen, da sie ihrem Albert nicht zumuten wollte, neben dem Bild einer alten Frau zu ruhen.

Buckingham Palace erhielt eine verschönte Fassade, davor wurde ihr ein riesengroßes Denkmal aus weißem Marmor errichtet. Sie ist unvergessen, überall in England findet man noch Monumente, auf denen die kleine korpulente Königin mit energischen Zügen und oft mit erhobener, richtungsweisender Hand thront.

Stammtafeln

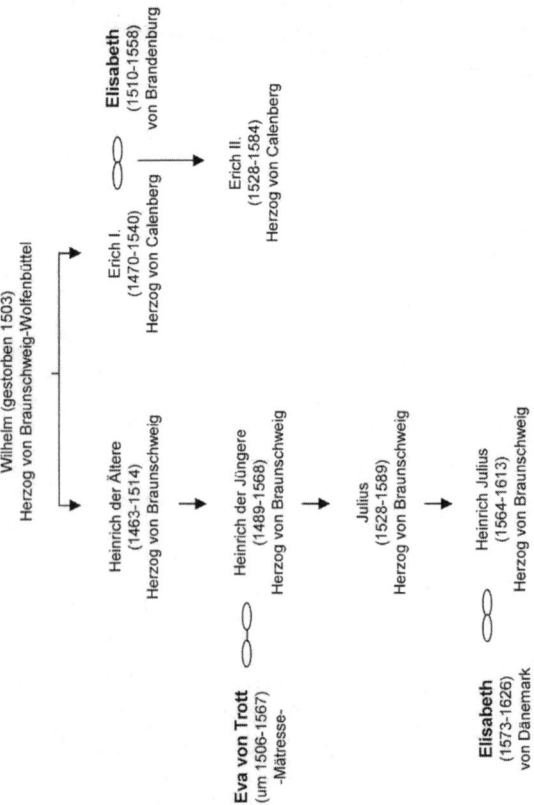

Wilhelm (gestorben 1503)
Herzog von Braunschweig-Wolfenbüttel

Heinrich der Ältere
(1463-1514)
Herzog von Braunschweig

Erich I.
(1470-1540)
Herzog von Calenberg

∞ **Elisabeth**
(1510-1558)
von Brandenburg

Erich II.
(1528-1584)
Herzog von Calenberg

Eva von Trott
(um 1506-1567)
-Mätresse-

∞

Heinrich der Jüngere
(1489-1568)
Herzog von Braunschweig

Julius
(1528-1589)
Herzog von Braunschweig

Heinrich Julius
(1564-1613)
Herzog von Braunschweig

∞ **Elisabeth**
(1573-1626)
von Dänemark

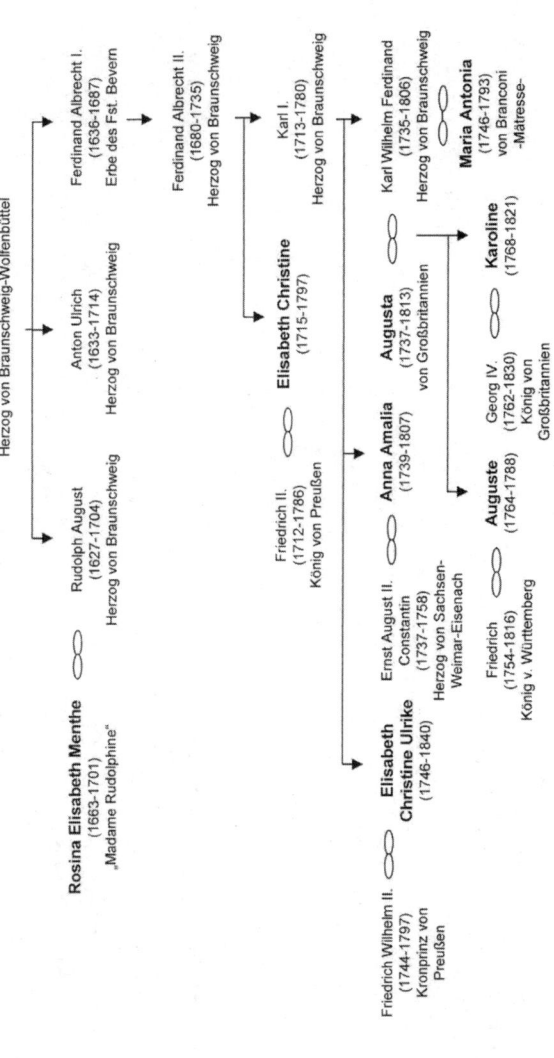

August der Jüngere
(1579-1666)
Herzog von Braunschweig-Wolfenbüttel

Rosina Elisabeth Menthe
(1663-1701)
„Madame Rudolphine"

Rudolph August
(1627-1704)
Herzog von Braunschweig

Anton Ulrich
(1633-1714)
Herzog von Braunschweig

Ferdinand Albrecht I.
(1636-1687)
Erbe des Fst. Bevern

Ferdinand Albrecht II.
(1680-1735)
Herzog von Braunschweig

Karl I.
(1713-1780)
Herzog von Braunschweig

Friedrich II.
(1712-1786)
König von Preußen

Elisabeth Christine
(1715-1797)

Karl Wilhelm Ferdinand
(1735-1806)
Herzog von Braunschweig

Maria Antonia
(1746-1793)
von Branconi
-Mätresse-

Ernst August II.
Constantin
(1737-1758)
Herzog von Sachsen-
Eisenach

Anna Amalia
(1739-1807)

Augusta
(1737-1813)
von Großbritannien

Elisabeth
Christine Ulrike
(1746-1840)

Friedrich Wilhelm II.
(1744-1797)
Kronprinz von
Preußen

Friedrich
(1754-1816)
König v. Württemberg

Auguste
(1764-1788)

Georg IV.
(1762-1830)
König von
Großbritannien

Karoline
(1768-1821)

249

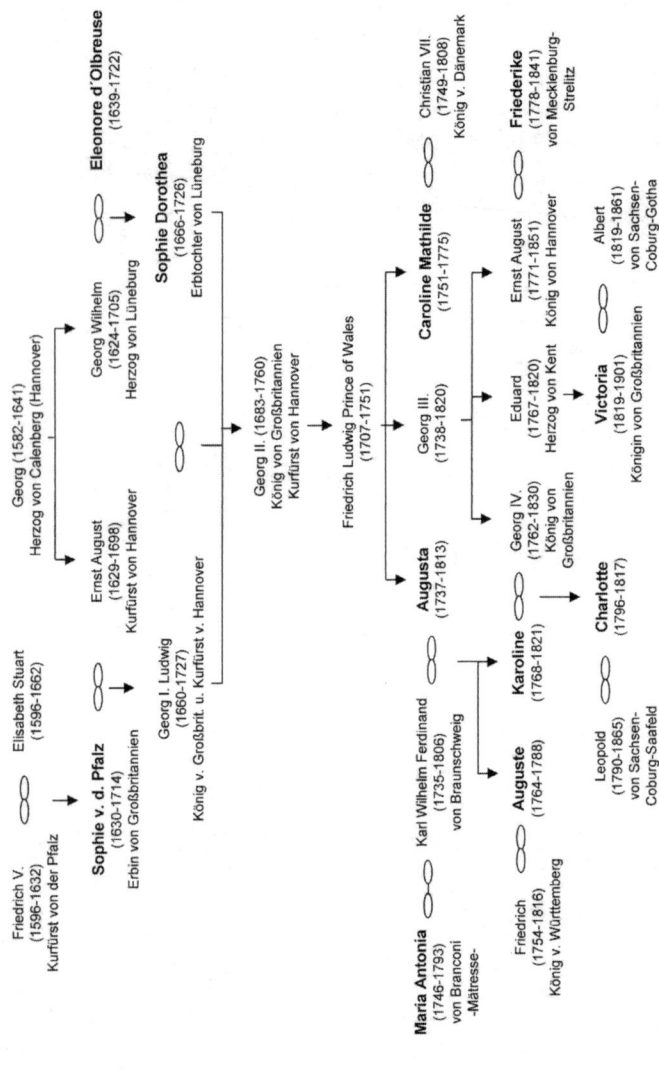

Friedrich V.
(1596-1632)
Kurfürst von der Pfalz

Elisabeth Stuart
(1596-1662)

Georg (1582-1641)
Herzog von Calenberg (Hannover)

Eleonore d'Olbreuse
(1639-1722)

Sophie v. d. Pfalz
(1630-1714)
Erbin von Großbritannien

Ernst August
(1629-1698)
Kurfürst von Hannover

Georg Wilhelm
(1624-1705)
Herzog von Lüneburg

Sophie Dorothea
(1666-1726)
Erbtochter von Lüneburg

Georg I. Ludwig
(1660-1727)
König v. Großbrit. u. Kurfürst v. Hannover

Georg II. (1683-1760)
König von Großbritannien
Kurfürst von Hannover

Friedrich Ludwig Prince of Wales
(1707-1751)

Maria Antonia
(1746-1793)
von Branconi
-Mätresse-

Karl Wilhelm Ferdinand
(1735-1806)
von Braunschweig

Augusta
(1737-1813)

Georg III.
(1738-1820)

Caroline Mathilde
(1751-1775)

Christian VII.
(1749-1808)
König v. Dänemark

Friedrich
(1754-1816)
König v. Württemberg

Auguste
(1764-1788)

Karoline
(1768-1821)

Georg IV.
(1762-1830)
König von
Großbritannien

Eduard
(1767-1820)
Herzog von Kent

Ernst August
(1771-1851)
König von Hannover

Friederike
(1778-1841)
von Mecklenburg-
Strelitz

Leopold
(1790-1865)
von Sachsen-
Coburg-Saafeld

Charlotte
(1796-1817)

Victoria
(1819-1901)
Königin von Großbritannien

Albert
(1819-1861)
von Sachsen-
Coburg-Gotha

Literaturverzeichnis

- Glaubensspaltung in der Familie:

Bainton, Roland H.: Frauen der Reformation: Von Katharina von Bora bis Anna Zwingli, Gütersloh 1995

Kunze, Wolfgang: Leben und Bauten Herzog Erichs II. von Braunschweig-Lüneburg, Hannover 1993

Lehmann, Joachim: Hexenverfolgung in Hannover-Calenberg, Hannover 2005

Vogt-Lüerssen, Maike: 40 Frauenschicksale aus dem 15. und 16. Jahrhundert, Mainz 2001

- Gefangene der Liebe:

Figge, Robert: Herzog Heinrich und seine Geliebte Eva v. Trott. In: Sachsenspiegel, Cellesche Zeitung 17.10.1959

Lommatzsch, Herbert: Die Kinder der Eva von Trott. In: Unser Harz, Jg. [3] 1955, Nr. 6 u. 11

Rodewoldt, Richard: Süßes Leben auf stiller Burg am Harzrand. Schönes Edelfräulein schenkte Herzog neun uneheliche Kinder – Zum 400. Todestag von Eva v. Trott. In: Niedersächsische Heimat, 7./8.1.1967

Schmidt, Robert: Eva von Trott. In: Heimatbote des Landkreises Braunschweig, Jg. [4] 1958, S. 72-75

- Zwei dänische Königstöchter:

Ashdown, Dulcie M.: Royal Paramours, New York 1979

Freist, W.: Schöningen, Stadt am Elm, Schöppenstedt 1965

Fürst, Reinmar/**Kelsch**, Wolfgang: Wolfenbüttel – ein Fürstenhaus und seine Residenz, Wolfenbüttel 1990

Hill, C.P.: Who is Who in Stuart Britain, London 1995

Jacobsen, Helge Sedelin: An Outline History of Denmark, Kopenhagen 1986

Kelsch, Wolfgang: Schloss Hessen – ein braunschweigischer Fürstensitz,

Lietzmann, Hilda: Herzog Heinrich Julius zu Braunschweig und Lüneburg, Braunschweig 1993

Oettinger, Eduard Maria: Geschichte des Dänischen Hofes, Hamburg 1857

Vrieze, Jan Wout: Hollands Königin Beatrix` Herkunft. In: Volksstimme, 1.2. 1993

Williger, Gerhard: Große Politik einer kleinen Stadt (Gröningen). In: Volksstimme, 21.10. 1993

- The Oxford Illustrated History of Tudor and Stuart Britain, Oxford 1996

- Madame Rudolphine:

Hahne, Otto: Rosine Elisabeth Menten, die morganatische Gemahlin des Herzogs Rudolf August. In: Braunschweig. Magazin, Bd. 26, 1920, S. 54-59 u. 61-63

Rosendahl, Erich: Herzogin Philippine Charlotte und Madame Rudolfine, Zwei Säkular-Todestage. In: Braunschweiger Kalender, 1951, S. 49-50

- Fürstliche Rivalinnen:

Feuerstein-Praßer, Karin: Sophie von Hannover, Regensburg 2004
Hatton, Ragnhild: George I., Elector and King, London 1978 (dt. Frankfurt 1982)
Knoop, Mathilde: Kurfürstin Sophie von Hannover, Hildesheim 1964 (Neudr. 1999)
Marelle, Luise: Eleonore d'Olbreuse, Hamburg 1936
Palmer, Alan: Crowned Cousins, London 1985 (dt.: Gekrönte Vettern, Düsseldorf 1989)
Vinage, Renate du: Ein vortreffliches Frauenzimmer, Das Schicksal von Eleonore d'Olbreuse, der letzten Herzogin von Braunschweig-Lüneburg-Celle, Berlin 2000

- Gefangene von Ahlden:

Hatton, Ragnhild: George I., Elector and King, London 1978 (dt.: Georg I., Frankfurt 1982)
Jordan, Ruth: Sophie Dorothea, London 1971
Morand, Paul: Sophie Dorothea von Celle, Die Geschichte eines Lebens und einer Liebe, Hamburg 1970
Schnath, Georg: Sophie Dorothea und Königsmarck, Die Ehetragödie der Kurprinzessin von Hannover, Hildesheim 1976
Westernhagen, Dörte von:»Mein Unterganck ist mir gar wol bewust«, Die Zeit, Februar 1989

- Die bescheidene Wolfenbüttelerin:

Kirchner, E.D.M.: Elisabeth Christine von Braunschweig-Bevern, Berlin 1870
Lehndorff, Ernst Heinrich Ahasver von: 30 Jahre am Hofe Friedrichs des Großen, Gotha 1907
Noack, Paul: Elisabeth Christine und Friedrich der Große, Stuttgart 2001
Poseck, Ernst: Die Kronprinzessin, Elisabeth Christine, Berlin 1940
Wallace, Irving u.a.: Rowohlts indiskrete Liste, Ehen, Verhältnisse, Amouren und Affären berühmter Frauen und Männer, Reinbek bei Hamburg 1981

- Verfluchte Prinzessin:

Altenburg, D.: Elisabeth, Prinzessin von Braunschweig, Stettin 1924
Kochanowska, J. / **Frankiewicz**, B.: Herzögliche Krypta, Szczecin 1992
Skwirzynska, Kazimiera K.: Jasienica, Szczecin 2000
- Nachrichtenblatt des Stettiner Verkehrsvereins, Stettin im Sept. 1936
- Mitteilungen des Vereins für die Geschichte Berlins, Ausgabe Jan. 1998
- Die Mark Brandenburg, Heft 43: Geliebte und Mätressen der Hohenzollern, 2001

- Eine britische Welfin in Braunschweig:

Barnstorf, Fritz: Urban F. B. Brückmann (1728-1812) der Leibarzt dreier braunschweiger Herzöge und seine Patienten (mit einem ärztlichen Blick in die Pathologie des Welfenhauses) in: Braunschweigisches Jahrbuch 53, 1972, S. 196 - 213
Davies, J.D. Griffiths: A King in Toils, George II., London 1928

Fraser, Flora: The unruly Queen, The Life of Queen Caroline, London 1996
French, Anne: Ranger's House Blackheath, English Heritage 1992
Hibbert, Christopher: George IV, Regent and King, Newton Abbot 1975
Long, J.C.: George III., London 1960
Palmer, Alan: Crowned Cousins, London 1985 (dt.: Gekrönte Vettern, Düsseldorf 1989)
Stern, Selma: Karl Wilhelm Ferdinand, Herzog zu Braunschweig und Lüneburg, Hildesheim u. Leipzig 1921
Treasure, Geoffrey: Who is who in Early Hanoverian Britain, London 1991
Zimmermann, Paul: Luise von Hertefeld, Wolfenbüttel 1912

- Entwurzelt und verweht:

Jungandreas, Menna: Die schöne Frau von Branconi, Herford 1967
Lehmann: Chronik von Watzum,1996
Rimpau, W.: Frau von Branconi, Wernigerode 1900

- Ein allzu kurzes Leben:

Decker-Hauff, Hansmartin: Frauen im Hause Württemberg, Leinfelden-Echterdingen 1997
Münch, Ingrid: Die württembergische Heirat der Herzogin Auguste Karoline Friederike von Braunschweig (1764-1788). In: Christof Römer (Hrsg.), Braunschweig-Bevern. Ein Fürstenhaus als europäische Dynastie, Braunschweig 1997, S. 291 – 303
Toll, Harald von: Prinzessin Auguste von Württemberg, Riga 1902

- Die verletzte Königin von Großbritannien:

Campbel, Cynthia: The Most Polished Gentleman, London 1995
Ginsbury, Norman: The First Gentleman, London 1945
Holme, Thea: Caroline, a Biography of Caroline of Brunswick, London 1979
Hibbert, Christopher: George IV., Regent and King, Newton Abbot 1975
Treasure, Geoffrey: Who's who in late Hanoverian Britain, London 1974

- Die erhabene Prinzessin:

Fulford, Roger: Autobiography of Miss Knight, London 1960
Hibbert, Christopher: George IV., Regent and King, Newton Abbot 1975
Holland, Eardly: The Princess Charlotte of Wales – A Triple Obstetric Tragedy. In: Journal of Obstetrics & Gynaecology of the British Empire, Dec. 1960
Huish, Robert: Memoirs of Her Late Royal Highness, Charlotte Augusta the Princess of Wales, London 1818
Treasure, Geoffrey: Who is Who in Late Hanoverian Britain, London 1974

- Eine Tragödie:

Griffiths, J.D.: A King in Toils, George II., London 1938
Jacobsen, Helge Sedelin: An Outline History of Denmark, Kopenhagen 1986

Philipps, Carolin: Zwischen Krone und Leidenschaft, Das Leben der Caroline Mathilde von Dänemark, Wien 2003
Schmieglitz-Otten, Juliane / **Steinau**, Norbert: Caroline Mathilde. Von Kopenhagen nach Celle, Celle 2001
Winkle, Stefan: Johann Friedrich Struensee, Arzt, Aufklärer und Staatsmann, Stuttgart 1983

- Musenfürstin in Weimar:
Ghibellino, Ettore: J.W. Goethe und Anna Amalia –
Eine verbotene Liebe,Weimar 2004
Henkel / **Otte**: Anna Amalia – Braunschweig und Weimar,
Braunschweig 1995
Heuschele, Otto: Herzogin Anna Amalia, Die Begründerin des Weimarischen Musenhofes, München 1947
Klebe, F.A.: Residenzstadt Weimar, Leipzig 1975
Tilman, Jens: Goethe und seine Opfer,
Düsseldorf 1999
Werner, Charlotte Marlo: Goethes Herzogin Anna Amalia,
Düsseldorf 1996

- Die viel geliebte Prinzessin:
Brinkmann, Jens-Uwe: Friederike Königin von Hannover, Karwe b. Neuruppin 2003
Ditsche, Uta: »Jeder will sie haben«, Friederike von Mecklenburg-Strelitz (1778-1841), Regensburg 2004
Taack, Merete van: Friederike, die galante Schwester der Königin Luise, München 1987

- Sie prägte ein Jahrhundert:
Duff, David: Albert & Victoria,
Newton Abbot 1973
Longford, Elizabeth: Victoria R. I.,
London 1964
Netzer, H.-J.: Albert von Sachsen-Coburg-Gotha,
München 1988
Strachey, Lytton: Queen Victoria, Berlin 1925
Wocker, Karl-Heinz: Königin Victoria, Düsseldorf 1978
- Victoria & Albert, Vicky & The Kaiser,
Ausstellungskatalog Berlin 1997

Abbildungsverzeichnis

Veröffentlichung im *MatrixMedia* Verlag, Göttingen:
»Vergessene Frauen der Welfen«
ISBN 978-3-932313-30-1
Preis: 19.90 Euro
Elisabeth E. Kwan | Anna E. Röhrig

SERIE PIPER

Klaus Günzel

Das Weimarer Fürstenhaus

Eine Dynastie schreibt Kulturgeschichte. 223 Seiten mit 32 Seiten Abbildungen. Serie Piper

Am Weimarer Hof wurde eines der glanzvollsten Kapitel der europäischen Kulturgeschichte geschrieben. Vor allem die Frauen prägten das Gesicht der Dynastie: Herzogin Anna Amalia machte aus dem unbedeutenden Kleinstaat eines der wichtigsten geistigen Zentren des 18. Jahrhunderts. Als ihr Sohn Carl August den jungen Goethe an den Weimarer Hof holt, beginnt der Aufstieg des Fürstenhauses zum strahlenden Mittelpunkt der deutschen Klassik. – Mit leichter Feder zeichnet Klaus Günzel die Geschichte der Weimarer Dynastie und beleuchtet dabei auch die menschlichen Licht- und Schattenseiten ihrer bedeutendsten Persönlichkeiten.

»Eine vorzügliche Schilderung des nicht nur klassischen Weimar.«
Frankfurter Allgemeine Zeitung

Martha Schad

Die Frauen des Hauses Fugger

Mit sanfter Macht zum Weltruhm. 190 Seiten mit einem farbigen Bildteil. Serie Piper

Die Augsburger Handwerker- und Kaufmannsfamilie Fugger stieg im 16. Jahrhundert zu sagenhaftem Reichtum und politischem Einfluß auf. Den Weg von einfachen Webern zum wichtigen Handelsgeschlecht ebneten auch die bislang nur wenig beachteten weiblichen Akteure des Hauses: Martha Schad zeigt, wie mit sanfter Macht die Fäden der Familien- und Reichspolitik gezogen wurden. Ein engagiertes Geschichtsbuch, das detaillierte Einblicke in Freud und Leid der Fugger bietet und dabei die historische Objektivität niemals verläßt.

»Die Autorin holt die Frauen aus der Fußnote der Geschichtsschreibung ... Mit der bei Martha Schad gewohnten Mischung aus Witz, Spannung und Detailreichtum.«
Aichacher Zeitung

05/1603/01/L   05/1601/01/R